Oevel • Postel • Rüscher • Wehmeier
Das MuPAD Tutorium

Springer
Berlin
Heidelberg
New York
Barcelona
Hongkong
London
Mailand
Paris
Singapur
Tokio

W. Oevel · F. Postel · G. Rüscher · S. Wehmeier

Das MuPAD Tutorium

Deutsche Ausgabe

Springer

Walter Oevel
SciFace Software GmbH & Co. KG
Technologiepark 12
D-33100 Paderborn

Frank Postel
Gerald Rüscher
Stefan Wehmeier
Universität–GH Paderborn
FB17 Mathematik/Informatik
Warburger Str. 10
D-33098 Paderborn

Die Deutsche Bibliothek – CIP-Einheitsaufnahme

Das **MuPAD Tutorium** / von Walter Oevel ... - Dt. Version.- Berlin; Heidelberg; New York; Barcelona; Hongkong; London; Mailand; Paris; Singapur; Tokio: Springer, 1999
ISBN 978-3-540-66145-0

Mathematics Subject Classification (1991): 68Q40

ISBN 978-3-540-43573-0   ISBN 978-3-642-97909-5
DOI 10.1007/978-3-642-97909-5

Satz: Reproduktionsfertige Vorlage des Autors
SPIN 10733003   40/3143CK-5 4 3 2 1 0 – Printed on acid-free paper

Vorwort

Diese Einführung erläutert Ihnen den grundsätzlichen Umgang mit dem Softwarepaket MuPAD und gibt einen Einblick in die umfangreichen mathematischen Fähigkeiten dieses Systems. MuPAD ist ein sogenanntes Computeralgebra–Paket, das im Wesentlichen an der Universität–Gesamthochschule Paderborn entwickelt wird.

Diese Einführung richtet sich an Mathematiker, Ingenieure, Informatiker, Naturwissenschaftler, allgemeiner an alle, die mathematische Berechnungen für ihren Beruf oder in der Ausbildung benötigen. Ganz allgemein ausgedrückt richtet sich das Buch an jeden, der die Fähigkeiten eines modernen Computeralgebra–Systems für sich nutzbar machen will.

MuPAD stellt dem Benutzer Algorithmen zur Verfügung, mit denen eine große Klasse mathematischer Objekte und damit verknüpfter Rechenaufgaben behandelt werden kann. Beim Arbeiten mit dieser Einführung ist es möglich, daß Sie auf Ihnen unbekannte mathematische Begriffe wie beispielsweise Ringe oder Körper treffen. Es ist nicht Ziel dieser Einführung, die mathematischen Hintergründe der auftretenden Objekte zu erklären. Für das Verständnis dieses Textes ist ein fundiertes mathematisches Grundwissen aber auch keineswegs zwingend (wenngleich sicherlich hilfreich). Weiterhin wird man sich oft fragen, mit welchen Algorithmen MuPAD ein Problem löst. Die interne Arbeitsweise der MuPAD–Funktionen wird hier nicht angesprochen: es ist nicht beabsichtigt, eine allgemeine Einführung in die Computeralgebra und ihre Algorithmen zu geben, wozu auf die entsprechenden Lehrbücher wie etwa [GCL 92] oder [GG 99] verwiesen sei.

Dieser Text soll einen *elementaren* Einstieg in die Benutzung von MuPAD ermöglichen. Abstraktere mathematische Objekte wie etwa Körpererweiterungen können zwar durchaus leicht mit MuPAD beschrieben und algorithmisch behandelt werden, diese Aspekte des Systems werden hier jedoch nicht erwähnt. Die in diesem Text angesprochenen mathematischen Anwendungen wurden bewußt elementar gehalten, um diese Einführung auch auf Schulniveau einsetzbar zu machen und für Nutzer mit geringen mathematischen Vorkenntnissen verständlich zu halten.

In dieser Einführung kann nicht die komplette Funktionalität von MuPAD erläutert werden. Einige Teile des Systems sind nur kurz, andere gar nicht erwähnt. Insbesondere würde es den Rahmen dieses Tutoriums sprengen, auf alle Details der sehr mächtigen Programmiersprache MuPADs einzugehen. Ausführungen zu den hier nicht behandelten Fragestellungen finden Sie im MuPAD-Handbuch [MuP 96] und im Hilfesystem von MuPAD. Diese stehen innerhalb einer MuPAD-Sitzung online zur Verfügung.

Es gibt zwei Arten und Weisen, mit einem Computeralgebra–System umzugehen. Einmal kann man sich darauf beschränken, das in das System eingebaute mathematische Wissen durch interaktiven Aufruf von Systemfunktionen auszunutzen. Beispielsweise können mit einem einfachen Funktionsaufruf symbolisch Integrale berechnet werden, man kann leicht Matrizen erzeugen und durch Aufrufen der entsprechenden Funktion invertieren, usw. Die mathematische Intelligenz des Systems steckt in diesen Prozeduren, hinter denen sich teilweise recht komplexe Algorithmen verbergen. Der Anwendung MuPADs über Aufrufe geeigneter Systemfunktionen sind die Kapitel 2 bis 16 gewidmet.

Andererseits kann man für Spezialanwendungen, für die keine vorgefertigten Funktionen zur Verfügung stehen, mit Hilfe der Programmiersprache MuPADs leicht eigene Funktionen als Prozeduren schreiben, die den gewünschten Algorithmus implementieren. Das Kapitel 18 liefert eine Einführung in die MuPAD-Programmierung.

Sie können dieses Buch in der üblichen Weise „linear" von der ersten zur letzten Seite lesen. Es gibt aber auch Gründe, so nicht vorzugehen. Zum einen könnten Sie ein bestimmtes Problem im Auge haben und kein großes Interesse an MuPAD–spezifischen Dingen haben, die nicht unmittelbar benötigt werden. Zum anderen haben Sie eventuell bereits Vorkenntnisse in MuPAD.

Wenn Sie ein Anfänger in MuPAD sind, so sollten Sie zunächst das Kapitel 2 lesen, das eine erste grobe Übersicht über die Möglichkeiten MuPADs bietet. Der wohl wichtigste Abschnitt des ganzen Buches ist die Vorstellung des Online–Hilfessystems in Abschnitt 2.1, mit dem man sich jederzeit in einer laufenden MuPAD–Sitzung über Details von Systemfunktionen, ihre Syntax, die Bedeutung der zu übergebenden

Parameter, etc. informieren kann. Der Aufruf von Hilfeseiten wird zumindest in der Anfangsphase der wohl am häufigsten benutzte Systembefehl sein. Hat man sich erst mit dem Hilfesystem vertraut gemacht, so kann man beginnen, selbständig mit MuPAD zu experimentieren. Kapitel 2 demonstriert einige der wichtigsten Systemfunktionen „in Aktion". Weitere Details zu diesen Hilfsmitteln können späteren Abschnitten des Buches oder auch interaktiv dem Hilfesystem entnommen werden; für ein tieferes Verständnis des Umgangs mit den auftauchenden Datenstrukturen kann man in die entsprechenden Abschnitte des Kapitels 4 springen.

Kapitel 3 gibt eine allgemeine Anleitung zum Umgang mit den MuPAD–Bibliotheken, in denen viele Funktionen und Algorithmen zu speziellen mathematischen Themenkreisen installiert sind.

Um komplexere symbolische Probleme zu lösen, muß erlernt werden, wie man mit MuPAD–Objekten umgeht. Kapitel 4 besteht aus einer langen Reihe von Unterkapiteln, in denen die grundsätzlichen Datentypen zusammen mit einigen der wichtigsten Systemfunktionen zu deren Manipulation vorgestellt werden. Hier besteht zunächst nicht die Notwendigkeit, alle Datentypen mit derselben Gründlichkeit zu studieren. Je nach Interessenlage wird man sich zunächst mit denjenigen Objekten vertraut machen, die für die geplanten Anwendungen relevant sind.

Kapitel 5 ist fundamental für das Verständnis der internen Arbeitsweise MuPADs bei der Auswertung von Objekten. Dieses Kapitel sollte auf jeden Fall gelesen werden.

Die Kapitel 6 bis 11 enthalten Informationen zur Benutzung einiger besonders wichtiger Systemfunktionen: Substituierer, Differenzierer, Integrierer, Gleichungslöser, Zufallszahlengenerator und Graphikbefehle werden hier vorgestellt.

Die Kapitel 12 bis 14 beschreiben diverse nützliche Aspekte wie den History–Mechanismus, Ein– und Ausgaberoutinen oder die Definition eigener Voreinstellungen. Mit letzteren kann sich der Nutzer beim interaktiven Arbeiten das Verhalten des Systems in gewissen Grenzen gemäß seines persönlichen Geschmackes einrichten.

Eine Einführung in die Programmierung MuPADs geschieht in den Kapiteln 16 bis 18, wo die grundlegenden Konstrukte der MuPAD–Sprache vorgestellt werden.

Diese Einführung bezieht sich auf die MuPAD–Version 1.4. Durch die fortlaufende Weiterentwicklung des Systems können sich in Zukunft

vereinzelt einige der hier beschriebenen Details ändern. Mit Sicherheit
werden zukünftige Versionen zusätzliche Funktionalität in Form weiterer Systemfunktionen und neuer Anwendungspakete zur Verfügung
stellen. Im Schritt auf die momentan in Entwicklung befindliche Version werden umfangreiche Änderungen des MuPAD–Kerns vorgenommen, die auch für den Nutzer einige Implikationen in der Benutzung
der Programmiersprache MuPADs haben. In dieser Einführung wird
jedoch hauptsächlich auf die grundlegenden Hilfsmittel und ihre Be-
dienung eingegangen, deren Form keine wesentlichen Änderungen er-
fahren wird. Die Aussagen dieses Textes sind so abgefaßt, daß sie im
Wesentlichen auch für zukünftige MuPAD–Versionen gültig sein werden.

Zusätzlich zu den Autoren waren weitere Mitglieder der MuPAD–
Gruppe an der Entstehung dieses Tutoriums beteiligt. Besonderer
Dank gebührt Christian Heckler, Jürgen Billing und Gudrun Oevel.

Paderborn, September 1998

Inhaltsverzeichnis

1. Einleitung

Um den Begriff Computeralgebra zu erklären, möchten wir die Berechnungen in der Computeralgebra mit numerischen Rechnungen vergleichen. Beide werden durch einen Computer unterstützt, doch gibt es grundlegende Unterschiede, die wir im folgenden erläutern wollen.

1.1 Numerische Berechnungen

In numerischen Rechnungen wird ein mathematisches Problem näherungsweise gelöst, die Rechenschritte finden mit *Zahlen* statt. Diese Zahlen sind intern in *Gleitpunktdarstellung* gespeichert, wodurch arithmetische Operationen schnell ausgeführt werden können. Diese Darstellung hat allerdings den Nachteil, dass sowohl die Berechnungen als auch die Lösungen nicht exakt sind, da es u. a. durch Rundungen zu Fehlern kommt. Numerische Algorithmen sind in der Regel so konstruiert, dass sie möglichst schnell eine Näherungslösung liefern. Näherungen sind oftmals die einzige Möglichkeit, eine mathematische Aufgabenstellung zu bearbeiten, wenn nämlich eine exakte Lösung in geschlossener Form nicht existiert. Außerdem sind Näherungslösungen dort nützlich, wo exakte Resultate gar nicht benötigt werden (z. B. bei der Visualisierung).

1.2 Computeralgebra

Im Gegensatz zu numerischen Berechnungen mit Zahlen werden in der Computeralgebra *symbolische* Berechnungen durchgeführt, es handelt sich gemäß [Hec 93] um *„Berechnungen mit mathematischen Objekten"*. Ein *Objekt* kann z. B. eine Zahl, aber auch ein Polynom, eine

Gleichung, ein Ausdruck oder eine Formel, eine Funktion, eine Gruppe, ein Ring oder ein beliebiges anderes mathematisches Objekt sein. Symbolische Berechnungen mit Zahlen werden im Gegensatz zu numerischen Berechnungen immer *exakt* durchgeführt, da intern eine genaue Darstellung von beliebig langen ganzen und rationalen Zahlen verwendet wird. Man nennt solche exakten Berechnungen in der Computeralgebra *symbolische* und *algebraische* Berechnungen. In [Hec 93] wird dafür die folgende Definition gegeben:

1. „Symbolisch" bedeutet, dass es das Ziel ist, eine möglichst geschlossene Form einer Lösung in einer guten (d. h. einfachen) symbolischen Darstellung zu finden.

2. „Algebraisch" steht für *exakte* Berechnungen im Gegensatz zu den Näherungslösungen, die auf Gleitpunktarithmetik beruhen.

Manchmal wird Computeralgebra auch mit „symbolischer Manipulation" oder „Formelmanipulation" erklärt, da mit Formeln und Symbolen gerechnet wird. Beispiele dafür sind die symbolische Integration oder die Differentiation wie

$$\int x \, dx = \frac{x^2}{2}, \quad \int_1^4 x \, dx = \frac{15}{2}, \quad \frac{d}{dx} \ln \ln x = \frac{1}{x \ln x}$$

oder die Berechnung symbolischer Lösungen von Gleichungen. Als Beispiel sei hier die Gleichung $x^4 + p \, x^2 + 1 = 0$ in x mit einem Parameter p betrachtet, die die Lösungsmenge

$$\left\{ \pm \frac{\sqrt{2} \cdot \sqrt{-p - \sqrt{p^2 - 4}}}{2}, \quad \pm \frac{\sqrt{2} \cdot \sqrt{-p + \sqrt{p^2 - 4}}}{2} \right\}$$

besitzt. Für die symbolische Berechnung einer exakten Lösung wird fast immer mehr Rechenzeit und mehr Hauptspeicher benötigt als für die Berechnung einer numerischen Lösung. Aber eine symbolische Lösung ist exakt, allgemeiner und liefert meist weitere Informationen zu dem Problem und seiner Lösung. Betrachten wir z. B. die obige Lösungsformel, die eine Lösung der Gleichung für beliebige Werte des Parameters p liefert: Sie zeigt die funktionale Abhängigkeit von p. Damit kann beispielsweise ermittelt werden, wie empfindlich die Lösungen gegen Änderungen des Parameters sind.

Für spezielle Anwendungen sind Kombinationen von symbolischen und numerischen Methoden sinnvoll. Es gibt z. B. Algorithmen in der Computeralgebra, die von der effizienten Gleitpunktarithmetik der Hardware profitieren. Auf der anderen Seite kann es sinnvoll sein, ein Problem aus der Numerik zunächst symbolisch zu vereinfachen, bevor der eigentliche approximative Algorithmus angewendet wird.

1.3 Eigenschaften von Computeralgebra-Systemen

Die meisten der bekannten Computeralgebra-Systeme sind interaktiv zu benutzende Programmpakete: Der Benutzer gibt dem System eine Reihe von Formeln und Befehlen, die dann vom System bearbeitet (man sagt auch, *ausgewertet*) werden. Das System gibt anschließend eine Antwort zurück, die weiter manipuliert werden kann.

Zusätzlich zu exakten symbolischen Berechnungen können die meisten Computeralgebra-Systeme Lösungen auch numerisch approximieren. Dabei kann die Genauigkeit vom Benutzer auf eine beliebige Anzahl von Stellen vorgegeben werden. In MuPAD geschieht dies durch die globale Variable DIGITS. Beispielsweise wird mit dem einfachen Befehl DIGITS:=100 erreicht, dass MuPAD Gleitpunktberechnungen mit einer Genauigkeit von 100 Dezimalstellen ausführt. Natürlich benötigen solche Berechnungen mehr Rechenzeit und mehr Hauptspeicher als das Benutzen der Gleitpunktarithmetik der Hardware.

Moderne Computeralgebra-Systeme stellen zusätzlich noch eine mächtige Programmiersprache[1] zur Verfügung und bieten Werkzeuge zur Visualisierung und Animation mathematischer Daten. Auch bieten viele Systeme die Möglichkeit zur Vorbereitung druckfertiger Dokumente (so genannte *Notebooks* oder *Worksheets*). Auch in MuPAD existiert ein Notebook-Konzept, welches in dieser Einführung allerdings nicht behandelt werden soll. Das Ziel dieses Buches ist es, eine Einführung in die Benutzung der *mathematischen* Fähigkeiten MuPADs zu geben.

---

[1] Die Programmiersprache von MuPAD besitzt eine ähnliche Syntax wie Pascal. Es existiert ein Konzept für objektorientierte Programmierung.

1.4 Existierende Systeme

Es gibt viele verschiedene Computeralgebra-Systeme, von denen einige kommerziell vertrieben werden, während andere frei erhältlich sind.

So genannte *special purpose* Systeme dienen zur Behandlung von speziellen mathematischen Problemen. So gibt es das System *Schoonship* für Probleme in der Hochenergiephysik, *DELiA* zur Behandlung von Differentialgleichungen, *PARI* für Anwendungen in der Zahlentheorie[2] und *GAP* für Probleme aus der Gruppentheorie.

Daneben gibt es so genannte *general purpose* Computeralgebra-Systeme. Dazu gehören das seit 1980 entwickelte und speziell für Kleincomputer ausgelegte *Derive* sowie *MathView* (ehemals *Theorist*), das seit 1990 entwickelt wird und eine ausgefeilte Benutzungsoberfläche, aber nur eingeschränkte mathematische Fähigkeiten besitzt. Außerdem gibt es die Systeme *Macsyma* und *Reduce*, beide seit 1965 entwickelt und in LISP programmiert. Modernere Systeme wie *Mathematica* und *Maple* befinden sich seit etwa 1980 in Entwicklung und sind in C programmiert. *Mathematica* war das erste System mit einer benutzerfreundlichen Oberfläche. Weiterhin ist *Axiom* zu erwähnen, das ebenfalls seit etwa 1980 entwickelt wird. Im Gegensatz zu den bereits genannten Systemen verfügt *Axiom* über eine komplett typisierte Sprache und lässt Berechnungen nur in speziellen mathematischen Kontexten zu. Unter allen diesen Systemen ist MuPAD das jüngste: Es wird seit 1990 an der Universität Paderborn entwickelt und versucht, die Stärken verschiedener Vorläufer mit modernen, eigenen Konzepten zu verbinden.

1.5 MuPAD

Zusätzlich zu den bereits genannten Eigenschaften von Computeralgebra-Systemen hat MuPAD die folgenden Fähigkeiten:

- MuPAD bietet ein Konzept zum objektorientierten Programmieren. Man kann eigene Datentypen definieren und fast alle Operatoren und Funktionen zu deren Behandlung überladen.

---

[2] Teile dieses Systems werden intern von MuPAD verwendet.

- MuPAD stellt einen interaktiven Quellcode-Debugger zur Verfügung.

- Mit dem Modulkonzept kann man in C oder C++ geschriebene Programme zum MuPAD-Kern hinzufügen.

Das Herzstück von MuPAD ist der so genannte *Kern*, der aus Effizienz- und Geschwindigkeitsgründen im Wesentlichen in C und teilweise in C++ implementiert ist. Dieser Kern wiederum besteht aus den folgenden grundlegenden Teilen:

- Der so genannte *Parser* liest die Eingaben an das System und überprüft sie auf richtige Syntax. Eine fehlerfreie Eingabe wird vom Parser in einen MuPAD-Datentyp umgewandelt.

- Der so genannte *Auswerter* (englisch: *evaluator*) wertet die Eingaben aus und vereinfacht die Ergebnisse. Dieser Vorgang ist in MuPAD genau definiert und wird später näher erläutert.

- Die *Speicherverwaltung* ist für die interne Verwaltung der MuPAD-Objekte zuständig.

- Einige oft benötigte Algorithmen wie z. B. die arithmetischen Funktionen sind aus Effizienz- und Geschwindigkeitsgründen als *Kernfunktionen* auf C-Ebene implementiert.

Zusätzlich ist im Kern die MuPAD-Programmiersprache definiert. Mit Hilfe dieser Sprache sind die zu MuPAD gehörenden Programmbibliotheken implementiert, die das mathematische Wissen des Systems enthalten.

Daneben besitzt MuPAD komfortable Benutzungsoberflächen zur Erzeugung so genannter *Notebooks* oder von Graphiken oder zum Debuggen in der MuPAD-Sprache geschriebener Programme. Das MuPAD-Hilfesystem hat Hypertextfunktionalität. Man kann in Dokumenten navigieren, aber auch Beispiele per Mausklick vom System berechnen lassen. Abbildung 1.1 zeigt die Hauptkomponenten des MuPAD-Systems.

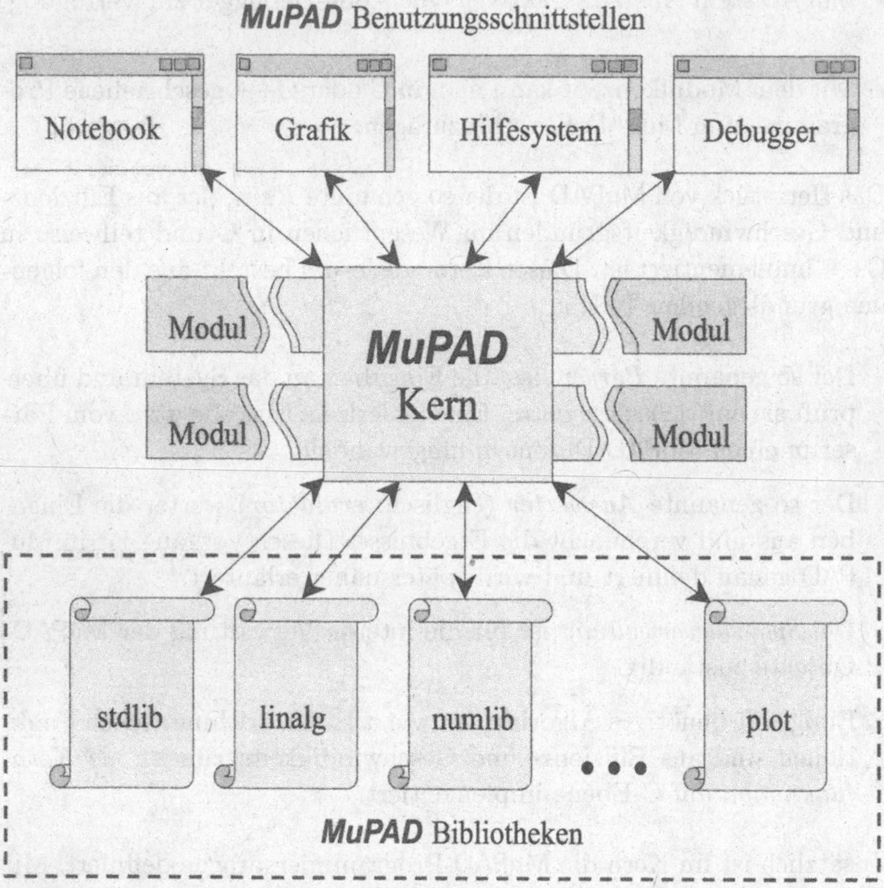

MuPAD Benutzungsschnittstellen

Abbildung 1.1. Die Hauptkomponenten MuPADs

2. Erste Schritte mit **MuPAD**

Oft wird man ein Computeralgebra-System wie MuPAD interaktiv bedienen, d. h., man gibt eine Anweisung wie z. B. die Multiplikation zweier Zahlen an das System und wartet dann, bis MuPAD das Ergebnis berechnet hat und auf dem Bildschirm ausgibt.

Durch Aufruf des MuPAD-Programms wird eine *Sitzung* gestartet. Der Aufruf ist abhängig vom verwendeten Betriebssystem und der benutzten MuPAD-Version. Hierzu sei auf die entsprechenden Informationen der Installationsanleitung für MuPAD verwiesen. MuPAD stellt ein Hilfesystem zur Verfügung, mit dem man sich dann jederzeit in der laufenden Sitzung über Details von Systemfunktionen, ihre Syntax, die Bedeutung der zu übergebenden Parameter etc. informieren kann. Der Umgang mit der MuPAD-Hilfe wird im folgenden Abschnitt vorgestellt. Der Aufruf von Hilfeseiten wird zumindest in der Anfangsphase der wohl wichtigste Systembefehl sein, mit dem der Einsteiger umgehen wird. Es folgt ein Abschnitt über die Benutzung MuPADs als „intelligenter Taschenrechner": das Rechnen mit Zahlen. Dies ist vermutlich der einfachste und intuitivste Teil dieser Anleitung. Danach werden einige der Systemfunktionen für symbolische Rechnungen vorgestellt. Dieser Abschnitt ist wenig systematisch: Er soll lediglich einen ersten Eindruck von den symbolischen Fähigkeiten des Systems vermitteln.

Das Ansprechen von MuPAD erfolgt nach Starten des Programms durch die Eingabe von Befehlen in der MuPAD-Sprache. Das System befindet sich im Eingabemodus, d. h., es wartet auf eine Eingabe, wenn das so genannte MuPAD-Prompt erscheint. Unter Windows oder auf dem Macintosh ist dieses Prompt das Zeichen •, unter UNIX ist es >>. Zur Illustration von Beispielen wird im Weiteren das UNIX-Prompt verwendet. Durch das Drücken der <RETURN>-Taste (unter Windows und UNIX) wird eine Eingabe beendet und das eingegebene Kommando von MuPAD ausgewertet. Die Tastenkombination

<SHIFT> und <RETURN> kann dazu verwendet werden, eine neue Zeile anzufangen, ohne die aktuelle Eingabe zu beenden. Auf dem Macintosh muss zur Ausführung eines Befehls die <ENTER>-Taste betätigt werden, die <RETURN>-Taste bewirkt dort nur einen Zeilenumbruch und MuPAD befindet sich weiterhin im Eingabemodus. In allen grafischen Benutzungsoberflächen kann man die Rollen von <RETURN> und <SHIFT>+<RETURN> vertauschen, indem man im Menü „Ansicht" auf „Optionen" klickt und dann „Shift+Return" als „Evaluationstaste" wählt.

Die Eingabe von

```
>> sin(3.141)
```

gefolgt von <RETURN> bzw. <ENTER> liefert auf dem Bildschirm das Ergebnis

$$0.0005926535551$$

Hierbei wurde die (allgemein bekannte) Sinus-Funktion an der Stelle 3.141 aufgerufen, zurückgegeben wurde eine Gleitpunktnäherung des Sinus-Wertes, wie sie auch – mit eventuell weniger Stellen – ein Taschenrechner geliefert hätte.

Es können mehrere Befehle in einer Zeile eingegeben werden. Zwischen je zwei Befehlen muss entweder ein Semikolon oder ein Doppelpunkt stehen, je nachdem, ob das Ergebnis des ersten Befehls angezeigt werden soll oder nicht:

```
>> diff(sin(x^2), x); int(last(1), x)
```

$$2 x \cos(x^2)$$

$$\sin(x^2)$$

Hierbei bedeutet x^2 das Quadrat von x, die MuPAD-Funktionen diff bzw. int führen die mathematischen Operationen „differenzieren" bzw. „integrieren" durch (Kapitel 7). Der Aufruf von last(1) steht für den letzten Ausdruck (also hier für die Ableitung von $\sin(x^2)$). Der last unterliegende Mechanismus wird in Kapitel 12 vorgestellt.

Schließt man einen Befehl mit einem Doppelpunkt ab, so wird dieser von MuPAD ausgeführt, das Ergebnis wird aber nicht auf dem Bildschirm angezeigt. So kann die Ausgabe von nicht interessierenden Zwischenergebnissen unterdrückt werden:

```
>> Gleichungen := {x + y = 1, x - y = 1}:
>> solve(Gleichungen)
```

$$\{[x = 1, y = 0]\}$$

Hierbei wird dem Bezeichner `Gleichungen` eine aus 2 Gleichungen bestehende Menge zugewiesen. Der Befehl `solve(Gleichungen)` (englisch: *to solve* = lösen) liefert die Lösung. Dem Gleichungslöser ist das Kapitel 8 gewidmet.

Eine MuPAD-Sitzung in der Terminalversion wird mit dem Schlüsselwort `quit` beendet:

```
>> quit
```

Bei den MuPAD-Versionen mit graphischer Bedienoberfläche funktioniert dies nicht, hier müssen Sie den entsprechenden Menüpunkt auswählen.

2.1 Erklärungen und Hilfe

Wenn Sie nicht wissen, wie die korrekte Syntax eines MuPAD-Befehls lautet, so können Sie die benötigten Informationen unmittelbar in der laufenden Sitzungen dem Hilfesystem entnehmen. Mit der Funktion `info` erhält man zu vielen MuPAD-Funktionen eine kurze englische Erklärung:

```
>> info(solve)

 solve -- solve equations and inequalities [try ?solve\
  for options]

>> info(ln)

 ln -- the natural logarithm
```

Detailliertere Informationen erhält man auf der *Hilfeseite* der entsprechenden Funktion. Diese kann mittels `help("Funktionsname")` aufgerufen werden. Hierbei muss der Name in Anführungszeichen gesetzt werden, da die `help`-Funktion Zeichenketten als Eingabe erwartet, welche in MuPAD durch " erzeugt werden (Abschnitt 4.11). Als Abkürzung für `help` dient der Operator ?, bei dem keine Anführungszeichen benutzt zu werden brauchen:

```
>> ?solve
```

Die Hilfeseiten in MuPAD werden je nach verwendeter Version formatiert. Das folgende Beispiel zeigt eine Hilfeseite im ASCII-Format, wie sie von der Terminalversion MuPADs als Antwort auf `?solve` geliefert wird:

```
solve - Lösen von Gleichungen und Ungleichungen

Einführung

  solve(eq, x) liefert die Menge aller komplexen Lösungen der Gleichung
  oder Ungleichung eq bezüglich x.

  solve(system, vars) löst ein System von Gleichungen nach den Variablen
  vars auf.

  solve(eq, vars) bewirkt das selbe wie solve([eq], vars).

  solve(system, x) bewirkt das selbe wie solve(system, [x]).

  solve(eq) ohne zweites Argument bewirkt das selbe wie solve(eq, S), wo S
  die Menge aller Unbestimmten in eq ist. Dasselbe gilt für solve(system).

Aufruf(e)

  solve(eq, x <, options>)
  solve(eq, vars <, options>)
  solve(eq <, options>)
  solve(system, x <, options>)
  solve(system, vars <, options>)
  solve(system <, options>)
  solve(ODE)
  solve(REC)
```

```
Parameter

eq      - eine einzelne Gleichung oder eine Ungleichung vom Typ
          "_equal", "_less", "_leequal", oder "_unequal". Auch ein
          arithmetischer Ausdruck wird akzeptiert und als Gleichung
          mit verschwindender rechter Seite interpretiert.
x       - die Unbestimmte, nach der aufgelöst werden soll: Ein
          Bezeichner oder ein indizierter Bezeichner
vars    - eine nichtleere Menge oder Liste von Unbestimmten, nach
          denen aufgelöst werden soll
system  - eine Menge, Liste, Tabelle oder ein Array von Gleichungen
          bzw. arithmetischen Ausdrücken. Letztere werden als
          Gleichungen mit verschwindender rechter Seite aufgefasst.
ODE     - eine gewöhnliche Differentialgleichung: Ein Objekt vom Typ
          ode.
REC     - eine Rekurrenzgleichung: Ein Objekt vom Typ rec.

...
```

Der Rest der Ausgabe wird aus Platzgründen weggeclassen. Abbildung 2.1 zeigt einen Ausschnitt des entsprechenden Hypertext-Dokuments, welches bei Benutzung einer graphischen Oberfläche angezeigt wird.

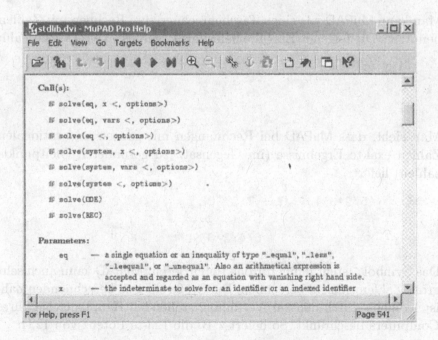

Abbildung 2.1. Das Hilfefenster unter Windows

Das Hilfesystem ist als so genanntes Hypertextsystem realisiert. Aktive Worte sind unterstrichen oder eingerahmt. Wenn Sie darauf klicken, erhalten Sie weitere Erklärungen zu diesem Begriff. Auf jeder Seite gibt es einige allgemeine Verzweigungsmöglichkeiten, z. B. können Sie jederzeit vor- oder zurückblättern, zum nächsten Kapitel oder zum Index springen. Diese Navigationsmöglichkeiten befinden sich im Menü „Sprungziele" bzw. „Hilfe". Die Beispiele auf den Hilfeseiten kann man durch Anklicken der dazugehörigen unterstrichenen oder eingerahmten Prompts automatisch in das Eingabefenster von MuPAD übertragen. Auf Windows-Systemen verwenden Sie bitte einen Doppelklick.

Aufgabe 2.1: Informieren Sie sich über die Anwendungsweise des MuPAD-Differenzierers `diff`! Berechnen Sie die fünfte Ableitung von `sin(x^2)`!

2.2 Das Rechnen mit Zahlen

Man kann MuPAD wie einen Taschenrechner zum Rechnen mit Zahlen benutzen. Die folgende Eingabe liefert als Ergebnis eine rationale Zahl:

```
>> 1 + 5/2
```

$$7/2$$

Man sieht, dass MuPAD bei Rechnungen mit ganzen und rationalen Zahlen exakte Ergebnisse (im Gegensatz zu gerundeten Gleitpunktzahlen) liefert:

```
>> (1 + (5/2*3))/(1/7 + 7/9)^2
```

$$67473/6728$$

Das Symbol ^ steht dabei für das Potenzieren. MuPAD kann auch sehr große Zahlen effizient berechnen. Die Größe einer zu berechnenden Zahl ist lediglich durch den zur Verfügung stehenden Hauptspeicher Ihres Computers beschränkt. So liefert z. B. die 123-te Potenz von 1234:

```
>> 1234^123
```

die ziemlich große Zahl[1]:

```
1705158062127270428750597276206262826543023131110682 9\
04705296193221839138348680074713663067170605985726415\
92314554345900570589670671499709086102539904846514793\
13561730556366999395010462203568202735575775507008323\
84441477783960263870670426857004040032870424806396806\
96865587865016699383883388831980459159942845372414601\
80942971772610762859524340680101441852976627983806720\
3562799104
```

Neben der Grundarithmetik steht eine Reihe von MuPAD-Funktionen zum Rechnen mit Zahlen zur Verfügung. Ein einfaches Beispiel ist die Fakultät $n! = 1 \cdot 2 \cdot \ldots \cdot n$ einer natürlichen Zahl n, die in mathematischer Notation angefordert werden kann:

```
>> 100!

93326215443944152681699238856266700490715968264381621\
46859296389521759999322991560894146397615651828625369\
7920827223758251185210916864000000000000000000000000000
```

Mit `isprime` kann überprüft werden, ob eine natürliche Zahl eine Primzahl ist: Diese Funktion liefert entweder TRUE (wahr) oder FALSE (falsch). Mit `ifactor` (englisch: *integer factorization*) ergibt sich die Primfaktorzerlegung:

```
>> isprime(123456789)

                    FALSE

>> ifactor(123456789)

                      2
                  3   3607 3803
```

Betrachten wir nun den Fall, dass die Zahl $\sqrt{56}$ „berechnet" werden soll. Hierbei ergibt sich das Problem, dass dieser Wert als irrationale Zahl nicht einfach in der Form Zähler/Nenner mit Hilfe ganzer Zahlen exakt

---

[1] In diesem Ergebnis bedeutet das Zeichen „Backslash" \ am Ende einer Zeile, dass das Ergebnis in der nächsten Zeile fortgesetzt wird.

darstellbar ist. Eine „Berechnung" kann daher nur darauf hinauslaufen, eine *möglichst einfache* exakte Darstellung zu finden.

2.2.1 Exakte Berechnungen

Wir wollen versuchen, das eben aufgeworfene Problem der exakten Darstellung anhand von Beispielen zu erläutern. Bei der Eingabe von $\sqrt{56}$ mittels **sqrt** (englisch: *square root* = Quadratwurzel) liefert Mu-PAD:

```
>> sqrt(56)
```

$$2 \; 14^{1/2}$$

Das Ergebnis ist die Vereinfachung von $\sqrt{56}$ zu dem exakten Wert $2 \cdot 14^{1/2}$, wobei $14^{1/2}$ in MuPAD die positive Lösung der Gleichung $x^2 = 14$ bedeutet. In der Tat ist dies wohl die einfachste exakte Darstellung des Ergebnisses. Man beachte, dass $14^{1/2}$ von MuPAD als ein Objekt angesehen wird, welches bestimmte Eigenschaften hat (im Wesentlichen, dass sich das Quadrat zu 14 vereinfachen lässt). Diese werden automatisch benutzt, wenn mit solchen Symbolen gerechnet wird, z. B.:

```
>> sqrt(14)^4
```

$$196$$

Als weiteres Beispiel einer exakten Rechnung möge die Bestimmung des Grenzwertes

$$e = \lim_{n \to \infty} \left(1 + \frac{1}{n}\right)^n$$

dienen. Die Funktion **limit** berechnet Grenzwerte, der Bezeichner **infinity** steht in MuPAD für „Unendlich":

```
>> limit((1 + 1/n)^n, n = infinity)
```

$$\exp(1)$$

Hier steht der Bezeichner `exp` für die Exponentialfunktion. Die Euler-sche Zahl *e* wird durch das Symbol `exp(1)` exakt dargestellt,[2] wobei MuPAD die (exakten) Rechenregeln für dieses Objekt beherrscht. So liefert z. B. der natürliche Logarithmus `ln`:

```
>> ln(1/exp(1))
```

$$-1$$

Weitere exakte Berechnungen werden uns im Laufe dieser Einführung begegnen.

2.2.2 Numerische Näherungen

Neben exakten Berechnungen ermöglicht MuPAD auch das Rechnen mit numerischen Näherungen. Wenn Sie z. B. $\sqrt{56}$ in Dezimalschreib-weise annähern möchten, so müssen Sie die Funktion `float` (englisch: *floating point number* = Gleitpunktzahl) benutzen. Diese Funktion be-rechnet den Wert ihres Argumentes in so genannter *Gleitpunktdarstel-lung*:

```
>> float(sqrt(56))
```

$$7.483314774$$

Die Genauigkeit der Näherung hängt vom Wert der globalen Variablen `DIGITS` ab, der Anzahl der Dezimalziffern für numerische Rechnungen. Ihr voreingestellter Standardwert ist 10:

```
>> DIGITS; float(67473/6728)
```

$$10$$

$$10.02868609$$

Globale Variablen wie `DIGITS` beeinflussen das Verhalten von MuPAD, sie werden auch *Umgebungsvariablen* genannt.[3] Im entsprechenden Ab-

---

[2] Das Symbol E bezeichnet das selbe Objekt in MuPAD, nämlich die Basis des natürlichen Logarithmus ($E = \exp(1) = 2.71828..$).

[3] Es ist besondere Vorsicht angezeigt, wenn die selbe Rechnung mit verschiedenen Werten von `DIGITS` durchgeführt wird. Einige der komplexeren numerischen Al-

schnitt „Umgebungsvariablen" der MuPAD-Kurzreferenz [OG 02] findet man eine vollständige Auflistung der in MuPAD implementierten Umgebungsvariablen.

Die Variable DIGITS kann jeden beliebigen ganzzahligen Wert zwischen 1 und $2^{31} - 1$ annehmen:

```
>> DIGITS := 100: float(67473/6728); DIGITS := 10:


  10.02868608799048751486325802615933412604042806183115\
  33888228299643281807372175980975029726516052318 7
```

Vor den nächsten Berechnungen haben wir den Wert von DIGITS auf 10 zurückgesetzt. Dieses kann auch durch den Befehl **delete DIGITS** erreicht werden.

Bei arithmetischen Operationen mit Zahlen rechnet MuPAD automatisch immer näherungsweise, sobald *mindestens eine* der beteiligten Zahlen in Gleitpunktdarstellung gegeben ist:

```
>> (1.0 + (5/2*3))/(1/7 + 7/9)^2


                  10.02868609
```

Bitte beachten Sie, dass die folgenden Aufrufe

```
>> 2/3*sin(2), 0.6666666666*sin(2)
```

beide *keine* näherungsweise Berechnung von sin(2) zur Folge haben, da **sin(2)** keine Zahl, sondern ein Ausdruck ist, der für den (exakten) Wert von sin(2) steht:

```
     2 sin(2)
     --------, 0.6666666666 sin(2)
        3
```

---

gorithmen in MuPAD sind mit der Option *"remember"* implementiert, wodurch sich diese Algorithmen an frühere Ergebnisse erinnern (Abschnitt 18.9). Dies kann zu ungenauen numerischen Ergebnissen führen, wenn aus früheren Rechnungen Werte erinnert werden, die mit geringerer Genauigkeit berechnet wurden. Im Zweifelsfall sollte vor dem Heraufsetzen von DIGITS die MuPAD-Sitzung mit **reset()** neu initialisiert werden (Abschnitt 14.3), wodurch das MuPAD-Gedächtnis gelöscht wird.

Die Trennung der beiden Werte durch ein Komma erzeugt einen speziellen Datentyp, eine so genannte *Folge*. Dieser Typ wird in Abschnitt 4.5 genauer beschrieben. Um im obigen Fall eine Gleitpunktdarstellung zu erreichen, muss wieder die Funktion float benutzt werden:[4]

```
>> float(2/3*sin(2)), 0.6666666666*float(sin(2))

                0.6061982846, 0.6061982845
```

Die meisten MuPAD-Funktionen wie etwa sqrt, die trigonometrischen Funktionen, die Exponentialfunktion oder der Logarithmus liefern automatisch numerische Ergebnisse, wenn ihr Argument eine Gleitpunktzahl ist:

```
>> sqrt(56.0), sin(3.14)

              7.483314774, 0.001592652916
```

Mit den Konstanten π und e, dargestellt durch PI bzw. E = exp(1), kann man in MuPAD *exakt* rechnen:

```
>> cos(PI), ln(E)

                       -1, 1
```

Falls gewünscht, kann man wiederum mit Hilfe der Funktion float eine numerische Approximation dieser Konstanten erhalten:

```
>> DIGITS := 100: float(PI); float(E); delete DIGITS:

  3.1415926535897932384626433832795028841971693993751055\
  8209749445923078164062862089986280348253421170068

  2.7182818284590452353602874713526624977572470936999595\
  7496969676277240766303535475945713821785251664275
```

Aufgabe 2.2: Berechnen Sie $\sqrt{27} - 2\sqrt{3}$ und $\cos(\pi/8)$ exakt. Ermitteln Sie auf 5 Dezimalstellen genaue numerische Näherungen!

---

[4] Beachten Sie die letzte Ziffer. Der zweite Befehl liefert ein etwas ungenaueres Ergebnis, da 0.666... bereits eine Näherung von 2/3 ist und sich dieser Fehler auf das Endergebnis auswirkt.

2.2.3 Komplexe Zahlen

Die imaginäre Einheit $\sqrt{-1}$ wird in MuPAD durch das Symbol I dargestellt:

```
>> sqrt(-1), I^2

                        I, -1
```

Komplexe Zahlen können in MuPAD in der üblichen mathematischen Notation $x + y\,I$ eingegeben werden, wobei der Real- bzw. Imaginärteil x bzw. y jeweils ganze Zahlen, rationale Zahlen oder auch Gleitpunktzahlen sein können:

```
>> (1 + 2*I)*(4 + I), (1/2 + I)*(0.1 + I/2)^3

              2 + 9 I, 0.073 - 0.129 I
```

Das Ergebnis von Rechenoperationen wird nicht immer nach Real- und Imaginärteil zerlegt zurückgeliefert, wenn neben Zahlenwerten symbolische Ausdrücke wie z.B. sqrt(2) verwendet wurden:

```
>> 1/(sqrt(2) + I)

                         1
                      ---------

                      1/2
                     2    + I
```

Die Funktion rectform (englisch: *rectangular form*) erzwingt jedoch die Zerlegung nach Real- und Imaginärteil:

```
>> rectform(1/(sqrt(2) + I))

                     1/2
                    2
                    ---- - 1/3 I
                     3
```

Mittels der Funktionen Re bzw. Im erhält man jeweils den Realteil x bzw. den Imaginärteil y einer komplexen Zahl $x + y\,I$, der konjugiert komplexe Wert $x - y\,I$ wird durch conjugate berechnet. Der Absolutbetrag $|x + y\,I| = \sqrt{x^2 + y^2}$ wird von der MuPAD-Funktion **abs** geliefert:

```
>> Re(1/(sqrt(2) + I)), Im(1/(sqrt(2) + I)),
   abs(1/(sqrt(2) + I)), conjugate(1/(sqrt(2) + I)),
   rectform(conjugate(1/(sqrt(2) + I)))


     1/2           1/2                  1/2
    2             3              1      2
   ----, -1/3,   ----,   ---------,   ---- + 1/3 I
     3             3      1/2           3
                         2    - I
```

2.3 Symbolisches Rechnen

Dieser Abschnitt enthält einige Beispiele von MuPAD-Sitzungen, mit denen eine kleine Auswahl der symbolischen Möglichkeiten des Systems demonstriert werden soll. Die mathematischen Fähigkeiten stecken im Wesentlichen in den von MuPAD zur Verfügung gestellten Funktionen zum Differenzieren, zum Integrieren, zur Vereinfachung von Ausdrücken usw., wobei einige dieser Funktionen in den folgenden Beispielen vorgestellt werden. Diese Demonstration ist wenig systematisch: Es werden beim Aufrufen der Systemfunktionen Objekte unterschiedlichster Datentypen wie Folgen, Mengen, Listen, Ausdrücke etc. benutzt, die in Kapitel 4 dann jeweils einzeln vorgestellt und genauer diskutiert werden.

2.3.1 Einfache Beispiele

Ein symbolischer Ausdruck in MuPAD darf unbestimmte Größen (Bezeichner) enthalten, mit denen gerechnet werden kann. Der folgende Ausdruck enthält die beiden Unbestimmten **x** und **y**:

```
>> f := y^2 + 4*x + 6*x^2 + 4*x^3 + x^4


                    2       3     2     4
        4 x + 6 x + 4 x + y + x
```

Der Ausdruck wurde hier durch den Zuweisungsoperator := einem Bezeichner f zugewiesen, der nun als Abkürzung für den Ausdruck verwendet werden kann. Man sagt, der Bezeichner f hat nun als *Wert* den zugewiesenen Ausdruck. Beachten Sie bitte, dass MuPAD die eingegebene Reihenfolge der Summanden vertauscht hat.[5]

Zum Differenzieren von Ausdrücken stellt MuPAD die Systemfunktion diff zur Verfügung:

```
>> diff(f, x), diff(f, y)

                    2       3
          12 x + 12 x  + 4 x  + 4, 2 y
```

Es wurde hierbei einmal nach x und einmal nach y abgeleitet. Mehrfache Ableitungen können durch mehrfache diff-Aufrufe oder auch durch einen einfachen Aufruf berechnet werden:

```
>> diff(diff(diff(f, x), x), x), diff(f, x, x, x)

            24 x + 24, 24 x + 24
```

Alternativ kann zum Ableiten der Differentialoperator ' benutzt werden, der einer Funktion ihre Ableitungsfunktion zuordnet:[6]

---

[5] Summanden werden intern nach gewissen Kriterien sortiert, wodurch das System beim Rechnen schneller auf diese Bausteine der Summe zugreifen kann. Solch eine Umsortierung der Eingabe geschieht natürlich nur bei mathematisch vertauschbaren Operationen wie z. B. der Addition oder der Multiplikation, wo die vertauschte Reihenfolge ein mathematisch äquivalentes Objekt ergibt.

[6] MuPAD verwendet beim Differentialoperator eine mathematisch saubere Notation: D differenziert Funktionen, während diff Ausdrücke ableitet. Im Beispiel verwandelt D den Namen der abzuleitenden Funktion in den Namen der Ableitungsfunktion. Oft wird eine nicht korrekte Notation wie z. B. $(x + x^2)'$ für die Ableitung der Funktion $F : x \mapsto x + x^2$ verwendet, wobei nicht streng zwischen der Abbildung F und dem Bildpunkt $f = F(x)$ an einem Punkt x unterschieden wird. MuPAD unterscheidet streng zwischen der *Funktion* F und dem *Ausdruck* $f = F(x)$, die durch unterschiedliche Datentypen realisiert werden. Die f zugeordnete Abbildung kann in MuPAD durch

```
>> F := x -> x + x^2:
```

definiert werden. Die Ableitung als Ausdruck kann somit auf zwei Arten erhalten

```
>> diff(f,x) = F'(x);

            2 x + 1 = 2 x + 1
```

Der MuPAD-Aufruf f' nach f:=x+x^2 ist in diesem Zusammenhang unsinnig.

```
>> sin', sin'(x)
```

$$\cos, \cos(x)$$

Der Ableitungsstrich ' ist nur eine verkürzte Eingabeform des Differentialoperators D, der mit dem Aufruf D(Funktion) die Ableitungsfunktion liefert:

```
>> D(sin), D(sin)(x)
```

$$\cos, \cos(x)$$

Integrale können durch int berechnet werden. Der folgende Aufruf, in dem ein Integrationsintervall angegeben wird, berechnet ein bestimmtes Integral:

```
>> int(f, x = 0..1)
```

$$y^2 + 26/5$$

Der folgende Aufruf ermittelt eine Stammfunktion, einen Ausdruck in x mit einem symbolischen Parameter y. int liefert keinen allgemeinen Ausdruck für alle Stammfunktionen (mit additiver Konstante), sondern eine spezielle:

```
>> int(f, x)
```

$$2 x^2 + 2 x^3 + x^4 + \frac{x^5}{5} + x y^2$$

Versucht man, einen Ausdruck zu integrieren, dessen Stammfunktion nicht mit Hilfe elementarer Funktionen darstellbar ist, so liefert int sich selbst als symbolischen Ausdruck zurück:

```
>> Stammfunktion := int(1/(exp(x^2) + 1), x)


                  /        1          \
             int|  -----------, x |
                  |       2           |
                  \ exp(x ) + 1   /
```

Dieses Objekt hat aber durchaus mathematische Eigenschaften. Der Differenzierer erkennt, dass die Ableitung durch den Integranden gegeben ist:

```
>> diff(Stammfunktion, x)


                  1
             -----------

                  2
             exp(x ) + 1
```

Ein bestimmtes Integral, welches als symbolischer Ausdruck berechnet wird, stellt mathematisch einen Zahlenwert dar:

```
>> int(1/(exp(x^2) + 1), x = 0..1)


                  /        1              \
             int|  -----------, x = 0..1 |
                  |       2               |
                  \ exp(x ) + 1       /
```

Dies ist in MuPAD eine exakte Darstellung dieser Zahl, welche nicht weiter vereinfacht werden konnte. Eine numerische Gleitpunktnäherung kann durch **float** berechnet werden:

```
>> float(%)


             0.41946648
```

Das Symbol % (äquivalent zum Aufruf **last(1)**) steht dabei in MuPAD für den letzten berechneten Ausdruck (Kapitel 12).

MuPAD kennt die wichtigsten mathematischen Funktion wie die Wurzelfunktion **sqrt**, die Exponentialfunktion **exp**, die trigonometrischen Funktionen **sin**, **cos**, **tan**, die Hyperbelfunktionen **sinh**, **cosh**, **tanh**, die entsprechenden inversen Funktionen ln, arcsin, arccos, arctan, arcsinh, arccosh, arctanh sowie eine Reihe weiterer spezieller Funktionen wie z. B. die Gamma-Funktion, die erf-Funktion, Bessel-Funktionen etc. (die MuPAD-Kurzreferenz [OG 02] gibt im Abschnitt „Spezielle mathematische Funktionen" einen Überblick). Dies heißt, dass MuPAD die entsprechenden Rechenregeln (z. B. die Additionstheoreme der trigonometrischen Funktionen) kennt und benutzt, numerische Gleitpunktnäherungen wie z. B. float(exp(1))=2.718.. berechnen kann und spezielle Werte kennt (z. B. sin(PI)=0). Beim Aufruf dieser Funktionen liefern sich diese meist symbolisch zurück, da dies die einfachste exakte Darstellung des Wertes ist:

```
>> sqrt(2), exp(1), sin(x + y)


        1/2
       2    , exp(1), sin(x + y)
```

Die Aufgabe des Systems ist es im Wesentlichen, solche Ausdrücke unter Ausnutzung der Rechenregeln zu vereinfachen oder umzuformen. So erzwingt z. B. die Systemfunktion expand, dass Funktionen wie exp, sin etc. mittels der entsprechenden Additionstheoreme „expandiert" werden, wenn ihr Argument eine symbolische Summe ist:

```
>> expand(exp(x + y)), expand(sin(x + y)),
   expand(tan(x + 3*PI/2))


                                              cos(x)
  exp(x) exp(y), cos(x) sin(y) + cos(y) sin(x), - ------
                                              sin(x)
```

Allgemein gesprochen ist eine der Hauptaufgaben eines Computeralgebrasystems, Ausdrücke zu manipulieren und zu vereinfachen. MuPAD stellt zur Manipulation neben expand die Funktionen collect, combine, normal, partfrac, radsimp, rewrite und simplify zur Verfügung, die in Kapitel 9 genauer vorgestellt werden. Einige dieser Hilfsmittel sollen hier schon erwähnt werden:

Mit **normal** werden rationale Ausdrücke zusammengefasst, d. h. auf einen gemeinsamen Nenner gebracht:

```
>> f := x/(1 + x) - 2/(1 - x): g := normal(f)

                  2
             x + x  + 2
             ----------
                  2
             x  - 1
```

Gemeinsame Faktoren in Zähler und Nenner werden durch **normal** gekürzt:

```
>> normal(x^2/(x + y) - y^2/(x + y))

             x - y
```

Umgekehrt wird ein rationaler Ausdruck durch **partfrac** (englisch: *partial fraction* = Partialbruch) in eine Summe rationaler Terme mit einfachen Nennern zerlegt:

```
>> partfrac(g, x)

         2       1
       ----- - ----- + 1
       x - 1   x + 1
```

Die Funktion **simplify** (englisch: *to simplify* = vereinfachen) ist ein universeller Vereinfacher, mit dem MuPAD eine möglichst einfache Darstellung eines Ausdrucks zu erreichen versucht:

```
>> simplify((exp(x) - 1)/(exp(x/2) + 1))

           / x \
       exp| - | - 1
           \ 2 /
```

Die Vereinfachung kann durch Übergabe zusätzlicher Argumente an **simplify** vom Nutzer gesteuert werden (siehe **?simplify**).

Die Funktion **radsimp** vereinfacht Zahlenausdrücke mit Radikalen (Wurzeln):

```
>> f := sqrt(4 + 2*sqrt(3)): f = radsimp(f)

          1/2    1/2       1/2     1/2
         2     (3    + 2)    = 3      + 1
```

Hierbei wurde ein Gleichung erzeugt, die ein zulässiges Objekt ist.

Eine weitere wichtige Funktion ist der Faktorisierer **factor**, der einen Ausdruck in ein Produkt einfacherer Ausdrücke zerlegt:

```
>> factor(x^3 + 3*x^2 + 3*x + 1),
   factor(2*x*y - 2*x - 2*y + x^2 + y^2),
   factor(x^2/(x + y) - z^2/(x + y))


         3                          (x + z) (x - z)
   (x + 1) , (x + y - 2) (x + y), ----------------
                                        x + y
```

Die Funktion **limit** berechnet Grenzwerte. Beispielsweise hat die Funktion $\sin(x)/x$ für $x = 0$ eine stetig behebbare Definitionslücke, wobei der dort passende Funktionswert durch den Grenzwert für $x \to 0$ gegeben ist:

```
>> limit(sin(x)/x, x = 0)


                     1
```

Man kann auf mehrere Weisen eigene Funktionen innerhalb einer MuPAD-Sitzung definieren. Ein einfacher und intuitiver Weg benutzt den Abbildungsoperator -> (das Minuszeichen gefolgt vom „größer"-Zeichen):

```
>> F := x -> x^2:  F(x), F(y), F(a + b), F'(x)


              2   2         2
             x , y , (a + b) , 2 x
```

In Kapitel 18 wird auf die Programmiermöglichkeiten MuPADs eingegangen und die Implementierung komplexerer Algorithmen durch MuPAD-Prozeduren beschrieben. Prozeduren bieten die Möglichkeit, komplizierte Funktionen in MuPAD selbst zu definieren.

Die MuPAD-Versionen, die innerhalb einer Fensterumgebung arbeiten, können die graphischen Fähigkeiten der Umgebung benutzen, um unmittelbar mathematische Objekte zu visualisieren. Die relevanten MuPAD-Funktionen zur Erzeugung von Graphiken sind `plotfunc2d`, `plotfunc3d`, `plot2d`, `plot3d` sowie die in der Graphik-Bibliothek `plot` installierten Routinen. Mit `plotfunc2d` bzw. `plotfunc3d` können Funktionen mit einem bzw. zwei Argumenten gezeichnet werden:

```
>> plotfunc2d(sin(x^2), x = -2..5)
```

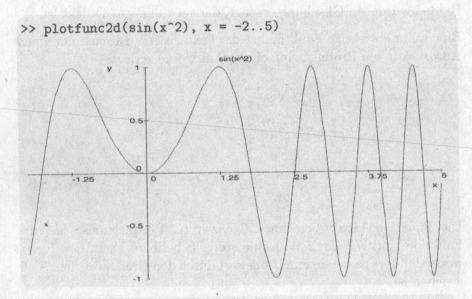

```
>> plotfunc3d(sin(x^2 + y^2), x = 0..PI, y = 0..PI)
```

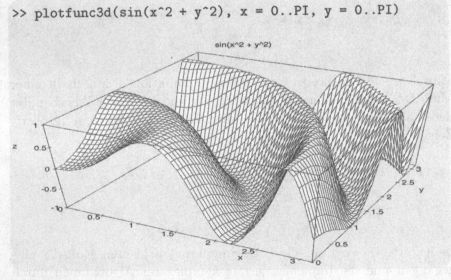

Je nach MuPAD-Version öffnet MuPADs Graphikmodul ein separates
Fenster oder die Graphik erscheint im Notebook unterhalb des Aufrufs
des Graphikbefehls. Die Graphiken lassen sich interaktiv manipulieren. Alternativ können plot2d bzw. plot3d direkt mit den gewünschten Parametern aufgerufen werden. Eine Beschreibung der graphischen
Möglichkeiten MuPADs findet sich in Kapitel 11.

Eine wichtige Aufgabe für ein Computeralgebrasystem ist sicherlich
das Lösen von Gleichungen bzw. Gleichungssystemen. MuPAD stellt
hierfür die Funktion solve zur Verfügung:

```
>> Gleichungen := {x + y = a, x - a*y = b}:
>> Unbekannte := {x, y}:
>> solve(Gleichungen, Unbekannte)


          { --          2              -- }
          { |       b + a          a - b  | }
          { |   x = -------, y = -----   | }
          { --      a + 1        a + 1 -- }
```

Hierbei werden eine Menge mit 2 Gleichungen und eine Menge mit
den Unbekannten angegeben, nach denen aufgelöst werden soll. Das
Ergebnis ist durch vereinfachte Gleichungen gegeben, aus denen die
Lösung abgelesen werden kann. Im obigen Beispiel tauchen neben x
und y die symbolischen Parameter a und b in den Gleichungen auf,
weshalb solve durch Angabe der Unbekannten mitgeteilt wird, nach
welchen Symbolen aufgelöst werden soll.

Im folgenden Beispiel wird nur eine Gleichung in einer Unbekannten
übergeben, wobei solve automatisch die Unbestimmte aus der Gleichung herausgreift und danach auflöst:

```
>> solve(x^2 - 2*x + 2 = 0)

              {[x = 1 - I], [x = 1 + I]}
```

Das Ausgabeformat ändert sich, wenn zusätzlich die Unbestimmte x
angegeben wird, nach der aufgelöst werden soll:

```
>> solve(x^2 - 2*x + 2 = 0, x)

                  {1 - I, 1 + I}
```

Das Ergebnis ist wieder eine Menge, welche die beiden (komplexen) Lösungen der quadratischen Gleichung enthält. Eine detailliertere Beschreibung von `solve` findet sich in Kapitel 8.

Die Funktionen `sum` und `product` können symbolische Summen und Produkte verarbeiten. Die wohlbekannte Summe der arithmetischen Reihe $1 + 2 + \cdots + n$ ergibt sich beispielsweise durch

```
>> sum(i, i = 1..n); factor(%)

                      2
           n    n
           -  + --
           2    2


           1/2 n (n + 1)
```

Das Produkt $1 \cdot 2 \cdot \ldots \cdot n$ läßt sich als Fakultät $n!$ schreiben, welche in MuPAD durch die Funktion `fact` gegeben ist. MuPAD benutzt weiterhin die auch für nichtganzzahlige sowie komplexe Argumente definierte Gamma-Funktion `gamma`, wobei `gamma(n+1)` $= n! =$ `fact(n)` gilt, wenn n eine natürliche Zahl ist:

```
>> product(i^3, i = 1..n); rewrite(%, fact)

                      3
           gamma(n + 1)


                   3
           fact(n)
```

Der Aufruf `rewrite(Ausdruck,fact)` schreibt alle in `Ausdruck` vorkommenden symbolischen Aufrufe der `gamma`-Funktion in die entsprechenden symbolischen Aufrufe der Fakultätsfunktion `fact` um (Abschnitt 9.1).

Für die Darstellung von Matrizen und Vektoren hält MuPAD mehrere Datentypen bereit. Es können Felder (Abschnitt 4.9) benutzt werden; es ist jedoch wesentlich intuitiver, statt dessen den Datentyp „Matrix" zu benutzen. Zur Erzeugung dient die Systemfunktion `matrix`:

```
>> A := matrix([[1, 2], [a, 4]])

                        +-       -+
                        |  1, 2  |
                        |        |
                        |  a, 4  |
                        +-       -+
```

Eine angenehme Eigenschaft von so konstruierten Objekten ist, dass die Grundarithmetik +, *, etc. automatisch der mathematischen Bedeutung entsprechend umdefiniert („überladen") ist. Man kann Matrizen (geeigneter Dimension) beispielsweise mit + (komponentenweise) addieren oder mit * multiplizieren:

```
>> B := matrix([[y, 3], [z, 5]]):
>> A, B, A + B, A*B

 +-       -+ +-       -+ +-             -+
 |  1, 2  | |  y, 3   | |  y + 1, 5     |
 |       ,| |        ,| |              ,|
 |  a, 4  | |  z, 5   | |  a + z, 9     |
 +-       -+ +-       -+ +-             -+


       +-                    -+
       |   y + 2 z,      13   |
       |                     |
       |  4 z + a y, 3 a + 20 |
       +-                    -+
```

Die Funktion linalg::det aus der linalg-Bibliothek für lineare Algebra (Abschnitt 4.15.4) berechnet die Determinante:

```
>> linalg::det(A)

                       4 - 2 a
```

Die Potenz `A^(-1)` liefert die Inverse der Matrix `A`:

```
>> A^(-1)

                  +-                    -+
                  |      2         1     |
                  |   - -----,   -----   |
                  |     a - 2    a - 2   |
                  |                      |
                  |      a         1     |
                  |   -------, - -------- |
                  |   2 a - 4    2 a - 4  |
                  +-                    -+
```

Spaltenvektoren der Dimension n können als $n \times 1$-Matrizen aufgefasst werden:

```
>> b := matrix([1, x])

                      +-    -+
                      |  1  |
                      |     |
                      |  x  |
                      +-    -+
```

Die Lösung $A^{-1}\mathbf{b}$ des linearen Gleichungssystem $A\mathbf{x} = \mathbf{b}$ mit der obigen Koeffizientenmatrix `A` und der gerade definierten rechten Seite `b` lässt sich demnach bequem folgendermaßen ermitteln:

```
>> Loesungsvektor := A^(-1)*b

                  +-                    -+
                  |      2        x      |
                  |   - ----- + -----    |
                  |     a - 2   a - 2    |
                  |                      |
                  |      a        x      |
                  |   ------- - -------   |
                  |   2 a - 4   2 a - 4   |
                  +-                    -+
```

Die Funktion **normal** kann mit Hilfe der Systemfunktion **map** auf die Komponenten des Vektors angewendet werden, wodurch sich die Darstellung vereinfacht:

```
>> map(%, normal)
```

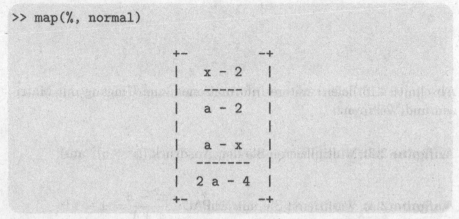

```
        +-          -+
        |   x - 2    |
        |  -------   |
        |   a - 2    |
        |            |
        |   a - x    |
        |  -------   |
        |  2 a - 4   |
        +-          -+
```

Zur Probe wird die Matrix **A** mit diesem Lösungsvektor multipliziert, wodurch sich die rechte Seite **b** des Gleichungssystems ergeben sollte:

```
>> A*%
```

```
     +-                      -+
     |   x - 2    2 (a - x)    |
     |   -----  + ----------   |
     |   a - 2     2 a - 4     |
     |                         |
     |  a (x - 2)   4 (a - x)  |
     |  --------- + ---------  |
     |    a - 2      2 a - 4   |
     +-                      -+
```

Das Ergebnis hat zunächst wenig Ähnlichkeit mit der ursprünglichen rechten Seite. Es muss noch vereinfacht werden, um es identifizieren zu können:

```
>> map(%, normal)
```

$$
\begin{array}{ccc}
+- & & -+ \\
| & 1 & | \\
| & & | \\
| & x & | \\
+- & & -+
\end{array}
$$

Abschnitt 4.15 liefert weitere Informationen zum Umgang mit Matrizen und Vektoren.

Aufgabe 2.3: Multiplizieren Sie den Ausdruck $(x^2 + y)^5$ aus!

Aufgabe 2.4: Verifizieren Sie mit MuPAD: $\dfrac{x^2 - 1}{x + 1} = x - 1$!

Aufgabe 2.5: Zeichnen Sie den Graphen der Funktion $f(x) = 1/\sin(x)$ im Bereich $1 \leq x \leq 10$!

Aufgabe 2.6: Informieren Sie sich genauer über die Funktion limit! Überprüfen Sie mit MuPAD die folgenden Grenzwerte:

$$
\lim_{x \to 0} \frac{\sin(x)}{x} = 1, \quad \lim_{x \to 0} \frac{1 - \cos(x)}{x} = 0, \quad \lim_{x \to 0+} \ln(x) = -\infty,
$$

$$
\lim_{x \to 0} x^{\sin(x)} = 1, \quad \lim_{x \to \infty} \left(1 + \frac{1}{x}\right)^x = e, \quad \lim_{x \to \infty} \frac{\ln(x)}{e^x} = 0,
$$

$$
\lim_{x \to 0} x^{\ln(x)} = \infty, \quad \lim_{x \to \infty} \left(1 + \frac{\pi}{x}\right)^x = e^\pi, \quad \lim_{x \to 0-} \frac{2}{1 + e^{-1/x}} = 0 \ !
$$

Der Grenzwert $\lim\limits_{x \to 0} \sin(x)^{1/x}$ existiert nicht. Wie reagiert MuPAD?

Aufgabe 2.7: Informieren Sie sich genauer über die Funktion sum! Der Aufruf sum(f(k), k = a..b) berechnet eine *geschlossene Form* einer endlichen oder unendlichen Summe. Überprüfen Sie mit MuPAD die folgende Identität:

$$
\sum_{k=1}^{n} (k^2 + k + 1) = \frac{n\,(n^2 + 3\,n + 5)}{3} \ !
$$

Bestimmen Sie die Werte der folgenden Reihen:

$$\sum_{k=0}^{\infty} \frac{2k-3}{(k+1)(k+2)(k+3)}, \quad \sum_{k=2}^{\infty} \frac{k}{(k-1)^2(k+1)^2} \; !$$

Aufgabe 2.8: Berechnen Sie $2 \cdot (A + B)$, $A \cdot B$ und $(A - B)^{-1}$ für

$$A = \begin{pmatrix} 1 & 2 & 3 \\ 4 & 5 & 6 \\ 7 & 8 & 0 \end{pmatrix}, \quad B = \begin{pmatrix} 1 & 1 & 0 \\ 0 & 0 & 1 \\ 0 & 1 & 0 \end{pmatrix}!$$

2.3.2 Eine Kurvendiskussion

In der folgenden Beispielsitzung sollen einige der im letzten Abschnitt vorgestellten Systemfunktionen dazu benutzt werden, eine Kurvendiskussion für die rationale Funktion

$$f: \; x \mapsto \frac{(x-1)^2}{x-2} + a$$

mit einem beliebigen Parameter a durchzuführen. Zunächst sollen mit MuPAD einige charakteristische Größen dieser Funktion bestimmt werden.

```
>> f := x -> (x - 1)^2/(x - 2) + a:
>> Problemstellen := discont(f(x), x)
```

$$\{2\}$$

Die Funktion **discont** sucht dabei Unstetigkeitsstellen (englisch: *discontinuities*) der durch den Ausdruck $f(x)$ gegebenen Funktion bzgl. der Variablen **x**. Es wird eine Menge von Unstetigkeitsstellen zurückgeliefert, d. h., das obige f ist für jedes $x \neq 2$ definiert und dort stetig. Wie man der Formel ansieht, handelt es sich bei $x = 2$ um eine Polstelle. In der Tat findet MuPAD die Grenzwerte $\pm\infty$ (englisch: *infinity* = Unendlich), wenn man sich von links bzw. rechts dieser Stelle nähert:

```
>> limit(f(x), x = 2, Left), limit(f(x), x = 2, Right)
```

```
-infinity, infinity
```

Die Nullstellen von f erhält man durch Auflösen der Gleichung $f(x) = 0$:

```
>> Nullstellen := solve(f(x) = 0, x)


    {              2 1/2                2 1/2          }
    {      (4 a + a )        a (4 a + a )        a     }
    { 1 - --------------- - -, --------------- - - + 1 }
    {           2            2        2            2    }
```

Abhängig von **a** können diese Nullstellen *echt komplex* sein, was bedeutet, dass f über der reellen Achse dann keine Nullstellen hat. Nun sollen Extremstellen von f ermittelt werden. Dazu wird die erste Ableitung **f'** gebildet und deren Nullstellen gesucht:

```
>> f'(x)


                          2
          2 x - 2    (x - 1)
          ------- - ---------
           x - 2         2
                    (x - 2)
>> Extremstellen := solve(f'(x) = 0, x)


                    {1, 3}
```

Dies sind Kandidaten für lokale Extrema. Es könnten jedoch auch Sattelpunkte an diesen Stellen vorliegen. Falls die zweite Ableitung **f''** von f an diesen Stellen nicht verschwindet, handelt es sich wirklich um lokale Extrema. Dies wird nun überprüft:

```
>> f''(1), f''(3)


                   -2, 2
```

Aus den bisherigen Ergebnissen können folgende Eigenschaften von f abgelesen werden: Die Funktion besitzt für jeden Wert des Parameters a ein lokales Maximum an der Stelle $x = 1$, eine Polstelle bei $x = 2$ und ein lokales Minimum an der Stelle $x = 3$. Die zugehörigen Extremwerte an diesen Stellen sind

```
>> Maxwert := f(1); Minwert := f(3)

                        a

                      a + 4
```

Für $x \to \pm\infty$ strebt f gegen $\pm\infty$:

```
>> limit(f(x), x = -infinity), limit(f(x), x = infinity)

                  -infinity, infinity
```

Das Verhalten von f für große Werte von x kann genauer angegeben werden. Die Funktion stimmt dort näherungsweise mit der linearen Funktion $x \mapsto x + a$ überein:

```
>> series(f(x), x = infinity)

                1    2    4    8    / 1 \
        x + a + - + -- + -- + -- + 0| -- |
                x    2    3    4    | 5 |
                    x    x    x    \ x /
```

Hierbei wurde der Reihenentwickler **series** (englisch: *series* = Reihe) eingesetzt, um eine so genannte asymptotische Entwicklung der Funktion zu berechnen (Abschnitt 4.13).

Die gefundenen Ergebnisse können leicht anschaulich überprüft werden, indem der Graph von f für verschiedene Werte von **a** gezeichnet wird:

```
>> F := subs(f(x), a = -4): G := subs(f(x), a = 0):
   H := subs(f(x), a = 4): F, G, H

              2              2          2
         (x - 1)        (x - 1)    (x - 1)
         -------- - 4, --------, -------- + 4
          x - 2          x - 2      x - 2
```

Mit der Funktion subs (Kapitel 6) werden Teilausdrücke ersetzt: Hier wurden für a die konkreten Werte -4, 0 bzw. 4 eingesetzt. Die Funktionen F, G und H können nun gemeinsam in einer Graphik dargestellt werden:

```
>> plotfunc2d(F, G, H, x = -1..4)
```

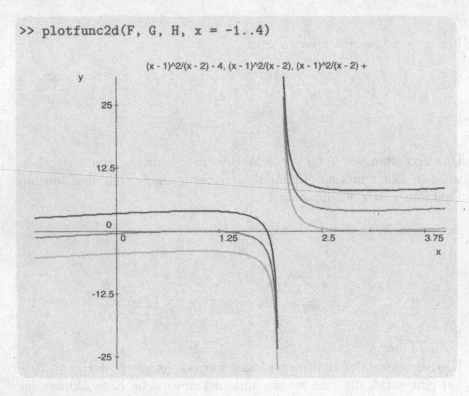

2.3.3 Elementare Zahlentheorie

MuPAD bietet eine Anzahl von Funktionen der elementaren Zahlentheorie, z. B.:

- isprime(n) testet, ob $n \in \mathbb{N}$ eine Primzahl ist,

- ithprime(n) liefert die n-te Primzahl zurück,

- nextprime(n) liefert die kleinste Primzahl $\geq n$,

- ifactor(n) liefert die Primfaktorzerlegung von n.

Diese Routinen sind recht schnell, können aber mit sehr geringer Wahrscheinlichkeit falsche Ergebnisse liefern, da sie probabilistische Primzahltests verwenden.[7] Statt `isprime` kann die (langsamere) Funktion `numlib::proveprime` verwendet werden, um eine Zahl garantiert fehlerfrei zu testen.

Zunächst soll eine Liste aller Primzahlen bis 10 000 erzeugt werden. Dies kann auf viele Arten geschehen, z. B.:

```
>> Primzahlen := select([$ 1..10000], isprime)

     [2, 3, 5, 7, 11, 13, 17, ..., 9949, 9967, 9973]
```

Aus Platzgründen ist das Ergebnis hier nicht komplett abgedruckt. Zunächst wurde mittels des Folgengenerators `$` (Abschnitt 4.5) die Folge aller natürlichen Zahlen bis 10 000 erzeugt. Durch Klammerung mit `[ ]` entsteht hieraus eine MuPAD-Liste. Dann wurden mit `select` (Abschnitt 4.6) diejenigen Elemente herausgegriffen, für die die als zweites Argument übergebene Funktion `isprime` den Wert TRUE liefert. Die Anzahl dieser Primzahlen ist die Anzahl der Elemente in der Liste, diese wird durch `nops` (Abschnitt 4.1) berechnet:

```
>> nops(Primzahlen)

                    1229
```

Alternativ kann die selbe Primzahlliste durch

```
>> Primzahlen := [ithprime(i) $ i = 1..1229]:
```

erzeugt werden. Hierbei wurde ausgenutzt, dass die Anzahl der gesuchten Primzahlen bereits bekannt ist. Man kann auch zunächst eine zu große Liste von Primzahlen erzeugen, von denen mittels `select` diejenigen herausgegriffen werden, die kleiner als 10 000 sind:

```
>> Primzahlen := select([ithprime(i) $ i=1..5000],
                    x -> (x<10000)):
```

Hierbei ist das Objekt `x -> (x < 10000)` eine Abbildung, die jedem `x` die Ungleichung `x < 10000` zuordnet. Nur diejenigen Listenelemente, für die sich diese Ungleichung zu TRUE auswerten läßt, werden durch den `select`-Befehl herausgefiltert.

---

[7] In der Praxis braucht man sich darüber keine Sorgen zu machen, denn das Risiko einer falschen Antwort ist vernachlässigbar: Die Wahrscheinlichkeit eines Hardwarefehlers ist viel größer als die Wahrscheinlichkeit, dass der randomisierte Test bei korrekt funktionierender Hardware ein falsches Ergebnis liefert.

Die nächste Variante benutzt eine **repeat**-Schleife (Kapitel 16), in der mit Hilfe des Konkatenationsoperators . (Abschnitt 4.6) so lange Primzahlen i an die Liste angehängt werden, bis die nächstgrößere Primzahl, die durch **nextprime(i+1)** berechnet wird, den Wert 10 000 überschreitet. Begonnen wird mit der leeren Liste und der ersten Primzahl $i = 2$:

```
>> Primzahlen := [ ]: i := 2:
>> repeat
      Primzahlen := Primzahlen . [i];
      i := nextprime(i + 1)
   until i > 10000 end_repeat:
```

Wir betrachten nun die Vermutung von Goldbach:

> *"Jede gerade Zahl größer als 2 kann als Summe zweier Primzahlen geschrieben werden."*

Diese Vermutung soll für die geraden Zahlen bis 10000 überprüft werden. Dazu werden zunächst die ganzen Zahlen [4, 6, ..., 10000] erzeugt:

```
>> Liste := [2*i $ i = 2..5000]:
>> nops(Liste)
```

$$4999$$

Von diesen Zahlen werden die Elemente ausgewählt, die sich nicht in der Form „Primzahl + 2" schreiben lassen. Dazu wird überprüft, ob für eine Zahl i in der Liste $i - 2$ eine Primzahl ist:

```
>> Liste := select(Liste, i -> not isprime(i - 2)):
>> nops(Liste)
```

$$4998$$

Die einzige Zahl, die hierbei eliminiert wurde, ist 4 (denn für größere gerade Zahlen ist $i - 2$ gerade und größer als 2, also keine Primzahl). Von den verbleibenden Zahlen werden nun diejenigen der Form „Primzahl + 3" eliminiert:

```
>> Liste := select(Liste, i -> not isprime(i - 3)):
>> nops(Liste)
```

                                    3770

Es verbleiben 3770 ganze Zahlen, die weder von der Form „Primzahl
+ 2" noch von der Form „Primzahl + 3" sind. Der Test wird nun durch
eine while-Schleife (Kapitel 16) fortgesetzt, wobei jeweils die Zahlen
selektiert werden, die nicht von der Form „Primzahl + j" sind. Dabei
durchläuft j die Primzahlen > 3. Die Anzahl der verbleibenden Zahlen
werden in jedem Schritt mittels eines print-Befehls (Abschnitt 13.1.1)
ausgegeben, die Schleife bricht ab, sobald die Liste leer ist:

```
>> j := 3:
>> while Liste <> [] do
       j := nextprime(j + 1):
       Liste := select(Liste,
                          i -> not isprime(i - j)):
       print(j, nops(Liste)):
   end_while:
```

                               5, 2747

                               7, 1926

                                 ...

                               167, 1

                               173, 0

Die Goldbach-Vermutung ist damit für alle geraden Zahlen bis 10 000
richtig. Es wurde sogar gezeigt, dass sich all diese Zahlen als Summe
zweier Primzahlen schreiben lassen, von denen eine kleiner gleich 173
ist.

Als weiteres Beispiel soll nun eine Liste der Abstände zwischen je zwei
aufeinanderfolgenden Primzahlen bis 500 erstellt werden:

```
>> Primzahlen := select([$ 1..500], isprime):
>> Luecken := [Primzahlen[i] - Primzahlen[i - 1]
               $ i = 2..nops(Primzahlen)]
```

```
 [1, 2, 2, 4, 2, 4, 2, 4, 6, 2, 6, 4, 2, 4, 6, 6, 2,

    6, 4, 2, 6, 4, 6, 8, 4, 2, 4, 2, 4, 14, 4, 6, 2,

    10, 2, 6, 6, 4, 6, 6, 2, 10, 2, 4, 2, 12, 12, 4,

    2, 4, 6, 2, 10, 6, 6, 6, 2, 6, 4, 2, 10, 14, 4, 2,

    4, 14, 6, 10, 2, 4, 6, 8, 6, 6, 4, 6, 8, 4, 8, 10,

    2, 10, 2, 6, 4, 6, 8, 4, 2, 4, 12, 8, 4, 8]
```

Mit dem indizierten Aufruf `Primzahlen[i]` wird hierbei auf das i-te Element der Liste zugegriffen. Eine alternative Möglichkeit bietet die Funktion `zip` (Abschnitt 4.6). Der Aufruf `zip(a, b, f)` verknüpft die Listen $a = [a_1, a_2, \ldots]$ und $b = [b_1, b_2, \ldots]$ elementweise mit der Funktion f: Die resultierende Liste ist $[f(a_1, b_1), f(a_2, b_2), \ldots]$. Das Ergebnis hat so viele Elemente wie die kürzere der beiden Listen. Für die gegebene Primzahlliste $a = [a_1, \ldots, a_n]$ können die gewünschten Differenzen durch das Verknüpfen mit einer „verschobenen" Listenkopie $b = [a_2, \ldots, a_n]$ mit der Funktion $(x, y) \mapsto y - x$ erstellt werden. Zuerst wird die „verschobene" Liste erzeugt, indem von einer Kopie der Primzahlliste das erste Element gelöscht wird, wobei sich die Liste verkürzt:

```
>> b := Primzahlen: delete b[1]:
```

Der folgende Aufruf ergibt das selbe Ergebnis wie oben:

```
>> Luecken := zip(Primzahlen, b, (x, y) -> (y - x)):
```

Eine andere nützliche Funktion ist der schon in Abschnitt 2.2 vorgestellte Faktorisierer `ifactor` zur Zerlegung einer ganzen Zahl in ihre Primfaktoren: Der Aufruf `ifactor(n)` liefert ein Objekt vom selben Typ wie `factor`, nämlich `Factored`. Objekte vom Datentyp `Factored` werden in einer intuitiv lesbaren Form auf dem Bildschirm ausgegeben:

```
>> ifactor(-123456789)
```

$$
\begin{array}{c}
2 \\
-3 \quad 3607 \; 3803
\end{array}
$$

Intern werden die Primfaktoren und die Exponenten jedoch in Form einer Liste gespeichert, auf deren Elemente man mittels op oder indiziert zugreifen kann. Die Hilfeseiten zu ifactor und Factored geben nähere Informationen.

Die interne Liste hat das Format

$$[s, p_1, e_1, \ldots, p_k, e_k]$$

mit Primzahlen $p_1, \ldots, p_k$, deren Exponenten $e_1, \ldots, e_k$ und dem Vorzeichen $s = \pm 1$: Es gilt $n = s \cdot p_1^{e_1} \cdot p_2^{e_2} \cdots p_k^{e_k}$:

```
>> op(%)
```

$$-1, \; 3, \; 2, \; 3607, \; 1, \; 3803, \; 1$$

Mit Hilfe der Funktion ifactor soll nun bestimmt werden, wie viele der ganzen Zahlen zwischen 2 und 10 000 genau 2 verschiedene Primfaktoren besitzen. Dazu wird ausgenutzt, dass die von ifactor(n) gelieferte Liste $2\,m + 1$ Elemente hat, wobei m die Anzahl der unterschiedlichen Primfaktoren von n ist. Damit liefert die Funktion

```
>> m := (nops@ifactor - 1)/2:
```

die Anzahl der Primfaktoren. Das Zeichen @ bildet hierbei die Hintereinanderschaltung (Abschnitt 4.12) der Funktionen ifactor und nops, bei einem Aufruf m(k) wird also m(k) = (nops(ifactor(k))-1)/2 berechnet. Es wird eine Liste der Werte $m(k)$ für die Zahlen $k = 2, \ldots, 10000$ gebildet:

```
>> Liste := [m(k) $ k = 2..10000]:
```

In der folgenden for-Schleife (Kapitel 16) wird die Anzahl der Zahlen ausgegeben, die genau $i = 1, 2, 3, \ldots$ unterschiedliche Primfaktoren besitzen:

```
>> for i from 1 to 6 do
        print(i, nops(select(Liste, x -> (x = i))))
   end_for:
```

$$1, 1280$$

$$2, 4097$$

$$3, 3695$$

$$4, 894$$

$$5, 33$$

$$6, 0$$

Damit existieren im durchsuchten Bereich 1280 Zahlen mit genau einem Primfaktor,[8] 4097 Zahlen mit genau 2 verschiedenen Primfaktoren usw. Es ist leicht einzusehen, dass keine ganze Zahl mit 6 verschiedenen Primfaktoren gefunden wurde: Die kleinste dieser Zahlen, $2 \cdot 3 \cdot 5 \cdot 7 \cdot 11 \cdot 13$, ist bereits größer als 10 000.

Zahlreiche Funktionen zur Zahlentheorie sind in der Bibliothek `numlib` enthalten, unter Anderem die Funktion `numlib::numprimedivisors`, die die selbe Funktion wie das oben angegebene m erfüllt. Zum Umgang mit MuPAD-Bibliotheken verweisen wir auf das Kapitel 3.

Aufgabe 2.9: Von besonderem Interesse waren schon immer Primzahlen der Form $2^n \pm 1$.

a) Primzahlen der Form $2^p - 1$ (mit einer Primzahl p) sind unter dem Namen *Mersenne-Primzahlen* bekannt. Gesucht sind die ersten Mersenne-Primzahlen im Bereich $1 < p \leq 1000$.

b) Für $n \in \mathbb{N}$ heißt $2^{(2^n)} + 1$ die *n-te Fermatsche Zahl*. Fermat vermutete, dass alle diese Zahlen Primzahlen sind. Widerlegen Sie diese Vermutung!

---

[8] Es war bereits festgestellt worden, dass es 1229 Primzahlen in diesem Bereich gibt. Wie erklärt sich die Differenz?

3. Die **MuPAD**-Bibliotheken

Das meiste mathematische Wissen MuPADs ist in so genannten Bibliotheken enthalten. Eine Bibliothek (englisch: *library*) besteht aus einer Sammlung von Funktionen zur Lösung von Problemen eines speziellen Gebietes wie etwa der linearen Algebra, der Zahlentheorie, der Numerik usw. Die Funktionen einer Bibliothek sind in der MuPAD-Programmiersprache geschrieben. Sie werden in gleicher Weise benutzt wie Kernfunktionen, ohne dass eine Kenntnis der MuPAD-Programmiersprache erforderlich ist.

Eine Übersicht über die Bibliotheken in MuPAD Version 2.5 ist im Abschnitt „Bibliotheken" der MuPAD-Kurzreferenz [OG 02] zu finden. Die Bibliotheken befinden sich in ständiger Entwicklung, so dass zukünftige MuPAD-Versionen zusätzliche Funktionen zur Verfügung stellen werden. In diesem Kapitel soll auf den allgemeinen Umgang mit Bibliotheken eingegangen werden.

3.1 Informationen über eine Bibliothek

Informationen und Hilfe zu Bibliotheken können mit den Funktionen info und help angefordert werden.[1]

Mit info erhält man eine Auflistung der in der Bibliothek installierten Funktionen. Die Bibliothek numlib ist eine Sammlung von Funktionen der Zahlentheorie:

---

[1] Auch in deutschsprachigen MuPAD-Versionen wird die online-Dokumentation zu den meisten Bibliotheken in US-Englisch geliefert.

```
>> info(numlib)

Library 'numlib': the package for elementary
number theory

-- Interface:
numlib::Lambda,        numlib::Omega,
numlib::contfrac,      numlib::decimal,
numlib::divisors,      numlib::ecm,
numlib::fibonacci,     numlib::fromAscii,
...
```

Mit **help** bzw. **?** erhält man eine etwas umfangreichere Beschreibung der Bibliothek:

```
>> ?numlib

numlib - library for number theory

Table of contents

  o contfrac - the domain of continued fractions

  o decimal - infinite representation of rational numbers

  o divisors - divisors of an integer

  o ecm - factor an integer using the elliptic curve method

  o fibonacci - Fibonacci numbers

  o fromAscii - decoding of ASCII codes

  ...
```

Auf graphischen Oberflächen wird hierbei ein separates Hilfefenster geöffnet, in dem man per Mausklick zu den Hilfeseiten der aufgelisteten Bibliotheksfunktionen navigieren kann. Eine Übersicht über alle verfügbaren Bibliotheken kann durch den Befehl **info()** angefordert werden.

Die Funktion **numlib::decimal** der **numlib**-Bibliothek liefert die Ziffern der Dezimalentwicklung einer rationalen Zahl:

```
>> numlib::decimal(123/7)
```

$$17, [5, 7, 1, 4, 2, 8]$$

Dieses Ergebnis bedeutet $123/7 = 17.\overline{571428} = 17.571428\,571428\,\ldots$

Die Bedeutung von Bibliotheksfunktionen kann wie bei anderen Systemfunktionen durch **help** oder abkürzend durch **?** erfragt werden:

```
>> ?numlib::decimal
```

Bibliotheksfunktionen sind typischerweise MuPAD-Prozeduren, deren Inhalt mittels **expose** eingesehen werden kann:

```
>> expose(numlib::fibonacci)

proc(n)
  name numlib::fibonacci;
  local x, y, z, a, b, c, Z, C;
begin
  if testargs() then
    ...
end_proc
```

3.2 Das Einladen von Bibliotheken

Wie schon im letzten Abschnitt demonstriert, wird eine Bibliotheksfunktion in der Form **Bibliothek::Funktion** aufgerufen. Dabei ist **Bibliothek** der Name der Bibliothek und **Funktion** der Name der Funktion. Die Numerikbibliothek **numeric** enthält beispielsweise die Funktion **numeric::fsolve**, die das übliche Newton-Verfahren zur numerischen Nullstellensuche einer Funktion implementiert. Im folgenden Beispiel wird eine Nullstelle der Sinus-Funktion im Intervall $[2, 4]$ gesucht:

```
>> numeric::fsolve(sin(x), x = 2..4)

                [x = 3.141592654]
```

Mit der Funktion **export** können Funktionen einer Bibliothek „exportiert" („global bekannt gemacht") werden. Danach sind sie direkt ohne den Namen der Bibliothek aufrufbar:

```
>> export(numeric, fsolve): fsolve(sin(x), x = 2..4)

                    [x = 3.141592654]
```

Die Funktion **export** gibt eine Fehlermeldung zurück, wenn der Name **fsolve** in der MuPAD-Sitzung vom Nutzer schon vergeben worden ist:

```
>> quadrature := 1: export(numeric, quadrature)

Warning: 'quadrature' already has a value,
 not exported.

>> delete quadrature:
```

Es können mehrere Funktionen gleichzeitig exportiert werden:

```
>> export(numeric, realroots, quadrature):
```

Nun können **realroots** (zur Bestimmung *aller* reellen Nullstellen eines Polynoms) und **quadrature** (zur numerischen Berechnung eines Integrals) direkt benutzt werden. Zur Bedeutung der Eingabeparameter und der Ausgabedaten verweisen wir auf das Hilfesystem:

```
>> realroots(x^4 + x^3 - 6*x^2 + 11*x - 6,
             x = -10..10, 0.001)

 [[-3.623046875, -3.62109375],

   [0.8217773437, 0.822265625]]

>> quadrature(exp(x) + 1, x = 0..1)

                    2.718281828
```

Wird **export** nur mit dem Namen der Bibliothek aufgerufen, so werden *alle* Funktionen der Bibliothek exportiert. Bei Namenskonflikten mit bereits definierten Bezeichnern werden Warnungen ausgegeben:

```
>> eigenvalues := 1: export(numeric)

Warning: 'int' already has a value, not exported.
Warning: 'solve' already has a value, not exported.
Warning: 'eigenvalues' already has a value,\
 not exported.
Info: 'numeric::fsolve' already is exported.
Warning: 'linsolve' already has a value, not exported.
Info: 'numeric::realroots' already is exported.
Warning: 'indets' already has a value, not exported.
Info: 'numeric::quadrature' already is exported.
Warning: 'sort' already has a value, not exported.
Warning: 'rationalize' already has a value,\
 not exported.
```

Nach Löschen des Bezeichners kann eine Bibliotheksfunktion mit dem entsprechenden Namen erfolgreich eingeladen werden:

```
>> delete eigenvalues: export(numeric, eigenvalues):
```

3.3 Die Standard-Bibliothek

Die wichtigste Bibliothek ist die Standardbibliothek, welche die am häufigsten gebrauchten Funktionen wie etwa diff, simplify etc. enthält. Alle Funktionen in der Standardbibliothek werden beim Starten von MuPAD automatisch geladen und brauchen daher nicht vom Nutzer exportiert zu werden. In diesem Sinne besteht für den Nutzer kein Unterschied zwischen den in C programmierten Kernfunktionen MuPADs und den in der MuPAD-Sprache implementierten Funktionen der Standardbibliothek.

Durch Eingabe von ?stdlib erhält man mehr Information über die verfügbaren Funktionen der Standardbibliothek. In der MuPAD-Kurzreferenz [OG 02] sind die in MuPAD Version 2.5 installierten Funktionen des Kerns und der Standardbibliothek aufgelistet.

Die meisten dieser Funktionen sind als Funktionsumgebungen implementiert (Abschnitt 18.12). Mittels `expose(Funktionsname)` kann der
Quellcode eingesehen werden:

```
>> expose(exp)

proc(x)
  name exp;
  local y, lny, c;
  option noDebug;
begin
  if args(0) = 0 then
    error("expecting one argument")
  else
  ...
end_proc
```

4. MuPAD-Objekte

Nachdem wir in Kapitel 2 den Umgang mit MuPAD-Objekten wie Zahlen, symbolischen Ausdrücken, Abbildungen oder Matrizen exemplarisch vorgestellt haben, wenden wir uns diesen Objekten nun systematischer zu.

Die Objekte, die zur Auswertung („Evaluierung") an den Kern gesendet werden, können vielerlei Gestalt haben. Es können einfache arithmetische Ausdrücke mit Zahlen wie etwa `1+(1+I)/3` sein, es können arithmetische Ausdrücke mit symbolischen Objekten wie etwa `x+(y+I)/3` sein, es kann sich um Listen oder Mengen handeln, es können Gleichungen, Ungleichungen, Abbildungen, Felder, abstrakte mathematische Objekte usw. sein. Jedes MuPAD-Objekt hat einen gewissen Datentyp, den so genannten *Domain-Typ*, der einer bestimmten internen Darstellung des Objektes entspricht. Für die Namen gilt folgende Konvention: Großbuchstaben wie z. B. in `DOM_INT`, `DOM_RAT` etc. deuten Datentypen des MuPAD-Kerns an, die in C bzw. C++ implementiert sind. Datentypen mit kleinen Buchstaben wie z. B. `Series::Puiseux` oder `Dom::Matrix(R)` sind mit Hilfe der Programmiersprache MuPADs auf „Bibliotheksebene" implementiert. Als wichtigste grundlegende Domain-Typen werden in den folgenden Abschnitten behandelt:[1]

Domain-Typ	Bedeutung
`DOM_INT`	ganze Zahlen wie z. B. `-3, 10^5`
`DOM_RAT`	rationale Zahlen wie z. B. `7/11`
`DOM_FLOAT`	Gleitpunktzahlen wie z. B. `0.123`
`DOM_COMPLEX`	komplexe Zahlen wie z. B. `1 + 2/3*I`
`DOM_INTERVAL`	Gleitpunktintervalle, z. B. `1.2 ... 3.4`

---

[1] Die Datentypen `DOM_INTERVAL` und `Dom::SparseMatrix(R)` stehen ab der MuPAD-Version 2.5 zur Verfügung.

Domain-Typ	Bedeutung
DOM_IDENT	symbolische Bezeichner (englisch: *identifier*) wie z. B. x, y, f
DOM_EXPR	symbolische Ausdrücke (englisch: *expression*) wie z. B. x + y
Series::Puiseux	symbolische Reihenentwicklungen wie z. B. 1 + x + 2 * x^2 + x^3 + O(x^4)
DOM_LIST	Listen wie z. B. [1, 2, 3]
DOM_SET	Mengen (englisch: *sets*) wie z. B. {1, 2, 3}
DOM_ARRAY	Felder (englisch: *arrays*)
DOM_TABLE	Tabellen (englisch: *tables*)
DOM_BOOL	logische („Boolesche") Werte: TRUE, FALSE, UNKNOWN
DOM_STRING	Zeichenketten (englisch: *strings*) wie z. B. "Ein Text"
Dom::Matrix(R)	Matrizen und Vektoren über dem Ring R
Dom::SparseMatrix(R)	dünnbesetzte Matrizen und Vektoren über dem Ring R
DOM_POLY	Polynome wie z. B. poly(x^2 + x + 1, [x])
DOM_PROC	Funktionen und Prozeduren (englisch: *procedures*)

Weiterhin kann der Benutzer neue Datentypen selbst definieren, worauf in dieser Einführung jedoch nicht eingegangen werden soll.[2] Die Systemfunktion domtype liefert für jedes MuPAD-Objekt den Domain-Typ.

Im folgenden Abschnitt wird zunächst die wichtige Operandenfunktion op vorgestellt, mit der alle MuPAD-Objekte in ihre Bausteine zerlegt werden können. In den anschließenden Abschnitten werden die oben aufgelisteten Datentypen zusammen mit einigen der wichtigsten Systemfunktionen zu ihrer Behandlung vorgestellt.

---

[2] Ein einfaches Beispiel ist in der „Demonstration II" zu finden, zu der man auf Windows-Systemen durch Wählen von „Einführungen" im „Hilfe"-Menü des MuPAD-Fensters gelangt. Detaillierte Informationen erhält man in [Dre 02].

4.1 Operanden: Die Funktionen op und nops

Es ist oft notwendig, von MuPAD berechnete Objekte in ihre Bestandteile zu zerlegen, um diese einzeln weiter zu verarbeiten. Die Bausteine, aus denen ein Objekt zusammengesetzt ist, heißen *Operanden*. Die Systemfunktionen zur ihrer Bestimmung sind op und nops (englisch: *number of operands*). Für ein Objekt liefert

nops(Objekt)   die Anzahl der Operanden,

op(Objekt,i)   den i-ten Operanden,

op(Objekt,i..j) die Folge der Operanden i bis j mit

$$0 \leq i \leq j \leq \text{nops(Objekt)},$$

op(Objekt)   die Folge op(Objekt, 1),

op(Objekt, 2), ... aller Operanden.

Es hängt vom Datentyp des Objektes ab, was die Bedeutung der jeweiligen Operanden ist. Darauf wird in den folgenden Abschnitten bei der Vorstellung der einzelnen Datentypen jeweils eingegangen. Bei einer rationalen Zahl existieren als Operanden der Zähler und der Nenner, bei einer Liste oder einer Menge sind die Elemente die Operanden, bei einem Funktionsaufruf sind es die Argumente. Es gibt aber auch Objekte, bei denen die Zerlegung nach Operanden weniger intuitiv ist, wie z. B. bei Reihenentwicklungen, die durch die Systemfunktionen taylor oder series erzeugt werden (Abschnitt 4.13). Beispielsweise gilt für eine Liste (Abschnitt 4.6):

```
>> Liste := [a, b, c, d, sin(x)]: nops(Liste)

                        5

>> op(Liste, 2)

                        b

>> op(Liste, 3..5)

                  c, d, sin(x)
```

```
>> op(Liste)
```

$$a, b, c, d, \sin(x)$$

Im Allgemeinen spiegelt die Darstellung eines Ausdrucks am Bildschirm *nicht* die interne Ordnung wider, wohingegen op auf die Operanden in der Reihenfolge der internen Ordnung zugreift!

```
>> 2*a^2*b; op(2*a^2*b)
```

$$2 a^2 b$$

$$a^2, b, 2$$

Durch wiederholte Aufrufe kann die op-Funktion dazu benutzt werden, beliebige MuPAD-Ausdrücke in „atomare" Bestandteile zu zerlegen. In dieser Modellvorstellung sind MuPAD-Atome dadurch definiert, dass sie durch op nicht mehr in kleinere Bestandteile zerlegt werden können, also op(Atom)=Atom gilt.[3] Dies ist im Wesentlichen für ganze Zahlen, Gleitpunktzahlen, Bezeichner ohne zugewiesenen Wert und für Zeichenketten der Fall:

```
>> op(-2), op(0.1234), op(a), op("Ein Text")
```

$$-2, 0.1234, a, \text{"Ein Text"}$$

Im folgenden Beispiel einer verschachtelten Liste wird ein Ausdruck vollständig bis auf seine Atome a11, a12, a21, x, 2 zerlegt:

```
>> Liste := [[a11, a12], [a21, x^2]]
```

---

[3] Dieses Modell ist eine gute Annäherung an die interne Arbeitsweise MuPADs, es gibt jedoch Ausnahmen. So können z. B. rationale Zahlen mit op zerlegt werden, werden vom Kern aber wie Atome behandelt. Andererseits können Zeichenketten nicht mit op zerlegt werden, trotzdem kann man auf die einzelnen Zeichen zugreifen (Abschnitt 4.11).

Die Operanden und Teiloperanden sind:

```
op(Liste, 1)              :   [a11, a12]
op(Liste, 2)              :   [a21, x^2]
op(op(Liste, 1), 1)       :   a11
op(op(Liste, 1), 2)       :   a12
op(op(Liste, 2), 1)       :   a21
op(op(Liste, 2), 2)       :   x^2
op(op(op(Liste, 2), 2), 1) :  x
op(op(op(Liste, 2), 2), 2) :  2
```

Um die lästigen Mehrfachaufrufe von op zu vermeiden, erlaubt diese
Funktion auch die folgende abgekürzte Notation zur Adressierung der
Teilausdrücke:

```
op(Liste, [1])        :   [a11, a12]
op(Liste, [2])        :   [a21, x^2]
op(Liste, [1, 1])     :   a11
op(Liste, [1, 2])     :   a12
op(Liste, [2, 1])     :   a21
op(Liste, [2, 2])     :   x^2
op(Liste, [2, 2, 1])  :   x
op(Liste, [2, 2, 2])  :   2
```

Aufgabe 4.1: Bestimmen Sie die Operanden der Potenz a^b, der Gleichung a = b und des symbolischen Funktionsaufrufs f(a, b)!

Aufgabe 4.2: Der folgende Aufruf des Gleichungslösers `solve` (Kapitel 8) liefert eine Menge:

```
>> Menge := solve({x + sin(3)*y = exp(a),
                    y - sin(3)*y = exp(-a)}, {x,y})


{ --      exp(a) sin(3) - exp(a) + sin(3) exp(-a)
{ |   x = -----------------------------------------,
{ --                    sin(3) - 1


            exp(-a)   -- }
      y = - ---------- | }
            sin(3) - 1 -- }
```

Extrahieren Sie den Lösungswert für y und weisen Sie ihn dem Bezeichner y zu!

4.2 Zahlen

Der Umgang mit Zahlen wurde bereits in Abschnitt 2.2 demonstriert. Die Datentypen der verschiedenen Arten sind:

```
>> domtype(-10), domtype(2/3), domtype(0.1234),
   domtype(0.1 + 2*I)

      DOM_INT, DOM_RAT, DOM_FLOAT, DOM_COMPLEX
```

Rationale Zahlen und komplexe Zahlen sind dabei jeweils aus Bausteinen zusammengesetzt: Zähler und Nenner bzw. Real- und Imaginärteil. Die Operandenfunktion `op` des letzten Abschnitts kann dazu benutzt werden, diese Bausteine zu extrahieren:

```
>> op(111/223, 1), op(111/223, 2)

                111, 223

>> op(100 + 200*I, 1), op(100 + 200*I, 2)

                100, 200
```

Alternativ können die Systemfunktionen **numer** (englisch: *numerator* = Zähler) und **denom** (englisch: *denominator* = Nenner) bzw. **Re** und **Im** benutzt werden:

```
>> numer(111/223), denom(111/223),
   Re(100 + 200*I), Im(100 + 200*I)

                  111, 223, 100, 200
```

Weiterhin gehören zur Arithmetik die Operatoren **div** und **mod**, welche eine ganze Zahl x „modulo" einer anderen Zahl p zerlegen. Gilt $x = kp + r$ mit einer ganzen Zahl k und $0 \leq r < |p|$, so liefert x **div** p den „ganzzahligen Quotienten" k und x **mod** p den „Rest" r:

```
>> 25 div 4, 25 mod 4

                  6, 1
```

Es folgt eine Zusammenstellung der wichtigsten MuPAD-Funktionen und Operatoren für den Umgang mit Zahlen:

+, -, *, /, ^	: Grundarithmetik
abs	: Absolutbetrag
ceil	: Aufrundung
div	: Quotient „modulo"
fact	: Fakultät
float	: Approximation durch Gleitpunktzahlen
floor	: Abrundung
frac	: Abschneiden der Vorkommastellen
ifactor, factor	: Primfaktorzerlegung
isprime	: ist das Argument eine Primzahl?
mod	: Rest „modulo"
round	: Rundung
sign	: Vorzeichen
sqrt	: Wurzel
trunc	: Abschneiden der Nachkommastellen

Zur genauen Bedeutung und Verwendung dieser Funktionen verweisen wir auf das Hilfe-System (**?abs**, **?ceil** etc.).

Man beachte, dass Größen wie z. B. $\sqrt{2}$ zwar mathematisch Zahlen darstellen, von MuPAD aber als symbolische Ausdrücke (Abschnitt 4.4) behandelt werden:

```
>> domtype(sqrt(2))

                    DOM_EXPR
```

Aufgabe 4.3: Welchen Unterschied macht MuPAD zwischen $1/3 +$ $1/3 + 1/3$ und $1.0/3 + 1/3 + 1/3$?

Aufgabe 4.4: Berechnen Sie die Dezimalentwicklung von $\pi^{(\pi^\pi)}$ und $e^{\frac{1}{3}\pi\sqrt{163}}$ mit einer Genauigkeit von 10 bzw. 100 Stellen! Wie lautet die 234-te Stelle nach dem Komma in der Dezimalentwicklung von π?

Aufgabe 4.5: Nach `x:=10^50/3.0` sind nur die ersten `DIGITS` Dezimalstellen in `x` garantiert richtig.

a) Das Abschneiden von Nachkommastellen durch `trunc` ist damit sehr zweifelhaft. Wie verhält sich MuPAD?

b) Was wird für `x` ausgegeben, wenn `DIGITS` erhöht wird?

4.3 Bezeichner

Bezeichner (englisch: *identifier*) sind Namen wie z. B. `x` oder `f`, welche in einem mathematischen Kontext Variablen und Unbestimmte repräsentieren können. Bezeichner können beliebig aus Buchstaben, Ziffern und dem Unterstrich „_" zusammengesetzt werden, wobei Ziffern als Anfangszeichen nicht zulässig sind. Groß- und Kleinschreibung werden unterschieden. Beispiele für zulässige Bezeichner sind `x`, `_x23`, `Das_MuPAD_System`, während `12x`, `p-2`, `x>y` von MuPAD nicht als Bezeichner akzeptiert werden. MuPAD akzeptiert auch jede Zeichenkette, die zwischen zwei '-Zeichen eingeschlossen ist, als Namen für einen Bezeichner. Beispielsweise ist `'x > y'` ein gültiger Bezeichner. In diesem Tutorium werden solche Bezeichner allerdings nicht verwendet.

Bezeichner, denen kein Wert zugewiesen wurde, stehen nur für sich selbst und repräsentieren in MuPAD symbolische Objekte wie z. B. Unbekannte in Gleichungen. Ihr Domain-Typ ist `DOM_IDENT`:

```
>> domtype(x)
```

```
                    DOM_IDENT
```

Mit dem *Zuweisungsoperator* `:=` kann einem Bezeichner ein beliebiges Objekt zugewiesen werden, welches dann *Wert* des Bezeichners heißt. Das bedeutet, nach dem folgenden Befehl:

```
>> x := 1 + I:
```

hat der Bezeichner x den Wert 1 + I, bei dem es sich um eine komplexe Zahl vom Domain-Typ `DOM_COMPLEX` handelt. Man muss in der Interpretation der Bedeutung eines Bezeichners sehr vorsichtig zwischen dem Bezeichner, seinem Wert und seiner Auswertung unterscheiden. Wir verweisen dazu auf das wichtige Kapitel 5, in dem die Auswertungsstrategie MuPADs beschrieben wird.

Bei einer Zuweisung wird ein dem Bezeichner eventuell früher zugewiesener Wert gelöscht. Durch `y:=x` wird dem Bezeichner y nicht der Bezeichner x, sondern der momentane Wert (die Auswertung) von x zugewiesen:

```
>> x := 1: y := x: x, y
```

```
                      1, 1
```

Damit hat eine spätere Änderung des Wertes von x keinen Einfluss auf y:

```
>> x := 2: x, y
```

```
                      2, 1
```

Nur wenn x ein symbolischer Bezeichner war, der quasi sich selbst als Wert hatte, dann verweist der neue Bezeichner y auf dieses Symbol:

```
>> delete x: y := x: x, y; x := 2: x, y

                          x, x

                          2, 2
```

Hierbei wurde der Wert des Bezeichners x durch das Schlüsselwort **delete** (englisch: *to delete* = löschen) gelöscht, wodurch x wieder zu einem symbolischen Bezeichner ohne Wert wurde.

Der Zuweisungsoperator := ist eine verkürzte Eingabe der Systemfunktion **_assign**, welche auch direkt aufgerufen werden kann:

```
>> _assign(x, Wert): x

                          Wert
```

Diese Funktion liefert ihr zweites Argument, also die rechte Seite der Zuweisung, an das System zurück, was die Bildschirmausgabe nach einer Zuweisung erklärt:

```
>> y := 2*x

                         2 Wert
```

Konsequenterweise kann der zurückgelieferte Wert direkt weiterverarbeitet werden. Damit ist beispielsweise folgende Konstruktion zulässig, wobei eine Zuweisung jedoch syntaktisch geklammert werden muss:

```
>> y := cos( (x := 0) ): x, y

                          0, 1
```

Hierbei wird x der Wert 0 zugewiesen. Der zurückgelieferte Wert der Zuweisung (also 0) wird gleich als Argument der Cosinus-Funktion verwendet, das Ergebnis $\cos(0) = 1$ wird y zugewiesen. Damit sind gleichzeitig sowohl x als auch y Werte zugewiesen worden.

Als weitere Zuweisungsfunktion existiert **assign**, welche Mengen oder Listen von Gleichungen als Eingabe akzeptiert und die Gleichungen in Zuweisungen verwandelt:

```
>> delete x, y: assign({x = 0, y = 1}): x, y

                    0, 1
```

Diese Funktion ist besonders im Zusammenspiel mit dem Gleichungslöser **solve** (Abschnitt 8) nützlich, der Lösungen als Listen „aufgelöster" Gleichungen der Form **Unbekannte = Lösungswert** zurückliefert, ohne den Unbekannten diese Werte zuzuweisen.

In MuPAD existieren viele Bezeichner, die einen vordefinierten Wert haben und z. B. mathematische Funktionen (wie **sin**, **exp** oder **sqrt**), mathematische Konstanten (wie **PI**) oder MuPAD-Algorithmen (wie **diff**, **int** oder **limit**) repräsentieren. Versucht man, die Werte dieser vordefinierten Bezeichner zu ändern, so erhält man eine Warnung oder eine Fehlermeldung:

```
>> sin := neu

 Error: Identifier 'sin' is protected [_assign]
```

Mittels **protect(Bezeichner)** kann man selbst einen solchen Schreibschutz setzen. Mittels **unprotect(Bezeichner)** kann der Schutz sowohl eigener als auch vom System geschützter Bezeichner wieder aufgehoben werden. Das Überschreiben vordefinierter Objekte ist allerdings nicht empfehlenswert, da viele Systemfunktionen hierauf zugreifen und nach einer Umdefinition unkontrollierbare Ergebnisse liefern würden. Alle aktuell definierten Bezeichner, inklusive der vom System vordefinierten, können mit dem Befehl **anames(All)** aufgelistet werden.

Der Konkatenationsoperator „." kann dazu verwendet werden, dynamisch Namen von Bezeichnern zu erzeugen, denen Werte zugewiesen werden dürfen. Aus Bezeichnern **x** und **i** kann durch **x.i** ein neuer Bezeichner erzeugt werden, wobei die *Auswertungen* von **x** und **i** zu einem neuen Namen „verschweißt" werden:

```
>> x := z: i := 2:  x.i

                    z2

>> x.i := Wert: z2

                    Wert
```

Im folgenden Beispiel werden den Bezeichnern x1, ..., x1000 durch
eine for-Schleife (Kapitel 16) Werte zugewiesen:

```
>> delete x:
>> for i from 1 to 1000 do x.i := i^2 end_for:
```

Wegen möglicher Seiteneffekte oder Konflikte mit bereits existierenden
Bezeichnern wird empfohlen, dieses Konzept nur interaktiv und nicht
innerhalb von MuPAD-Prozeduren zu verwenden.

Die Funktion **genident** (englisch: *generate identifier*) erzeugt freie Bezeichner, die innerhalb der MuPAD-Sitzung noch nicht benutzt worden
sind:

```
>> X3 := (X2 := (X1 := 0)): genident()
```

$$X4$$

Auch in " eingeschlossene Zeichenketten (Abschnitt 4.11) können verwendet werden, um dynamisch Bezeichner zu erzeugen:

```
>> a := Zeichen: b := "kette": a.b
```

$$Zeichenkette$$

Enthält die Zeichenkette Leerzeichen oder Operatorsymbole, so wird
dennoch ein gültiger Bezeichner erzeugt, den MuPAD in der oben erwähnten '-Notation ausgibt:

```
>> a := Zeichen: b := "kette + x": a.b
```

$$`Zeichenkette + x`$$

Zeichenketten sind keine Bezeichner, ihnen kann kein Wert zugewiesen
werden:

```
>> "Zeichenkette" := 1

Error: Invalid left-hand side in assignment [line 1, \
col 17]
```

Aufgabe 4.6: Welche der folgenden Namen

```
x, x2, 2x, x_t, diff, exp, Vorsicht!-!, x-y,
Haensel&Gretel, eine_zulaessige_Variable
```

sind als Variablennamen zulässig? Welchen Namen können Werte zugewiesen werden?

Aufgabe 4.7: Lesen Sie die Hilfeseite zu **solve**. Lösen Sie das Gleichungssystem

$$x_1 + x_2 = 1, \ x_2 + x_3 = 1, \ \ldots, \ x_{19} + x_{20} = 1, \ x_{20} = \pi$$

mit den Unbekannten $x_1, x_2, \ldots, x_{20}$. Lesen Sie die Hilfeseite zu **assign** und weisen Sie den Unbekannten die Lösungswerte zu!

4.4 Symbolische Ausdrücke

Ein Objekt wie die Gleichung

$$0.3 + \sin(3) + \frac{f(x,y)}{5} = 0,$$

welches unbestimmte symbolische Größen enthalten kann, wird als *Ausdruck* bezeichnet. Ausdrücke vom Domain-Typ **DOM_EXPR** (englisch: *expression* = Ausdruck) stellen den wohl universellsten Datentyp in MuPAD dar. Wie alle MuPAD-Objekte sind Ausdrücke aus atomaren Bestandteilen zusammengesetzt, was mittels *Operatoren* geschieht. Dies sind entweder binäre Operatoren wie z. B. die Grundarithmetik +, -, *, /, ^ oder Funktionsaufrufe wie z. B. sin($\cdot$), f($\cdot$).

4.4.1 Operatoren

MuPAD benutzt durchgehend Funktionen, um Objekte zu verknüpfen oder zu manipulieren.[4] Allerdings wäre es wenig intuitiv, etwa für die

---

[4] Bemerkenswerterweise gilt für MuPAD, dass neben eigentlichen Funktionsaufrufen (z. B. sin(0.2)), Zuweisungen oder Arithmetik-Operationen auch Konstrukte der Programmiersprache wie Schleifen (Kapitel 16) oder Fallunterscheidungen (Kapitel 17) vom Kern als Funktionsauswertungen behandelt werden.

Addition a + b stets einen Funktionsaufruf der Form _plus(a, b) benutzen zu müssen. Daher ist eine Anzahl der wichtigsten Operationen so im System implementiert, dass die mathematisch übliche Notation (die „Operatorschreibweise") als Eingabe verwendet werden kann und auch die Ausgabe in einer entsprechenden Form erfolgt. Im folgenden sollen zunächst die Operatoren aufgelistet werden, mit deren Hilfe komplexere MuPAD-Ausdrücke aus atomaren Bestandteilen zusammengesetzt werden können.

Für die Grundrechenarten sind auch beim Rechnen mit Symbolen die Operatoren +, -, *, / sowie ^ (für das Potenzieren) zuständig:

```
>> a + b + c, a - b, a*b*c, a/b, a^b
```

$$a + b + c, \ a - b, \ a\, b\, c, \ \frac{a}{b}, \ a^b$$

Diese Operatoren erlauben die übliche mathematische Eingabe, sind aber in Wirklichkeit Funktionsaufrufe:

```
>> _plus(a, b, c), _subtract(a, b), _mult(a, b, c),
   _divide(a, b), _power(a, b)
```

$$a + b + c, \ a - b, \ a\, b\, c, \ \frac{a}{b}, \ a^b$$

Dasselbe gilt für die Fakultät (englisch: *factorial*) einer Zahl, die in mathematischer Notation n! angefordert werden kann, aber letztlich intern zu einem Aufruf der Funktion fact verwandelt wird:

```
>> n!, fact(10)
```

fact(n), 3628800

Weiterhin gehören zur Arithmetik die schon in Kapitel 4.2 vorgestellten Operatoren div und mod[5], welche auch im symbolischen Zusammen-

---

[5] Das Objekt x mod p wird intern in den Funktionsaufruf _mod(x, p) umgewandelt. Definiert man die Funktion _mod z. B. durch _mod := modp um, so ändert sich das Ergebnis des Aufrufs x mod p entsprechend. Kandidaten zur Umdefinition von _mod sind die Systemfunktionen modp und mods, deren Funktionalität auf den entsprechenden Hilfeseiten beschrieben ist.

hang benutzt werden können, dabei aber nur symbolische Ergebnisse liefern:

```
>> x div 4, 25 mod p

                x div 4, 25 mod p
```

Folgen sind Aufreihungen beliebiger MuPAD-Objekte, welche durch ein Komma getrennt sind:

```
>> Folge := a, b, c + d

                a, b, c + d
```

Der Operator $ dient zur Erzeugung solcher Folgen:

```
>> i^2 $ i = 2..7; x^i $ i = 1..5

          4, 9, 16, 25, 36, 49

             2   3   4   5
          x, x , x , x , x
```

Gleichungen und Ungleichungen sind gewöhnliche MuPAD-Objekte. Sie werden durch das Gleichheitszeichen = bzw. durch <> erzeugt:

```
>> Gleichung := x + y = 2; Ungleichung := x <> y

                x + y = 2

                x <> y
```

Größenvergleiche zwischen Ausdrücken werden durch <, <=, > bzw. >= realisiert. Die sich ergebenden Ausdrücke stellen Bedingungen dar:

```
>> Bedingung := i <= 2

                i <= 2
```

Diese lassen sich in einem konkreten Kontext meist zu den logischen („Booleschen") Werten „wahr" (TRUE) bzw. „falsch" (FALSE) auswerten und werden typischerweise für if-Abfragen oder als Abbruchbedingungen von Schleifen eingesetzt. Boolesche Ausdrücke lassen sich mittels der logischen Operatoren **and** (logisches „und") und **or** (logisches „oder") verknüpfen bzw. mittels **not** logisch verneinen:

```
>> Bedingung3 := Bedingung1 and (not Bedingung2)
```

$$\text{Bedingung1 and not Bedingung2}$$

Abbildungen (Funktionen) lassen sich auf verschiedene Arten in Mu-PAD definieren. Der einfachste Weg benutzt den *Abbildungsoperator* -> (das Minuszeichen gefolgt vom „größer"-Zeichen), der einer symbolischen Größe ihren Funktionswert zuordnet:

```
>> f := x -> x^2
```

$$x \rightarrow x^2$$

Die so definierte Funktion kann nun wie eine Systemfunktion aufgerufen werden:

```
>> f(4), f(x + 1), f(y)
```

$$16, (x + 1)^2, y^2$$

Die Hintereinanderschaltung von Funktionen wird durch den *Kompositionsoperator* **@** definiert:

```
>> c := a@b: c(x)
```

$$a(b(x))$$

Die mehrfache Hintereinanderschaltung einer Funktion wird durch den *Iterationsoperator* **@@** erreicht:

```
>> f := g@@4: f(x)
```

$$g(g(g(g(x))))$$

Einige Systemfunktionen wie z. B. die Integration **int** oder der **$**-Operator verlangen die Angabe eines *Bereichs*, welcher mit dem Operator .. erzeugt wird:

```
>> Intervall := 0..1;   int(x, x = Intervall)

                        0..1

                        1/2
```

Bereiche sollten nicht verwechselt werden mit Gleitpunktintervallen. Diese können über den Operator ... oder die Funktion `hull` erzeugt werden:

```
>> PI ... 20/3, hull(PI, 20/3)

  3.141592653 ... 6.666666667,

    3.141592653 ... 6.666666667
```

Dieser Datentyp existiert seit MuPAD Version 2.5 und wird im Abschnitt 4.17 genauer vorgestellt.

Allgemein werden Ausdrücke der Art `Bezeichner(Argument)` von MuPAD als Funktionsaufrufe aufgefasst:

```
>> delete f:
   Ausdruck := sin(x) + f(x, y, z) + int(g(x), x = 0..1)

     sin(x) + f(x, y, z) + int(g(x), x = 0..1)
```

In Tabelle 4.2 sind die oben vorgestellten Operatoren zusammen mit ihrer funktionalen Form aufgelistet. Bei der Eingabe kann man stets zwischen der Operator-Form und dem entsprechenden Funktionsaufruf wählen:

```
>> 2/14 = _divide(2, 14),
   [i $ i = 3..5] = [_seqgen(i, i, 3..5)]

        1/7 = 1/7, [3, 4, 5] = [3, 4, 5]
```

```
>> a < b = _less(a, b), (f@g)(x) = _fconcat(f, g)(x)

     (a < b) = (a < b), f(g(x)) = f(g(x))
```

Operator	System-funktion	Bedeutung	Beispiel
+	_plus	Addition	Summe := a + b
-	_subtract	Subtraktion	Differenz := a - b
*	_mult	Multiplikation	Produkt := a * b
/	_divide	Division	Quotient := a/b
^	_power	Potenz	Potenz := a^b
div	_div	Quotient modulo	Quotient := a div p
mod	_mod	Rest modulo	Rest := a mod p
!	fact	Fakultät	n!
$	_seqgen	Folgengenerator	Folge := i^2 $ i=3..5
,	_exprseq	Folgenverketter	Folge := Folge1, Folge2
union	_union	Vereinigung von Mengen	M := Menge1 union Menge2
intersect	_intersect	Schnitt von Mengen	M := Menge1 intersect Menge2
minus	_minus	Differenzmenge	M := Menge1 minus Menge2
=	_equal	Gleichung	Gleichung := x+y = 2
<>	_unequal	Ungleichung	Bedingung := x<>y
<	_less	Größenvergleich	Bedingung := a<b
>		Größenvergleich	Bedingung := a>b
<=	_leequal	Größenvergleich	Bedingung := a<=b
>=		Größenvergleich	Bedingung := a>=b
not	_not	logische Verneinung	Bedingung2 := not Bedingung1
and	_and	logisches „und"	Bedingung := a<b and b<c
or	_or	logisches „oder"	Bedingung := a<b or b<c
->		Abbildung	Quadrat := x -> x^2
'	D	Ableitungs-operator	f'(x)
@	_fconcat	Komposition	h := f@g
@@	_fnest	Iteration	g := f@@3
.	_concat	Konkatenation	NeuerName := Name1.Name2
..	_range	Bereich	Bereich := a..b
...	hull	Gleitpunkt-intervall	IV := 1.2 ... 3.4
Bezeichner()		Funktionsaufruf	sin(1), f(x), reset()

Tabelle 4.2. Die wichtigsten Operatoren zur Erzeugung von MuPAD-Ausdrücken

Man beachte, dass einige der Systemfunktionen wie z. B. _plus, _mult, _union oder _concat beliebig viele Argumente akzeptieren, obwohl die entsprechenden Operatoren nur als binäre Operatoren eingesetzt werden können:

```
>> _plus(a, b, u, v), _concat(a, b, u, v), _union()

                 a + b + u + v, abuv, {}
```

Es ist oft nützlich, die funktionale Form der Operatoren zu kennen und zu benutzen. Beispielsweise ist es sehr effektiv, lange Summen dadurch zu bilden, dass man _plus mit vielen Argumenten benutzt. Die Argumentenfolge kann dabei schnell durch den Folgengenerator $ gebildet werden:

```
>> _plus(1/i! $ i = 0..100): float(%)

                 2.718281828
```

Ein nützliches Hilfsmittel ist die Funktion map, mit der eine Funktion auf die Operanden eines MuPAD-Objektes angewendet werden kann. Beispielsweise liefert

```
>> map([x1, x2, x3], Funktion, y, z)


[Funktion(x1, y, z), Funktion(x2, y, z),

    Funktion(x3, y, z)]
```

Will man durch Operatoren gegebene Verknüpfungen mittels map anwenden, so ist die entsprechende Funktion einzusetzen:

```
>> map([x1, x2, x3], _power, 5), map([f, g], _fnest, 5)

         5     5     5
       [x1 , x2 , x3 ], [f@f@f@f@f, g@g@g@g@g]
```

Für die „wichtigsten" Operatoren, nämlich +, -, *, / und ^, sind die entsprechenden Funktionen auch als '+', '-', '*', '/' und '^' erreichbar. Statt '^' kann auch '**' verwendet werden.

```
>> map([1, 2, 3, 4], '*', 3), map([1, 2, 3, 4], '^', 2)
```

$$[3, 6, 9, 12], [1, 4, 9, 16]$$

Einige Verknüpfungen, die mathematisch keinen Sinn machen, sind
nicht zulässig:

```
>> 3 and x
```

```
Error: Illegal operand [_and]
```

Bei der Auswertung der Eingabe wird die Systemfunktion _and aufgerufen, welche feststellt, dass das Argument 3 in keinem Fall einen
logischen Wert symbolisieren kann und daraufhin eine Fehlermeldung
ausgibt. Ein symbolischer Ausdruck wie a and b mit symbolischen
Bezeichnern a,b wird von MuPAD jedoch akzeptiert. Allerdings kann
der resultierende Ausdruck nicht als logischer Ausdruck ausgewertet
werden, solange nicht a und b entsprechende Werte besitzen.

Die Operatoren haben unterschiedliche *Bindungsstärken* (englisch: *pri-
ority*), z. B.:

a.fact(3)	bedeutet	a.(fact(3)) und liefert a6,
a.6^2	bedeutet	(a.6)^2 und liefert a6^2,
a*b^c	bedeutet	a*(b^c),
a + b*c	bedeutet	a + (b*c),
a + b mod c	bedeutet	(a + b) mod c,
a = b mod c	bedeutet	a = (b mod c),
a, b $ 3	bedeutet	a, (b $ 3) und liefert a, b, b, b.

Bezeichnet man mit ≺ die Relation „schwächer bindend", so gilt:

$$, \prec \$ \prec = \prec \text{mod} \prec + \prec * \prec \hat{} \prec . \prec \text{Funktionsaufruf.}$$

Eine vollständige Liste der Operatoren mit ihren Bindungsstärken ist
im Abschnitt „Operatoren" der MuPAD-Kurzreferenz [OG 02] zu finden. Es können beliebig Klammern gesetzt werden, um die Bindungen
explizit und unabhängig von den Bindungsstärken zu setzen:

```
>> 1 + 1 mod 2, 1 + (1 mod 2)
```

$$0, 2$$

```
>> i := 2: x.i^2, x.(i^2)

                     2
               x2 , x4
```

```
>> u, v $ 3 ;  (u, v) $ 3

                 u, v, v, v

               u, v, u, v, u, v
```

4.4.2 Darstellungsbäume

Eine nützliche Modellvorstellung, welche auch der internen Darstellung eines MuPAD-Ausdrucks entspricht, ist die des *Darstellungsbaums* (im englischen Sprachgebrauch: *expression tree*). Die Operatoren bzw. die ihnen entsprechenden Funktionsnamen werden als Knoten interpretiert, die Funktionsargumente bilden davon verzweigende Unterbäume. Der Operator mit der geringsten Bindungsstärke definiert die Wurzel. Dazu einige Beispiele:

a + b*c + d*e*sin(f)^g

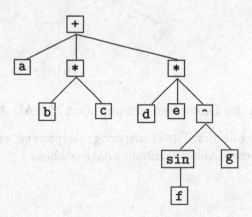

```
int(exp(x^4), x = 0..1)
```

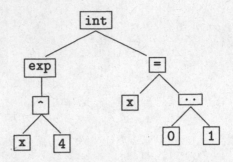

Man beachte, dass eine Differenz a-b intern als a+b*(-1) dargestellt wird:

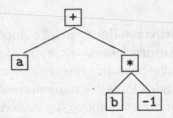

Für einen Quotienten a/b gilt die interne Darstellung a*b^(-1):

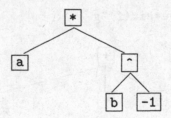

Die Endknoten der Darstellungsbäume sind MuPAD-Atome.

MuPAD bietet mit der Funktion prog::exprtree eine komfortable Möglichkeit, diesen Ausdrucksbaum darzustellen:

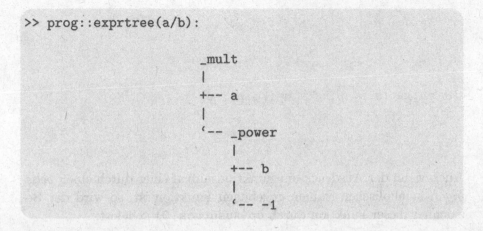

```
>> prog::exprtree(a/b):

                          _mult
                          |
                          +-- a
                          |
                          '-- _power
                              |
                              +-- b
                              |
                              '-- -1
```

Aufgabe 4.8: Skizzieren Sie den Darstellungsbaum des Ausdrucks a^b-sin(a/b)!

Aufgabe 4.9: Bestimmen Sie die Operanden von 2/3, x/3, 1+2*I und x+2*I! Erklären Sie die beobachteten Unterschiede!

4.4.3 Operanden

Mit den schon in Abschnitt 4.1 vorgestellten Operandenfunktionen **op** und **nops** können Ausdrücke systematisch zerlegt werden. Die Operanden eines Ausdrucks entsprechen den von der Wurzel des zugeordneten Darstellungsbaums ausgehenden Teilbäumen.

```
>> Ausdruck := a + b + c + sin(x): nops(Ausdruck)

                          4

>> op(Ausdruck)

                    a, b, c, sin(x)
```

Zusätzlich existiert für Ausdrücke vom Domain-Typ `DOM_EXPR` der durch op(· , 0) zugängliche „0-te Operand". Dieser entspricht der Wurzel des Darstellungsbaums und enthält die Information, durch welche Funktion die Operanden zum Ausdruck zusammengesetzt werden:

```
>> op(a + b*c, 0), op(a*b^c, 0), op(a^(b*c), 0)

                 _plus, _mult, _power
```

```
>> Folge := a, b, c:  op(Folge, 0)

                      _exprseq
```

Auch wenn der Ausdruck ein Funktionsaufruf einer durch einen *beliebigen* symbolischen Namen gegebenen Funktion ist, so wird der Bezeichner dieser Funktion durch op(Ausdruck, 0) geliefert:

```
>> op(sin(1), 0), op(f(x), 0), op(diff(y(x), x), 0),
   op(int(exp(x^4), x), 0)

                   sin, f, diff, int
```

Man kann den 0-ten Operanden eines Ausdrucks als eine „mathematische Typenbezeichnung" ansehen. Beispielsweise muss ein Algorithmus, der beliebige Ausdrücke differenzieren soll, herausfinden können, ob der zu bearbeitende Ausdruck eine Summe, ein Produkt oder ein Funktionsaufruf ist. Dazu wird er auf den 0-ten Operanden zugreifen, um zu entscheiden, ob die Linearität, die Produktregel oder die Kettenregel der Differentiation zu benutzen ist.

Als Beispiel wird der Ausdruck

```
>> Ausdruck := a + b + sin(x) + c^2:
```

mit dem Darstellungsbaum

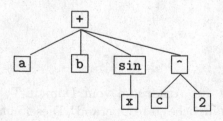

systematisch mit Hilfe der op-Funktion zerlegt:

```
>> op(Ausdruck, 0..nops(Ausdruck))
```

$$\_plus, a, b, sin(x), c^2$$

Der Zusammenbau des Ausdrucks aus diesen Bausteinen kann in der folgenden Form realisiert werden:

```
>> Wurzel := op(Ausdruck, 0): Operanden := op(Ausdruck):
>> Wurzel(Operanden)
```

$$a + b + sin(x) + c^2$$

Im folgenden Beispiel wird ein Ausdruck vollständig bis auf seine Atome x, a, b zerlegt (man vergleiche auch mit Abschnitt 4.1):

```
>> Ausdruck := sin(x + cos(a*b)):
```

Die Operanden und Teiloperanden sind:

```
op(Ausdruck, 0)          :   sin
op(Ausdruck, 1)          :   x+cos(a*b)
op(Ausdruck, [1, 0])     :   _plus
op(Ausdruck, [1, 1])     :   x
op(Ausdruck, [1, 2])     :   cos(a*b)
op(Ausdruck, [1, 2, 0])  :   cos
op(Ausdruck, [1, 2, 1])  :   a*b
op(Ausdruck, [1, 2, 1, 0]) : _mult
op(Ausdruck, [1, 2, 1, 1]) : a
op(Ausdruck, [1, 2, 1, 2]) : b
```

Aufgabe 4.10: Skizzieren Sie den Darstellungsbaum des folgenden logischen Ausdrucks:

```
>> Bedingung := (not a) and (b or c):
```

Wie können die symbolischen Bezeichner a, b und c mittels op aus dem Objekt Bedingung herausgegriffen werden?

4.5 Folgen

Eine wichtige Struktur in MuPAD sind *Folgen*, aus denen sich Listen und Mengen aufbauen lassen. Wie schon in Abschnitt 4.4 angesprochen wurde, ist eine Folge (englisch: *sequence*) eine Aneinanderreihung von beliebigen MuPAD-Objekten, welche durch Kommata getrennt sind.

```
>> Folge1 := a, b, c; Folge2 := c, d, e

                        a, b, c

                        c, d, e
```

Das Komma dient auch zur Verkettung mehrerer Folgen:

```
>> Folge3 := Folge1, Folge2

                    a, b, c, c, d, e
```

Folgen sind MuPAD-Ausdrücke vom Domain-Typ `DOM_EXPR`. Sind m und n ganze Zahlen, dann erzeugt der Aufruf `Objekt(i) $ i=m..n` die Folge

$$Objekt(m),\ Objekt(m+1),\ \dots,\ Objekt(n):$$

```
>> i^2 $ i = 2..7 , x^i $ i = 1..5

                                    2   3   4   5
        4, 9, 16, 25, 36, 49, x, x , x , x , x
```

Der Operator `$` wird *Folgengenerator* genannt. Die äquivalente funktionale Form ist `_seqgen(Objekt(i),i,m..n)`:

```
>> _seqgen(i^2, i, 2..7) , _seqgen(x^i, i, 1..5)

                                    2   3   4   5
        4, 9, 16, 25, 36, 49, x, x , x , x , x
```

Üblicherweise ist die Operatornotation zu bevorzugen. Die funktionale Form ist in Verbindung mit `map`, `zip` oder ähnlichen Funktionen nützlich.

Eine Folge aufeinanderfolgender natürlicher Zahlen kann in der Form

```
>> $ 23..30

               23, 24, 25, 26, 27, 28, 29, 30
```

erzeugt werden. Eine Folge aus n identischen Objekten wird durch
Objekt $ n geliefert:

```
>> x^2 $ 10

    2   2   2   2   2   2   2   2   2   2
    x , x , x , x , x , x , x , x , x , x
```

Der Folgengenerator kann auch mit dem Schlüsselwort **in** aufgerufen
werden, wobei die Laufvariable dann die Operanden des angegebenen
Objektes durchläuft:

```
>> f(x) $ x in [a, b, c, d]

            f(a), f(b), f(c), f(d)

>> f(x) $ x in a + b + c + d + sin(sqrt(2))

                                    1/2
       f(a), f(b), f(c), f(d), f(sin(2  ))
```

Man kann mit **$** auch leicht eine Folge von Befehlen ausführen. Im
folgenden Beispiel werden in jedem Folgenschritt zwei (durch Semikolons getrennte) Zuweisungsbefehle ausgeführt. Nach Durchlauf der
Folge haben die Bezeichner die entsprechenden Werte:

```
>> (x.i := sin(i); y.i := x.i) $ i=1..4:
>> x1, x2, y3, y4

          sin(1), sin(2), sin(3), sin(4)
```

Als einfaches Beispiel für die Anwendung von Folgen betrachten wir
den MuPAD-Differenzierer **diff**, der mit dem Aufruf **diff(f(x), x)**
die Ableitung von $f(x)$ berechnet. Höhere Ableitungen werden durch
diff(f(x), x, x), **diff(f(x), x, x, x)**, usw. angefordert. Somit kann

die 10-te Ableitung von $f(x) = \sin(x^2)$ bequem mit Hilfe des Folgen-generators in der Form

```
>> diff(sin(x^2), x $ 10)

            2              4     2
30240 cos(x ) - 403200 x  cos(x ) -

          2    2          8     2
   302400 x  sin(x ) + 23040 x  cos(x ) +

          6    2          10    2
   161280 x  sin(x ) - 1024 x   sin(x )
```

berechnet werden.

Es existieren auch leere Folgen, repräsentiert durch das „leere MuPAD-Objekt" (Abschnitt 4.18). Dieses kann durch den Aufruf null() oder _exprseq() erzeugt werden. Es wird automatisch aus Folgen entfernt:

```
>> Folge := null(): Folge := Folge, a, b, null(), c

                     a, b, c
```

Einige Systemfunktionen wie z. B. der Befehl print zur Bildschirmausgabe (Abschnitt 13.1.1) liefern das null()-Objekt als Funktionswert:

```
>> Folge := a, b, print(Hallo) , c

                      Hallo

                     a, b, c
```

Auf den i-ten Eintrag einer Folge kann mit Folge[i] zugegriffen werden, Umdefinitionen können in der Form Folge[i]:=neu erfolgen:

```
>> F := a, b, c: F[2]

                        b
```

```
>> F[2] := neu: F
```

$$a, \ neu, \ c$$

Der Zugriff und die Auswahl von Teilfolgen kann auch mit der Operandenfunktion **op** (Abschnitt 4.1) erfolgen:[6]

```
>> F := a, b, c, d, e: op(F, 2); op(F, 2..4)
```

$$b$$

$$b, \ c, \ d$$

Das Löschen von Einträgen geschieht mittels **delete**, wobei sich die Folge verkürzt:

```
>> F; delete F[2]: F; delete F[3]: F
```

$$a, \ b, \ c, \ d, \ e$$

$$a, \ c, \ d, \ e$$

$$a, \ c, \ e$$

Der Hauptzweck von Folgen in MuPAD ist die Erzeugung von Listen und Mengen sowie die Aneinanderreihung von Argumenten für Funktionsaufrufe. So können z. B. die Funktionen **max** bzw. **min** das Maximum bzw. Minimum beliebig vieler Argumente berechnen:

```
>> Folge := 1, 2, -1, 3, 0: max(Folge), min(Folge)
```

$$3, \ -1$$

Aufgabe 4.11: Weisen Sie den Bezeichnern $x_1, x_2, \ldots, x_{100}$ die Werte $x_1 = 1$, $x_2 = 2$, $\ldots$, $x_{100} = 100$ zu!

---

[6] Man beachte, dass der Folgenbezeichner F als Argument an op zu übergeben ist. Ein direkter Aufruf der Form op(a, b, c, d, e, 2) wird von der op-Funktion als (unzulässiger) Aufruf mit 6 Argumenten interpretiert und führt zu einer Fehlermeldung. Durch Verwendung zusätzlicher Klammern kann dieser Fehler vermieden werden: op((a, b, c, d, e), 2).

Aufgabe 4.12: Erzeugen Sie die Folge

$$x_1, \underbrace{x_2, x_2}_{2}, \underbrace{x_3, x_3, x_3}_{3}, \ldots, \underbrace{x_{10}, x_{10}, \ldots, x_{10}}_{10}!$$

Aufgabe 4.13: Berechnen Sie mit einem einfachen Befehl die Doppelsumme

$$\sum_{i=1}^{10} \sum_{j=1}^{i} \frac{1}{i+j}.$$

Anleitung: Der Summierer _plus akzeptiert beliebig viele Argumente. Erzeugen Sie eine geeignete Argumentenfolge!

4.6 Listen

Eine Liste (englisch: *list*) ist eine geordnete Folge beliebiger MuPAD-Objekte, die in eckigen Klammern eingeschlossen wird:

```
>> Liste := [a, 5, sin(x)^2 + 4, [a, b, c], hallo,
              3/4, 3.9087]

                    2
   [a, 5, sin(x)  + 4, [a, b, c], hallo, 3/4, 3.9087]
```

Eine Liste darf selbst wieder Listen als Elemente enthalten. Listen können auch leer sein:

```
>> Liste := [ ]

                    []
```

Die Möglichkeit, automatisch mittels des $-Operators lange Folgen zu erzeugen, hilft bei der Konstruktion langer Listen:

```
>> Folge := i $ i = 1..10 : Liste := [Folge]

         [1, 2, 3, 4, 5, 6, 7, 8, 9, 10]
```

```
>> Liste := [x^i $ i = 0..12]
```

$$[1, x, x^2, x^3, x^4, x^5, x^6, x^7, x^8, x^9, x^{10}, x^{11}, x^{12}]$$

Eine Liste kann auch auf der linken Seite einer Zuweisung benutzt werden, wodurch mehreren Bezeichnern gleichzeitig Werte zugewiesen werden können:

```
>> [A, B, C] := [a, b, c]: A + B^C
```

$$a + b^c$$

Eine nützliche Eigenschaft dieser Notation ist, dass alle Zuweisungen gleichzeitig durchgeführt werden, was man zum Vertauschen von Variablenwerten verwenden kann:

```
>> a := 1: b:= 2: a, b;
   [a, b] := [b, a]: a, b
```

$$1, 2$$

$$2, 1$$

Die Anzahl der Elemente einer Liste kann mit der Funktion **nops** festgestellt werden, die Elemente können mit Hilfe der Funktion **op** ausgelesen werden: **op(Liste)** liefert die Folge der Elemente, d. h. die Folge, welche durch Klammerung mit [ ] die Liste erzeugte. Der Aufruf **op(Liste,i)** liefert das i-te Element der Liste, **op(Liste,i..j)** extrahiert die Folge vom i-ten bis zum j-ten Element:

```
>> delete a, b, c: Liste := [a, b, sin(x), c]: op(Liste)
```

$$a, b, \sin(x), c$$

```
>> op(Liste, 2..3)
```

$$b, \sin(x)$$

Eine alternative Möglichkeit, auf einzelne Listenelemente zuzugreifen, liefert der Index-Operator:

```
>> Liste[1], Liste[2]

                              a, b
```

Das Verändern eines Elementes erfolgt durch die indizierte Zuweisung eines neuen Wertes:

```
>> Liste := [a, b, c]: Liste[1] := neu: Liste

                           [neu, b, c]
```

Alternativ kann mit subsop(Liste, i=neu) (Kapitel 6) der *i*-te Operand umdefiniert werden:

```
>> Liste := [a, b, c]: Liste := subsop(Liste, 1 = neu)

                           [neu, b, c]
```

Achtung: Falls L ein Bezeichner ohne Wert ist, wird durch eine indizierte Zuweisung

```
>> L[index] := Wert:
```

keine Liste erzeugt, sondern eine Tabelle (Abschnitt 4.8):

```
>> delete L: L[1] := a: L

                            table(
                              1 = a
                            )
```

Das Entfernen eines Elementes aus einer Liste erfolgt durch **delete**, wobei sich die Liste verkürzt:

```
>> Liste := [a, b, c]: delete Liste[1]: Liste

                             [b, c]
```

Man kann mit Hilfe der Funktion **contains** prüfen, ob ein MuPAD-Objekt Element einer Liste ist. Es wird die Position (des ersten Auf-

tretens) des Elementes in der Liste zurückgeliefert. Falls das Objekt
nicht in der Liste enthalten ist, wird die Zahl 0 zurückgegeben:

```
>> contains([x + 1, a, x + 1], x + 1)

                       1

>> contains([sin(a), b, c], a)

                       0
```

Mit der Funktion **append** können Elemente an eine Liste angehängt
werden:

```
>> Liste := [a, b, c]: append(Liste, 3, 4, 5)

           [a, b, c, 3, 4, 5]
```

Mehrere Listen können mit dem Punkt-Operator . zusammengefügt
werden:

```
>> Liste1 := [1, 2, 3]: Liste2 := [4, 5, 6]:
>> Liste1.Liste2, Liste2.Liste1

     [1, 2, 3, 4, 5, 6], [4, 5, 6, 1, 2, 3]
```

Die entsprechende Systemfunktion **_concat** kann mit beliebig vielen
Argumenten aufgerufen werden und erlaubt so das Aneinanderfügen
vieler Listen:

```
>> _concat(Liste1 $ 5)

   [1, 2, 3, 1, 2, 3, 1, 2, 3, 1, 2, 3, 1, 2, 3]
```

Mit **sort** werden Listen sortiert. Numerische Werte werden ihrer Größe nach, Zeichenketten (Abschnitt 4.11) werden lexikographisch angeordnet:

```
>> sort([-1.23, 4, 3, 2, 1/2])

                 [-1.23, 1/2, 2, 3, 4]

>> sort(["A", "b", "a", "c", "C", "c", "B", "a1", "abc"])

      ["A", "B", "C", "a", "a1", "abc", "b", "c", "c"]
```

Man beachte, dass die lexikographische Anordnung nur bei Benutzung von mit " erzeugten Zeichenketten verwendet wird. Bei Namen von Bezeichnern wird nach anderen (internen) Kriterien sortiert, wobei u. a. die Länge der Namen berücksichtigt wird:

```
>> delete A, B, C:
   sort([A, b, a, c, C, c, B, a1, abc])

            [A, B, C, a, b, c, c, a1, abc]
```

In MuPAD können Listen von Funktionsnamen auch als listenwertige Funktionen aufgefasst werden:

```
>> ([sin, cos, f])(x)

                 [sin(x), cos(x), f(x)]
```

Die Liste muss hierbei geklammert werden. Andererseits können auch Funktionen mit Hilfe der Funktion **map** auf die Elemente einer Liste angewendet werden:

```
>> map([x, 1, 0, PI, 0.3], sin)

         [sin(x), sin(1), 0, 0, 0.2955202067]
```

Erwartet die anzuwendende Funktion mehrere Argumente, so werden durch **map** die Listenelemente als erstes Argument eingesetzt. Die zusätzlichen Argumente müssen als weitere Argumente an **map** übergeben werden:

```
>> map([a, b, c], f, y, z)

              [f(a, y, z), f(b, y, z), f(c, y, z)]
```

Diese map-Konstruktion ist ein mächtiges Hilfsmittel zum Umgang mit Listen (und auch anderen MuPAD-Objektes). Im folgenden Beispiel ist eine verschachtelte Liste $[L_1, L_2, \ldots]$ gegeben, wobei jeweils das erste (durch $op(\cdot, 1)$ gegebene) Element der Listen $L_1, L_2, \ldots$ extrahiert werden soll:

```
>> L := [[a1, b1], [a2, b2], [a3, b3]]: map(L, op, 1)

                        [a1, a2, a3]
```

Die Funktion select dient dazu, Listenelemente mit bestimmten Eigenschaften aus einer Liste heraus zu filtern. Man braucht dazu eine Funktion, welche Eigenschaften von Objekten überprüft und jeweils TRUE oder FALSE liefert. Der Aufruf has(Objekt, objekt) liefert beispielsweise den Wert TRUE, falls objekt einer der Operanden oder Teiloperanden von Objekt ist, anderenfalls wird FALSE zurückgeliefert:

```
>> has(1 + sin(1 + x), x), has(1 + sin(1 + x), y)

                        TRUE, FALSE
```

Mit

```
>> select([a + 2, x, y, z, sin(a)], has, a)

                        [a + 2, sin(a)]
```

werden alle Listenelemente herausgefiltert, für die has($\cdot$, a) den Wert TRUE liefert.

Eine Liste kann durch die Funktion split in drei Listen aufgespalten werden, von denen die Elemente der ersten Liste eine bestimmte Eigenschaft haben und die Elemente der zweiten Liste nicht. Falls es Elemente gibt, bei denen das Testen der geforderten Eigenschaft den logischen Wert UNKNOWN (unbekannt) liefert, so werden diese Elemente in einer dritten Liste gespeichert. Sonst ist die dritte Liste leer. Die Rückgabe erfolgt in Form einer Liste, die aus den drei oben beschriebenen Listen besteht:

```
>> split([sin(x), x^2, y, 11], has, x)
```

$$[[sin(x), x^2], [y, 11], []]$$

Weiterhin existiert in MuPAD die Funktion zip (englisch: *to zip* = mit einem Reißverschluss verschließen). Mit dieser Funktion ist es möglich, die Elemente zweier Listen paarweise zu einer neuen Liste zu verknüpfen:

```
>> L1 := [a, b, c]: L2 := [d, e, f]:
>> zip(L1, L2, _plus), zip(L1, L2, _mult),
   zip(L1, L2, _power)
```

$$[a + d, b + e, c + f], [a\, d, b\, e, c\, f], [a^d, b^e, c^f]$$

Das dritte Argument in zip muss eine Funktion zweier Argumente sein, mit der die Elemente der Listen verknüpft werden. Im Beispiel wurden die MuPAD-Funktionen _plus, _mult, _power für die Addition, die Multiplikation bzw. die Exponentiation verwendet. Für Listen unterschiedlicher Länge hängt das Verhalten von zip davon ab, ob ein zusätzliches viertes Argument angegeben wird. Ohne dieses Argument werden nur so viele Paare bearbeitet, wie aus den beiden Listen gebildet werden können. Mit dem vierten Argument werden „fehlende" Listeneinträge durch dieses Argument ersetzt:

```
>> L1 := [a, b, c, 1, 2]: L2 := [d, e, f]:
>> zip(L1, L2, _plus)
```

$$[a + d, b + e, c + f]$$

```
>> zip(L1, L2, _plus, hallo)
```

$$[a + d, b + e, c + f, hallo + 1, hallo + 2]$$

Es folgt eine Zusammenfassung der angesprochenen Listenoperationen:

`. bzw. _concat`	:	Aneinanderfügen
`append`	:	Anhängen von Elementen
`contains(Liste,x)`	:	enthält `Liste` das Element `x`?
`Liste[i]`	:	Zugriff auf Element i
`map`	:	Anwendung einer Funktion
`nops`	:	Länge
`op`	:	Zugriff auf die Elemente
`select`	:	Filtern nach Eigenschaften
`sort`	:	sortieren
`split`	:	Zerlegen nach Eigenschaften
`subsop`	:	Änderung einzelner Elemente
`delete`	:	Löschen von Elementen
`zip`	:	Verknüpfung zweier Listen

Aufgabe 4.14: Erzeugen Sie Listen mit den Einträgen a, b, c, d bzw. $1, 2, 3, 4$. Hängen Sie die Listen aneinander! Multiplizieren Sie die Listen elementweise!

Aufgabe 4.15: Multiplizieren Sie alle Einträge der Liste `[1, x, 2]` mit einem Faktor! Gegeben sei eine Liste, dessen Elemente Listen von Zahlen oder Ausdrücken sind, z. B. `[[1, x, 2], [PI], [2/3, 1]]`. Wie können alle Einträge mit dem Faktor 2 multipliziert werden?

Aufgabe 4.16: Seien $X = [x_1, \ldots, x_n]$ und $Y = [y_1, \ldots, y_n]$ zwei Listen der selben Länge. Finde Sie einen einfachen Weg, ihr

- „Skalarprodukt" (X als Zeilenvektor und Y als Spaltenvektor)

$$x_1 y_1 + \cdots + x_n y_n$$

- „Matrixprodukt" (X als Spaltenvektor und Y als Zeilenvektor)

$$[[x_1 y_1, x_1 y_2, \ldots, x_1 y_n], [x_2 y_1, x_2 y_2, \ldots, x_2 y_n],$$
$$[x_3 y_1, x_3 y_2, \ldots, x_3 y_n], \ldots, [x_n y_1, x_n y_2, \ldots, x_n y_n]]$$

zu berechnen. Dies kann mit `zip`, `_plus`, `map` und geeigneten Funktionen (Abschnitt 4.12) jeweils in einer einzigen Kommandozeile geschehen, Schleifen (Kapitel 16) sind nicht nötig.

Aufgabe 4.17: In der Zahlentheorie interessiert man sich oft für die Primzahldichten in Folgen der Form $f(1), f(2), \ldots$, wobei f ein Polynom ist. Untersuchen Sie für $m = 0, 1, \ldots, 41$ jeweils, wie viele der Zahlen $n^2 + n + m$ mit $n = 1, 2, \ldots, 100$ Primzahlen sind!

Aufgabe 4.18: In welcher Reihenfolge werden n Kinder durch einen m-silbigen Abzählvers abgezählt? Beispielsweise scheiden beim Abzählvers „e–ne–me–ne–mu und raus bist du" 12 Kinder in der Reihenfolge 9–6–4–3–5–8–12–10–11–7–1–2 aus. Anleitung: Man kodiere die Namen der Kinder durch die Liste [1, 2, ...] und entferne nach jedem Abzählen ein Element aus dieser Liste.

4.7 Mengen

Mengen (englisch: *sets*) bestehen aus einer (ungeordneten) Folge beliebiger Objekte, die in geschweiften Klammern eingeschlossen werden. Sie sind vom Domain-Typ DOM_SET:

```
>> {34, 1, 89, x, -9, 8}

                {x, 1, 8, -9, 34, 89}
```

Die Reihenfolge, in der die Elemente gespeichert werden, wirkt dabei zufällig! Die Anordnung wird vom MuPAD-Kern nach internen Prinzipien durchgeführt und kann vom Nutzer nicht kontrolliert werden. Es ist nicht einmal sichergestellt, dass identische Mengen intern identisch repräsentiert werden, beispielsweise, wenn die Elemente in einer anderen Reihenfolge eingefügt werden. Für die Darstellung am Bildschirm werden die Einträge aber sortiert, so dass Mengen mit identischen Einträgen auch gleich dargestellt werden.

Man sollte Mengen nur verwenden, wenn die Anordnung der eingegebenen Ausdrücke keine Rolle spielt. Zum Bearbeiten einer Folge von beliebigen Ausdrücken, die in einer bestimmten Reihenfolge stehen sollen, stellt MuPAD die im vorangegangenen Abschnitt vorgestellten Listen zur Verfügung.

Eine Menge kann auch leer sein:

```
>> LeereMenge := {}
```

$$\{\}$$

Eine Menge enthält jedes Element nur einmal, d. h., Duplikate einge-
gebener Elemente werden eliminiert:

```
>> Menge := {1, 2, 3, 4, a, b, 1, 2, a}
```

$$\{a, b, 1, 2, 3, 4\}$$

Die Anzahl der Elemente einer Menge kann mit der Funktion **nops**
erfragt werden. Wie bei Folgen und Listen können mittels **op** einzelne
Elemente aus der Menge ausgelesen werden:

```
>> op(Menge)
```

$$b, a, 4, 3, 2, 1$$

```
>> op(Menge, 2..4)
```

$$a, 4, 3$$

Achtung: Da Mengenelemente nach Eingabe intern umgeordnet worden sein können, muss genau überlegt werden, ob das Auslesen des
i-ten Elementes sinnvoll ist. Mit **subsop(Menge,i=neu)** (Abschnitt 6)
kann man beispielsweise das i-te Element durch einen neuen Wert ersetzen, wobei man aber vorher (mit **op**) überprüfen sollte, ob das zu
ersetzende Element wirklich als i-tes Element gespeichert wurde.

Der Befehl **op(set,i)** gibt das i-te Element der Menge **set** in der internen Ordnung zurück. Dieses unterscheidet sich üblicherweise vom i-
ten auf dem Bildschirm angezeigten Element. Man kann mittels **set[i]**
auf das i-te auf dem Bildschirm angezeigte Element zugreifen.

Mit den Funktionen **union**, `intersect` und `minus` können die Vereinigungsmenge, die Schnittmenge und die Differenzmenge mehrerer Mengen gebildet werden:

```
>> M1 := {1, 2, 3, a, b}: M2 := {a, b, c, 4, 5}:
>> M1 union M2, M1 intersect M2, M1 minus M2, M2 minus M1

   {a, b, c, 1, 2, 3, 4, 5}, {a, b}, {1, 2, 3}, {c, 4, 5}
```

Speziell können durch **minus** einzelne Elemente aus einer Menge entfernt werden:

```
>> {1, 2, 3, a, b} minus {3, a}

                    {b, 1, 2}
```

Damit kann ein Element einer Menge gezielt durch einen neuen Wert ersetzt werden, ohne vorher die Reihenfolge der Elemente in der Menge überprüfen zu müssen:

```
>> delete a, b, c, d: Menge := {a, b, alt, c, d}:
>> Menge minus {alt} union {neu}

                 {a, b, c, d, neu}
```

Man kann mittels `contains` prüfen, ob ein Element in einer Menge enthalten ist. Es wird jeweils TRUE oder FALSE zurückgeliefert:[7]

```
>> contains({a, b, c}, a), contains({a, b, c + d}, c)

                    TRUE, FALSE
```

In MuPAD können Mengen von Funktionsnamen als mengenwertige Funktion aufgefasst werden:

```
>> {sin, cos, f}(x)

              {f(x), cos(x), sin(x)}
```

---

[7] Man beachte das unterschiedliche Verhalten von `contains` bei Listen: Dort ist die Reihenfolge der Elemente bei der Erzeugung festgelegt, und `contains` liefert die Position des Elementes in der Liste.

Die Menge muss hierbei geklammert werden. Andererseits können auch Funktionen mit Hilfe der Funktion map auf die Elemente einer Menge angewendet werden:

```
>> map({x, 1, 0,  PI, 0.3}, sin)

               {0.2955202067, sin(x), 0, sin(1)}
```

Analog zu Listen können mit der select-Funktion Mengenelemente mit bestimmten Eigenschaften herausgefiltert werden. Sie wirkt wie bei Listen, liefert aber diesmal eine Menge:

```
>> select({{a, x, b}, {a}, {x, 1}}, contains, x)

               {{x, 1}, {a, b, x}}
```

Analog zu Listen werden Mengen durch die Funktion split in drei Mengen aufgespalten, deren Elemente bestimmte Eigenschaften haben oder nicht haben bzw. für die das Testen der Eigenschaft den logischen Wert UNKNOWN ergibt. Die Rückgabe erfolgt in Form einer Liste, die aus den drei oben beschriebenen Mengen besteht.

```
>> split({{a, x, b}, {a}, {x, 1}}, contains, x)

               [{{x, 1}, {a, b, x}}, {{a}}, {}]
```

Es folgt eine Zusammenfassung der angesprochenen Mengenoperationen:

contains(M, x)	:	enthält M das Element x?
intersect	:	Schnittmenge
map	:	Anwendung einer Funktion
minus	:	Differenzmenge
nops	:	Mächtigkeit
op	:	Zugriff auf die Elemente
select	:	Filtern nach Eigenschaften
split	:	Zerlegen nach Eigenschaften
subsop	:	Änderung einzelner Elemente
union	:	Vereinigungsmenge

Weiterhin enthält die Bibliothek `combinat` eine Reihe kombinatorischer Funktionen für endliche Mengen. Eine Übersicht erhält man mit `?combinat`. Ein Beispiel der dort installierten Routinen ist die Funktion `combinat::subsets::list`,[8] welche die Potenzmenge einer Menge erzeugt. (Information mittels `?combinat::subsets`.)

MuPAD stellt auch die Datenstruktur `Dom::ImageSet` für unendliche Mengen zur Verfügung (siehe Abschnitt 8.2).

Aufgabe 4.19: Wie konvertiert man eine Liste in eine Menge und zurück?

Aufgabe 4.20: Erzeugen Sie die Mengen $A = \{a, b, c\}$, $B = \{b, c, d\}$ und $C = \{b, c, e\}$. Bestimmen Sie die Vereinigung $A \cup B \cup C$, den Schnitt $A \cap B \cap C$ und die Differenzmenge $A \setminus (B \cup C)$!

Aufgabe 4.21: Vereinigungen und Schnitte von Mengen können statt mit den binären Operatoren `intersect` und `union` auch durch die entsprechenden MuPAD-Funktionen `_intersect` und `_union` berechnet werden. Diese Funktionen akzeptieren beliebig viele Argumente. Berechnen Sie mit einfachen Befehlen die Vereinigung und den Durchschnitt aller Elemente in `M`:

```
>> M := {{2, 3}, {3, 4}, {3, 7}, {5, 3}, {1, 2, 3, 4}}:
```

Aufgabe 4.22: Die `combinat`-Bibliothek enthält eine Funktion zur Erzeugung aller k-elementigen Teilmengen einer endlichen Menge. Finden Sie sie, und lesen Sie die entsprechende Hilfeseite! Erzeugen Sie damit alle 3-elementigen Teilmengen von $\{5, 6, \ldots, 20\}$! Wie viele solcher Teilmengen gibt es?

4.8 Tabellen

Eine Tabelle (englisch: *table*) ist ein MuPAD-Objekt vom Domain-Typ `DOM_TABLE`, welches eine Ansammlung von Gleichungen der Form

---

[8] In MuPAD-Versionen vor 2.5 benutzen Sie bitte `combinat::powerset`.

`Index` = `Wert` darstellt. Indizes und Werte können dabei beliebige Mu-
PAD-Objekte sein. Dadurch sind Tabellen sehr vielseitig und flexibel.
Sie können mittels der Systemfunktion `table` eingegeben werden („ex-
plizite Tabellenerzeugung"):

```
>> T := table(a = b, c = d)

                    table(
                        c = d,
                        a = b
                    )
```

Weitere Einträge können durch „indizierte Zuweisungen" der Form
`Tabelle[Index]:=Wert` erzeugt werden, bereits definierte Einträge
können in dieser Form abgeändert werden:

```
>> T[f(x)] := sin(x): T[1, 2] := 5:
>> T[1, 2, 3] := {a, b, c}: T[a] := B:
>> T

                    table(
                        (1, 2, 3) = {a, b, c},
                        (1, 2) = 5,
                        f(x) = sin(x),
                        c = d,
                        a = B
                    )
```

Es ist nicht unbedingt notwendig, eine Tabelle mittels `table` zu ini-
tialisieren. Eine indizierte Zuweisung der Art `T[Index]:=Wert` mit
einem Bezeichner `T` ohne Wert weist dem Bezeichner automatisch eine
Tabellenstruktur zu („implizite Tabellenerzeugung"):

```
>> delete T: T[a] := b: T[b] := c: T

                    table(
                        b = c,
                        a = b
                    )
```

Tabellen können leer sein:

```
>> T := table()
```

$$\text{table()}$$

Einträge einer Tabelle können mit **delete Tabelle[Index]** gelöscht
werden:

```
>> T := table(a = b, c = d, d = a*c): delete T[a], T[c]:
>> T
```

$$
\begin{array}{l}
\text{table(} \\
\quad \text{d = a c} \\
\text{)}
\end{array}
$$

Mit **Tabelle[Index]** wird auf den Tabelleninhalt zugegriffen: Es wird
der dem Index zugeordnete Wert zurückgeliefert. Falls ein Index nicht
in der Tabelle enthalten ist, wird **Tabelle[Index]** symbolisch zurückgegeben:

```
>> T := table(a = b, c = d, d = a*c):
>> T[a], T[b], T[c], T[d]
```

$$\text{b, T[b], d, a c}$$

Der gesamte Inhalt einer Tabelle, also die Folge aller Zuordnungen
Index = Wert, kann mittels **op(Tabelle)** ermittelt werden:

```
>> op(table(a = A, b = B, c = C, d = D))
```

$$\text{d = D, c = C, b = B, a = A}$$

Man beachte jedoch, dass die Anordnung, in der die Tabelleneinträge
gespeichert werden, nicht mit der Reihenfolge bei der Erzeugung übereinstimmen muss und zufällig wirkt:

```
>> op(table(a.i = i^2 $ i = 1..10))
```

$$
\begin{array}{l}
\text{a10 = 100, a9 = 81, a8 = 64, a7 = 49, a6 = 36,} \\
\quad \text{a5 = 25, a4 = 16, a3 = 9, a2 = 4, a1 = 1}
\end{array}
$$

Mit **map** kann eine Funktion auf die in einer Tabelle gespeicherten *Werte* (nicht auf die Indizes) angewendet werden:

```
>> T := table(1 = PI, 2 = 4, 3 = exp(1)): map(T, float)

                      table(
                          3 = 2.718281828,
                          2 = 4.0,
                          1 = 3.141592654
                      )
```

Die Funktion **contains** überprüft, ob ein bestimmter *Index* in einer Tabelle enthalten ist, die *Werte* werden dabei jedoch nicht untersucht:

```
>> T := table(a = b): contains(T, a) , contains(T, b)

                          TRUE, FALSE
```

Mit **select** und **split** können sowohl Indizes als auch Werte einer Tabelle untersucht und nach gewissen Kriterien herausgefiltert werden. Diese Funktionen arbeiten auf Tabellen genauso wie auf Listen (Abschnitt 4.6) und Mengen (Abschnitt 4.7):

```
>> T := table(1 = "Zahl", 1.0 = "Zahl", x = "Symbol"):
>> select(T, has, "Symbol")

                      table(
                          x = "Symbol"
                      )

>> select(T, has, 1.0)

                      table(
                          1.0 = "Zahl"
                      )
```

```
>> split(T, has, "Zahl")

  -- table(              table(                    --
  |    1.0 = "Zahl",,    x = "Symbol" , table()  |
  |    1 = "Zahl"      )                          |
  -- )                                            --
```

Tabellen sind Datenstrukturen, die für das Speichern großer Daten-mengen gut geeignet sind. Indizierte Zugriffe auf *einzelne* Elemente sind auch bei großen Tabellen sehr schnell, da beim Schreiben oder Lesen intern nicht die gesamte Datenstruktur durchsucht wird.

Aufgabe 4.23: Erzeugen Sie eine Tabelle `Telefonbuch` mit den fol-genden Einträgen:

> Meier 1815, Schulz 4711, Schmidt 1234, Müller 5678!

Schlagen Sie die Nummer von Meier nach! Wie finden Sie den Teilneh-mer mit der Nummer 5678 heraus?

Aufgabe 4.24: Wie konstruiert man für eine gegebene Tabelle eine Liste aller Indizes bzw. eine Liste aller Werte?

Aufgabe 4.25: Erzeugen Sie die Tabelle `table(1=1, 2=2, ..., n=n)` sowie die Liste `[1, 2, ..., n]` der Länge $n = 100\,000$! Erweitern Sie die Tabelle und die Liste um einen zusätzlichen Eintrag! Wieviel Zeit wird jeweils benötigt? Anleitung: Mit `time((a := b))` wird die für eine Zuweisung benötigte Zeit ausgegeben.

4.9 Felder

Felder (englisch: *arrays*) vom Domain-Typ `DOM_ARRAY` wirken für den Nutzer wie spezielle Tabellen, d. h., sie sind wiederum als Sammlun-gen von Gleichungen der Form `Index = Wert` vorstellbar. Im Gegen-satz zu Tabellen können die Indizes aber nur durch ganze Zahlen spezifiziert werden. Eindimensionale Felder bestehen aus Zuordnungen der Form `i = Wert` und stellen mathematisch Vektoren dar, deren i-te Komponente den Wert `Wert` besitzt. Zweidimensionale Felder stellen

Matrizen dar, deren Komponenten i, j durch Zuordnungen der Form
$(i,j) = \text{Wert}$ gespeichert werden. Es können Felder beliebiger Dimension $(i, j, k, \ldots)$ erzeugt werden.

Die Erzeugung von Feldern geschieht durch die Systemfunktion `array`.
Die einfachste Form der Initialisierung übergibt eine Folge von Bereichen, welche die Dimension und die Größe des Feldes festlegen:

```
>> A := array(0..1, 1..3)

     +-                                -+
     |  ?[0, 1], ?[0, 2], ?[0, 3]  |
     |                                 |
     |  ?[1, 1], ?[1, 2], ?[1, 3]  |
     +-                                -+
```

Man sieht hier, dass der erste Bereich 0..1 die Anzahl der Zeilen und
der zweite Bereich 1..3 die Anzahl der Spalten des Feldes festlegt. Die
Ausgabe ?[0, 1] bedeutet, dass diesem Index noch kein Wert zugewiesen wurde. Mit der obigen Initialisierung wurde also ein leeres Feld
erzeugt. Den einzelnen Indizes können nun Werte zugewiesen werden:

```
>> A[0, 1] := 1: A[0, 2] := 2: A[0, 3] := 3:
>> A[1, 3] := HALLO: A

     +-                              -+
     |     1,        2,       3   |
     |                               |
     |  ?[1, 1], ?[1, 2], HALLO  |
     +-                              -+
```

Die Erzeugung eines vollständigen Feldes kann auch unmittelbar während der Initialisierung mit `array` geschehen, wobei die Werte mit Hilfe
von (verschachtelten) Listen übergeben werden:

```
>> A := array(1..2, 1..3, [[1, 2, 3], [4, 5, 6]])

     +-          -+
     |  1, 2, 3  |
     |           |
     |  4, 5, 6  |
     +-          -+
```

Das Zugreifen und Verändern von Feldelementen erfolgt analog zu den Tabellen:

```
>> A[2, 3] := A[2, 3] + 10: A

                +-            -+
                |  1, 2,  3   |
                |             |
                |  4, 5, 16   |
                +-            -+
```

Das Löschen eines Elementes erfolgt wiederum mittels `delete`:

```
>> delete A[1, 1], A[2, 3]:  A , A[2, 3]

            +-                   -+
            |  ?[1, 1], 2,    3   |
            |                     |, A[2, 3]
            |      4,    5, ?[2, 3] |
            +-                   -+
```

Für Felder existiert ein „0-ter Operand" `op(Feld, 0)`, der Informationen über die Dimension und die Größe des Feldes enthält. Er besteht aus einer Folge $d, a_1 \dots b_1, \dots, a_d \dots b_d$, wo d die Dimension (also die Anzahl der Indizes) ist und $a_i \dots b_i$ jeweils den zulässigen Bereich des i-ten Indexes angeben:

```
>> Vektor := array(1..3, [x, y, z]): op(Vektor, 0)

                    1, 1..3

>> Matrix := array(1..2, 1..3, [[a, b, c], [d, e, f]]):
>> op(Matrix, 0)

                  2, 1..2, 1..3
```

Die Größe einer $m \times n$-Matrix `array(1..m, 1..n)` ist demnach als

$$m = \texttt{op(Matrix, [0, 2, 2])}, n = \texttt{op(Matrix, [0, 3, 2])}$$

im Feld gespeichert. Die interne Struktur von Feldern unterscheidet sich von der Tabellenstruktur. Die Zuordnungen Index = Wert werden nicht als Gleichungen gespeichert:

```
>> op(Matrix)

            a, b, c, d, e, f
```

Im Vergleich zu Feldern ist der Tabellen-Datentyp wesentlich flexibler: Dort sind beliebige Indizes zugelassen und die Größe von Tabellen kann dynamisch wachsen. Felder sind dazu gedacht, Vektoren und Matrizen fixierter Größe zu speichern. Beim indizierten Aufruf wird jeweils überprüft, ob die aufgerufenen Indizes kompatibel sind mit dem bei der Initialisierung spezifizierten Bereich. So ergibt sich etwa bei der obigen 2 × 3-Matrix:

```
>> Matrix[4, 7]

 Error: Illegal argument [array]
```

Mit **map** kann eine Funktion auf die Feldkomponenten angewendet werden. So liefert beispielsweise

```
>> A := array(1..2, [PI, 1/7]): map(A, float)

        +-                        -+
        | 3.141592654, 0.1428571429 |
        +-                        -+
```

den einfachsten Weg, alle im Feld gespeicherten Werte in Gleitpunktzahlen umzuwandeln.

Achtung: Falls M ein Bezeichner ohne Wert ist, so wird durch eine indizierte Zuweisung der Form M[index, index, ...] := Wert kein Feld vom Typ **DOM_ARRAY** erzeugt, sondern eine Tabelle (Abschnitt 4.8):

```
>> delete M: M[1, 1] := a: M

                table(
                  (1, 1) = a
                )
```

Zusätzlich stellt MuPAD für das Rechnen mit Vektoren und Matrizen eine weitere Datenstruktur mit dem Domain-Typ `Dom::Matrix` zur Verfügung, die in Abschnitt 4.15 vorgestellt wird. Diese Objekte sind besonders angenehm zu handhaben: Matrix-Matrix- oder Matrix-Vektor-Multiplikationen werden einfach mit dem üblichen Multiplikationssymbol * geschrieben, Matrizen können mittels + einfach komponentenweise addiert werden. Bei der Benutzung von Feldern muss z. B. für eine Matrix-Matrix-Multiplikation eine eigene kleine Prozedur geschrieben werden. Man vergleiche dazu die Beispiele `MatrixProdukt` bzw. `MatrixMult` in den Abschnitten 18.4 bzw. 18.5.

Aufgabe 4.26: Erzeugen Sie die so genannte Hilbert-Matrix $H_{ij} = 1/(i+j-1)$ der Dimension 20×20!

4.10 Logische Ausdrücke

In MuPAD sind die drei logischen („Booleschen") Werte TRUE („wahr"), FALSE („unwahr") und UNKNOWN („unbekannt") implementiert:

```
>> domtype(TRUE), domtype(FALSE), domtype(UNKNOWN)

        DOM_BOOL, DOM_BOOL, DOM_BOOL
```

Mit **and** (logisches „und"), **or** (logisches „oder") bzw. der logischen Verneinung **not** können diese Werte miteinander verknüpft und wieder zu einem der 3 logischen Werte vereinfacht werden:

```
>> TRUE and FALSE, not (TRUE or FALSE),
   TRUE and UNKNOWN, TRUE or UNKNOWN

        FALSE, FALSE, UNKNOWN, TRUE
```

Gleichungen, Ungleichungen oder Größenvergleiche mittels >, >=, <, <= können durch die Funktion `bool` zu TRUE oder FALSE ausgewertet werden:

```
>> a := 1: b := 2:
>> bool(a = b), bool(a <> b),
   bool(a <= b) or not bool(a > b)
```

$$\text{FALSE, TRUE, TRUE}$$

Man beachte, dass **bool** lediglich MuPAD Zahlen vom Typ **DOM_INT** (ganze Zahlen), **DOM_RAT** (rationale Zahlen) bzw. **DOM_FLOAT** (reelle Gleitpunktzahlen) miteinander vergleichen kann. Exakte numerische Ausdrücke wie **sqrt(2)**, **exp(3)** oder **PI** können nicht verglichen werden:[9]

```
>> bool(3 <= PI)
```

```
Error: Can't evaluate to boolean [_leequal]
```

Die typische Anwendung dieser Konstrukte sind die Verzweigungsbedingungen in **if**-Abfragen (Kapitel 17) oder die Abbruchbedingungen in **repeat**-Schleifen (Kapitel 16). Das folgende Beispiel untersucht die Zahlen $1,\dots,3$ und gibt aus, ob es sich jeweils um eine Primzahl handelt. Die Systemfunktion **isprime** („ist das Argument eine Primzahl?") liefert dabei jeweils **TRUE** oder **FALSE**, die **repeat**-Schleife wird beendet, sobald die Abbruchbedingung $i = 3$ zu **TRUE** ausgewertet wird:

```
>> i := 0:
   repeat
     i := i + 1;
     if isprime(i)
        then print(i, "ist eine Primzahl")
        else print(i, "ist keine Primzahl")
     end_if
   until i = 3 end_repeat
```

```
                1, "ist keine Primzahl"

                2, "ist eine Primzahl"

                3, "ist eine Primzahl"
```

---

[9] Natürlich können Gleitpunkt-Approximationen verglichen werden: **bool(3 <= float(PI))** liefert **TRUE**.

Hierbei wurden für die Ausgabe in " eingeschlossene Zeichenketten verwendet, die in Abschnitt 4.11 behandelt werden. Man beachte, dass in
`if`-Abfragen bzw. in Schleifenbedingungen die Funktion `bool` nicht benutzt zu werden braucht, um die (typischerweise als Gleichungen, Ungleichungen oder Größenvergleiche gegebenen) Bedingungen zu `TRUE`
oder `FALSE` auszuwerten.

Aufgabe 4.27: Mit ∧ wird das logische „und" bezeichnet, mit ∨ das
logische „oder", das Zeichen ¬ steht für die logische Verneinung. Welchen Wert ergibt

$$\text{wahr} \wedge (\text{unwahr} \vee \neg (\text{unwahr} \vee \neg \text{unwahr})) ?$$

Aufgabe 4.28: Gegeben seien zwei MuPAD-Listen L1, L2 gleicher
Länge. Wie findet man heraus, ob für alle Listenelemente L1[i] < L2[i]
gilt?

4.11 Zeichenketten

Texte stehen in MuPAD als *Zeichenketten* (englisch: *strings*) zur Verfügung, welche zur Gestaltung der Ausgabe dienen. Sie sind Anein-
anderreihungen beliebiger Zeichen, die durch die „Stringbegrenzer" "
eingeschlossen werden. Ihr Domain-Typ ist `DOM_STRING`.

```
>> Text1 := "Mit * wird multipliziert"; Text2 := ", ";
   Text3 := "mit ^ wird potenziert."

               "Mit * wird multipliziert"

                        ", "

               "mit ^ wird potenziert."
```

Mit dem Konkatenationsoperator . können Zeichenketten zusammengefügt werden:

```
>> Text4 := Text1.Text2.Text3

   "Mit * wird multipliziert, mit ^ wird potenziert."
```

Der Punkt-Operator ist eine Abkürzung für die Funktion _concat, die (beliebig viele) Zeichenketten zusammenfügt:

```
>> _concat("Dies ist ", "ein Text", ".")

                    "Dies ist ein Text."
```

Mit dem Indexoperator [] können die einzelnen Zeichen aus einer Zeichenkette extrahiert werden:

```
>> Text4[0], Text4[1], Text4[2], Text4[3], Text4[4]

                  "M", "i", "t", " ", "*"
```

Der Befehl **print** dient zur Ausgabe von Zwischenergebnissen in Schleifen oder Prozeduren (Abschnitt 13.1.1). Diese Funktion gibt für Zeichenketten standardmäßig die Anführungszeichen mit aus, was durch das Verwenden der Option **Unquoted** unterdrückt werden kann:

```
>> print(Text4)

   "Mit * wird multipliziert, mit ^ wird potenziert."

>> print(Unquoted, Text4)

    Mit * wird multipliziert, mit ^ wird potenziert.
```

Zeichenketten sind keine gültigen Bezeichner in MuPAD, d. h., sie können nicht mittels Zuweisungen als symbolische Namen für MuPAD-Objekte benutzt werden:

```
>> "Name" := sin(x)

 Error: Invalid left-hand side in assignment [line 1, \
 col 9]
```

Auch ist mit ihnen keine Arithmetik möglich:

```
>> 1 + "x"

 Error: Illegal operand [_plus]
```

Sie können aber durchaus in Gleichungen verwendet werden:

```
>> "Ableitung von sin(x)" = cos(x)

            "Ableitung von sin(x)" = cos(x)
```

Mit **expr2text** (englisch: *expression to text*) können MuPAD-Objekte in Zeichenketten umgewandelt werden, mit denen sich die Ausgabe in der vom Anwender gewünschten Form gestalten lässt:

```
>> i := 7:
>> print(Unquoted, expr2text(i)." ist eine Primzahl.")

            7 ist eine Primzahl.
```

```
>> a := sin(x):
>> print(Unquoted, "Die Ableitung von " . expr2text(a) .
                " ist " . expr2text(diff(a, x)). ".")

        Die Ableitung von sin(x) ist cos(x).
```

Ein fortgeschrittenes Beispiel zur formatierten Ausgabe mit **print** finden Sie auf der entsprechenden Hilfeseite: **?print**.

Es existieren zahlreiche weitere nützliche Funktionen zum Umgang mit Zeichenketten in der Standardbibliothek (Abschnitt „Zeichenketten" der MuPAD-Kurzreferenz [OG 02]) sowie in der String-Bibliothek (siehe **?stringlib**).

Aufgabe 4.29: Mit dem Aufruf **anames(All)**, der in Abschnitt 4.3 erwähnt wurde, wird die Menge aller Bezeichner erzeugt, die innerhalb der aktuellen MuPAD-Sitzung einen Wert haben. Lassen Sie sich eine *alphabetisch* geordnete Liste dieser Bezeichner anzeigen!

Aufgabe 4.30: Wie erhält man das „Spiegelbild" einer Zeichenkette? Hinweis: Die Funktion **length** gibt die Anzahl der Zeichen in einer Zeichenkette an.

4.12 Funktionen

Mit dem aus dem Minus- und dem „größer"-Zeichen gebildeten Abbildungsoperator -> lassen sich einfach Objekte erzeugen, welche mathematischen Abbildungen entsprechen:

```
>> f := (x, y) -> x^2 + y^2

                 (x, y) -> x^2 + y^2
```

Die so definierte Funktion f kann nun wie eine beliebige Systemfunktion aufgerufen werden und ordnet hier zwei beliebigen Eingangsparametern (den „Argumenten") die Quadratsumme zu:

```
>> f(a, b + 1)

              2           2
             a  + (b + 1)
```

Im folgenden Beispiel liefert die if-Abfrage (Kapitel 17) einen Wert, der als Funktionswert benutzt wird:

```
>> Betrag := x -> (if x >= 0 then x else -x end_if):
>> Betrag(-2.3)

                    2.3
```

Wie schon in Abschnitt 4.4.1 vorgestellt, wird die durch Hintereinanderschaltung zweier Funktionen f und g definierte Funktion $h : x \to f(g(x))$ mittels des Operators @ durch f@g erzeugt:

```
>> f := x -> 1/(1 + x): g := x -> sin(x^2):
>> h := f@g: h(a)

                 1
            -----------
                 2
            sin(a ) + 1
```

Durch den Iterationsoperator @@ kann die mehrfache Hintereinanderschaltung $f(f(f(\cdot)))$ einer Funktion definiert werden:

```
>> fff := f@@3: fff(a)

                    1
            --------------
                  1
            ---------- + 1
              1
            ----- + 1
            a + 1
```

Diese Konstruktionen funktionieren natürlich auch mit den Systemfunktionen. So liefert z. B. abs@Re den Absolutbetrag des Realteils
einer komplexen Zahl:

```
>> f := abs@Re: f(-2 + 3*I)

                    2
```

Man hat bei symbolischen Rechnungen oft die Alternative, eine mathematische Funktion entweder als *Abbildung* Argumente $\to$ Wert darzustellen oder auch als *Ausdruck* Funktion(Argumente):

```
>> Abbildung := x -> 2*x*cos(x^2):
>> Ausdruck := 2*x*cos(x^2):
>> int(Abbildung(x), x), int(Ausdruck, x)

                    2         2
              sin(x ), sin(x )
```

Eine Konvertierung zwischen diesen Darstellungsformen kann leicht
durchgeführt werden. So liefert z. B. die Funktion unapply aus der fp-
Bibliothek (englisch: *functional programming*) die Möglichkeit, einen
Ausdruck in eine Abbildung umzuwandeln:

```
>> h := fp::unapply(Ausdruck);
   h'
```

$$x \rightarrow 2*x*\cos(x^2)$$

```
              2         2           2
    2 cos@(id ) - 4 id  sin@(id )
```

Hierbei ist `id` die identische Abbildung. Tatsächlich ist `h'` das funktionale Äquivalent von `diff(Ausdruck,x)`:

```
>> h'(x) = diff(Ausdruck, x)
```

```
         2         2    2             2        2    2
  2 cos(x ) - 4 x  sin(x ) = 2 cos(x ) - 4 x  sin(x )
```

Die Funktion `h'` ist ein Beispiel für die in MuPAD mögliche Darstellung von Abbildungen mittels *funktionaler Ausdrücke*: Komplexere Funktionen werden aus einfachen Funktionen (etwa `sin`, `cos`, `exp`, `ln`, `id`) aufgebaut, indem die Bezeichner dieser einfachen Funktionen durch Operatoren miteinander verknüpft werden. Diese Verknüpfung kann mit Hilfe des Kompositionsoperators `@` für die Hintereinanderschaltung sowie der üblichen Arithmetikoperatoren `+`, `*` etc. geschehen. Man beachte hierbei, dass die Arithmetik dabei Funktionen erzeugt, welche (wie es mathematisch auch sinnvoll ist) *punktweise* definiert sind: $f + g$ ist die Abbildung $x \rightarrow f(x) + g(x)$, $f\,g$ ist die Abbildung $x \rightarrow f(x)\,g(x)$ etc.:

```
>> delete f, g:
>> a := f + g: b := f*g: c := f/g: a(x), b(x), c(x)
```

```
                                      f(x)
          f(x) + g(x), f(x) g(x),    ----
                                      g(x)
```

Es ist hierbei durchaus erlaubt, Zahlenwerte in die Funktionsdefinition mit aufzunehmen: Zahlen werden dann als konstante Funktionen
interpretiert, deren Wert die entsprechende Zahl ist:

```
>> 1(x), 0.1(x, y, z), PI(x)


                        1, 0.1, PI
```

```
>> a := f + 1: b := f*3/4:
   c := f + 0.1: d := f + sqrt(2):
```

```
>> a(x), b(x), c(x), d(x)


                  3 f(x)                          1/2
        f(x) + 1, ------, f(x) + 0.1, f(x) + 2
                     4
```

Die Definition von Funktionen mit Hilfe von -> bietet sich bei sehr einfachen Funktionen an, bei denen das Endergebnis ohne Zwischenrech-
nungen aus den Eingangsparametern ermittelt werden kann. Bei Funktionen, in denen komplexere Algorithmen zur Berechnung zu durchlaufen sind, werden in der Regel viele Befehle und Hilfsvariablen benötigt
werden, um Zwischenergebnisse zu berechnen und zu speichern. Dies
lässt sich zwar durchaus mit -> realisieren, hat aber den Nachteil,
dass meist *globale Variablen* benutzt werden müssen. Es bietet sich
statt dessen die Deklaration einer Prozedur mittels proc() begin ...
end_proc an. Dieses wesentlich flexiblere Konstrukt der Programmiersprache MuPADs wird in Kapitel 18 genauer vorgestellt.

Aufgabe 4.31: Definieren Sie die Funktionen $f(x) = x^2$ und $g(x) = \sqrt{x}$! Berechnen Sie $f(f(g(2)))$ und $\underbrace{f(f(\ldots f(x)..))}_{100\ mal}$!

Aufgabe 4.32: Definieren Sie eine Funktion, die die Reihenfolge der
Elemente einer Liste umkehrt!

Aufgabe 4.33: Die *Chebyshev-Polynome* sind rekursiv durch die folgenden Formeln definiert:

$$T_0(x) = 1, \quad T_1(x) = x, \quad T_k(x) = 2\,x\,T_{k-1}(x) - T_{k-2}(x).$$

Berechnen Sie die Werte von $T_2(x), \dots, T_5(x)$ für $x = 1/3$, $x = 0.33$ sowie für symbolisches x!

4.13 Reihenentwicklungen

Ausdrücke wie z. B. `1/(1-x)` erlauben Reihenentwicklungen nach den symbolischen Parametern. Dieses Beispiel ist besonders einfach, es ist die Summe der geometrischen Reihe:

$$\frac{1}{1-x} = 1 + x + x^2 + x^3 + \cdots .$$

Der Beginn solcher Reihen (englisch: *series*) kann durch die Funktion `taylor` berechnet werden:

```
>> Reihe := taylor(1/(1 - x), x = 0, 9)

            2     3     4     5     6     7     8        9
    1 + x + x  +  x  +  x  +  x  +  x  +  x  +  x  + O(x )
```

Es handelt sich hierbei um die Taylor-Entwicklung des Ausdrucks um den Entwicklungspunkt $x = 0$, der durch das zweite Argument des Aufrufs bestimmt wurde. Die unendliche Reihe wurde vor dem Term x^9 abgebrochen, der Reihenrest wurde im so genannten „Landau"-Symbol $O(x^9)$ zusammengefasst. Der Abbruch wird durch das (optionale) dritte Argument des `taylor`-Aufrufs gesteuert. Wird kein drittes Argument übergeben, so wird der Wert der Umgebungsvariablen `ORDER` eingesetzt, deren Voreinstellung 6 ist:

```
>> Reihe := taylor(1/(1 - x), x = 0)

            2     3     4     5        6
    1 + x + x  +  x  +  x  +  x  + O(x )
```

Die berechnete Reihe sieht aus wie eine gewöhnliche Summe, wenngleich mit einem zusätzlichen Term $O(\cdot)$. Das Ergebnis ist jedoch eine eigene MuPAD-Datenstruktur vom Domain-Typ `Series::Puiseux`:

```
>> domtype(Reihe)

                    Series::Puiseux
```

Der Ordnungsterm selbst wird mit einer eigenständigen Datenstruktur vom Domain-Typ O ausgegeben, für die spezielle Rechenregeln gelten:

```
>> 2*O(x^2) + O(x^3), x^2*O(x^10), O(x^5)*O(x^20),
   diff(O(x^3), x)
```

$$O(x^2), O(x^{12}), O(x^{25}), O(x^2)$$

Die Reihenfolge der Terme ist bei Taylor-Reihen festgelegt: von niedrigen zu hohen Potenzen. Dies ist anderes als bei gewöhnlichen Summen, deren Anordnung zufällig wirkt:

```
>> Summe := expr(Reihe)
```

$$x + x^2 + x^3 + x^4 + x^5 + 1$$

Hierbei wurde die Reihe mittels der Systemfunktion **expr** in einen Ausdruck vom Domain-Typ **DOM_EXPR** umgewandelt, was in der Ausgabe durch das Abschneiden des Terms O($\cdot$) sichtbar wird.

Auch die Bedeutung der durch **op** herausgefilterten Operanden ist anders als bei Summen:

```
>> op(Reihe)
```

```
0, 1, 0, 6, [1, 1, 1, 1, 1, 1], x = 0, Undirected
```

Der erste Operand ist lediglich für interne Zwecke bestimmt. Der zweite Operand ist der „Verzweigungsgrad"; er gibt Informationen über Mehrdeutigkeiten der Entwicklung.[10] Der dritte und vierte Operand geben die führende Potenz der Entwicklung bzw. die Potenz des Restterms O($\cdot$) an. Der fünfte Operand ist eine Liste mit den Entwicklungskoeffizienten. Der sechste Operand enthält die Informationen über den Entwicklungspunkt. Der letzte Operand ist eine interne Information, die angibt, ob die Entwicklung in einer komplexen Umgebung des Entwicklungspunktes oder nur längs der reellen Achse.

---

[10] Dies ist relevant, wenn man mehrdeutige Funktionen wie z. B. $\sqrt{x}$ um $x = 0$ entwickelt. Hierzu muss statt **taylor** die Funktion **series** benutzt werden. Der Taylor-Entwickler ruft intern auch **series** auf.

Der Benutzer braucht solche Interna der Datenstruktur nicht wirklich zu kennen. Die Entwicklungskoeffizienten können wesentlich intuitiver mit der Funktion `coeff` extrahiert werden, wobei `coeff(Reihe,i)` den Koeffizienten vor x^i liefert:

```
>> Reihe := taylor(cos(x^2), x, 20)

             4    8     12      16        20
            x    x     x       x         x                24
      1 -  -- + -- - --- + ------ - -------- + O(x  )
            2    24   720   40320   3628800

>> coeff(Reihe, 0), coeff(Reihe, 1), coeff(Reihe, 20),
   coeff(Reihe, 25)

                1, 0, -1/3628800, FAIL
```

Im letzten Beispiel wurde der Entwicklungsparameter `x` als Bezeichner, nicht als Gleichung, übergeben. In diesem Fall wird automatisch der Entwicklungspunkt `x = 0` angenommen.

Die übliche Arithmetik funktioniert auch mit Reihen:

```
>> a := taylor(cos(x), x, 3): b := taylor(sin(x), x, 4):
>> a, b

                  2                   3
                 x       4           x       5
            1 - -- + O(x ), x - -- + O(x )
                 2                   6

>> a + b, 2*a*b, a^2

            2    3                  3
           x    x     4       4 x        5
      1 + x - -- - -- + O(x ), 2 x - ---- + O(x ),
            2    6                    3


            2      4
      1 - x  + O(x )
```

Auch der Kompositionsoperator @ und der Iterationsoperator @@ sind
für Reihen einsetzbar:

```
>> a := taylor(sin(x), x, 20):
>> b := taylor(arcsin(x), x, 20): a@b
```

$$x + O(x^{21})$$

Versucht man, die Taylor-Entwicklung einer Funktion zu berechnen,
welche keine Taylor-Reihe besitzt, so bricht **taylor** mit einer Fehlermeldung ab. Der allgemeinere Reihenentwickler **series** ist aber in
der Lage, auch allgemeinere Entwicklungen (Laurent-Reihen, Puiseux-
Reihen) zu berechnen:

```
>> taylor(cos(x)/x, x = 0, 10)

Error: does not have a Taylor series expansion, try \
'series' [taylor]

>> series(cos(x)/x, x = 0, 10)
```

$$\frac{1}{x} - \frac{x}{2} + \frac{x^3}{24} - \frac{x^5}{720} + \frac{x^7}{40320} + O(x^9)$$

Reihenentwicklungen nach fallenden Potenzen des Entwicklungspa-
rameters lassen sich dadurch erzeugen, dass man um den Punkt
infinity (englisch: *infinity* = Unendlich) entwickelt:

```
>> series((x^2 + 1)/(x + 1), x = infinity)
```

$$x - 1 + \frac{2}{x} - \frac{2}{x^2} + \frac{2}{x^3} - \frac{2}{x^4} + O\left(\frac{1}{x^5}\right)$$

Dies ist ein Beispiel einer so genannten „asymptotischen" Entwicklung,
die das Verhalten einer Funktion für große Parameterwerte annähert.
Hierbei entwickelt **series** im einfachsten Fall nach negativen Potenzen

von x, es können aber auch Entwicklungen nach anderen Funktionen auftreten:

```
>> series((exp(x) - exp(-x))/(exp(x) + exp(-x)),
          x = infinity)

        2          2          2          2
1  - -------- + -------- - -------- + -------- -
        2          4          6          8
     exp(x)     exp(x)     exp(x)     exp(x)

     2           /    1    \
  -------- + 0 |  -------- |
      10        |      12  |
   exp(x)       \  exp(x)  /
```

Aufgabe 4.34: Die Ordnung p einer Nullstelle x einer Funktion f ist durch die Anzahl der Ableitungen gegeben, die an der Nullstelle verschwinden:

$$f(x) = f'(x) = \ldots = f^{(p-1)}(x) = 0, \quad f^{(p)}(x) \neq 0.$$

Welche Ordnung hat die Nullstelle $x = 0$ von $f(x) = \tan(\sin(x)) - \sin(\tan(x))$?

Aufgabe 4.35: Auf Reihenentwicklungen können neben den Arithmetikoperatoren auch einige der Systemfunktionen wie `diff` oder `int` direkt angewendet werden. Vergleichen Sie das Ergebnis des Aufrufs `taylor(cos(x),x)` mit der Ableitung von `taylor(sin(x),x)`! Mathematisch sind beide Reihen identisch. Wie erklärt sich der Unterschied in MuPAD?

Aufgabe 4.36: Für $f(x) = \sqrt{x+1} - \sqrt{x-1}$ gilt $\lim_{x \to \infty} f(x) = 0$. Zeigen Sie, dass für $x \gg 1$ die Näherung $f(x) \approx 1/\sqrt{x}$ gilt. Bestimmen Sie bessere Näherungen von $f(x)$ für großes x!

Aufgabe 4.37: Berechnen Sie die ersten Terme der Reihenentwicklung der Funktion `f:=sin(x+x^3)` um $x = 0$! Informieren Sie sich über die MuPAD-Funktion `revert`! Bestimmen Sie damit den Beginn der Reihenentwicklung der (in einer Umgebung von $x = 0$ wohldefinierten) Umkehrfunktion von f!

4.14 Algebraische Strukturen: Körper, Ringe, usw.

Grundlegende Datenstrukturen wie Zahlen, Mengen, Tabellen etc. werden vom MuPAD-Kern als Domain-Typen zur Verfügung gestellt. Darüber hinaus hat der Nutzer die Möglichkeit, sich zusätzlich im Rahmen der MuPAD-Sprache eigene Datenstrukturen zu konstruieren, mit denen er dann symbolisch operieren kann. Auf die Konstruktion solcher eigenen Datentypen („Domains") soll in dieser elementaren Einführung nicht eingegangen werden. Es gibt neben den Kern-Domains aber eine Reihe solcher auf Bibliotheksebene definierter Domains, die von den MuPAD-Entwicklern vorgefertigt wurden und so unmittelbar vom System zur Verfügung gestellt werden. Diese sind in der Bibliothek Dom installiert, eine Übersicht erhält man mit

```
>> info(Dom)

Library 'Dom': basic domain constructors

-- Interface:
Dom::AlgebraicExtension,
Dom::ArithmeticalExpression,
Dom::BaseDomain,
Dom::Complex,
...
```

Informationen zu den einzelnen Datenstrukturen erhält man durch die entsprechenden Hilfeseiten, z. B. ?Dom::Complex. In diesem Abschnitt sollen einige besonders nützliche Domains angesprochen werden, die komplexeren mathematischen Gebilden wie Körpern, Ringen etc. entsprechen. In Abschnitt 4.15 wird weiterhin auf den Datentyp der Matrizen eingegangen, der für viele Aufgabenstellungen in der linearen Algebra geeignet ist.

Ein Domain besteht im Wesentlichen aus einem *Erzeuger* („Konstruktor"), dessen Aufruf die Erzeugung von Objekten des Datentyps ermöglicht. Den so erzeugten Objekten sind dann so genannte *Methoden* angeheftet, die den mathematischen Operationen entsprechen, die für diese Objekte definiert sind.

Einige der bekanntesten mathematischen Strukturen, die in der Dom-Bibliothek vorliegen, sind:

- der Ring der ganzen Zahlen $\mathbb{Z}$: Dom::Integer,

- der Körper der rationalen Zahlen $\mathbb{Q}$: Dom::Rational,

- der Körper der reellen Zahlen $\mathbb{R}$: Dom::Real oder Dom::Float[11],

- der Körper der komplexen Zahlen $\mathbb{C}$: Dom::Complex,

- der Ring der ganzen Zahlen modulo n : Dom::IntegerMod(n).

Wir betrachten speziell den Restklassenring der ganzen Zahlen modulo n: er besteht aus den Zahlen $0, 1, \ldots, n-1$, für welche die Addition und Multiplikation „modulo n" definiert sind. Dazu addiert oder multipliziert man wie üblich mit ganzen Zahlen, ermittelt vom Ergebnis aber nur den in $0, 1, \ldots, n-1$ liegenden Rest, der sich nicht als ganzzahliges Vielfaches von n darstellen lässt:

```
>> 3*5 mod 7
```

                                      1

In diesem Beispiel wurden die Datentypen des MuPAD-Kerns verwendet: Die ganzen Zahlen 3 und 5 wurden wie üblich zum Ergebnis 15 multipliziert, der Operator mod bestimmt die Zerlegung $15 = 2 \cdot 7 + 1$ und liefert 1 als den „Rest modulo 7".

Mit Dom::IntegerMod(7) bietet MuPAD auch ein fertiges Domain, das als Erzeuger von Elementen des Restklassenrings modulo 7 in dieser Rechnung verwendet werden kann:[12]

---

[11] Dom::Real entspricht dabei symbolischen Darstellungen reeller Zahlen, während Dom::Float den Gleitpunktzahlen entspricht.

[12] Sollen nur einige Modulo-Operationen durchgeführt werden, so ist oft die Benutzung des im MuPAD-Kern implementierten schnellen Operators mod günstiger. Dabei sind aber Feinheiten zu beachten. Beispielsweise dauert die Berechnung von 17^29999 mod 7 recht lange, da als erstes eine sehr große ganze Zahl berechnet wird. In diesem Fall ist die Berechnung durch x^29999 mit x:=Dom::IntegerMod(7)(17) schneller, da intern in der modularen Arithmetik keine großen Zahlen anfallen. Mit powermod(17,29999,7) kann das Ergebnis mit Hilfe der speziellen Funktion powermod aber auch ohne Benutzung von Dom::IntegerMod(7) schnell berechnet werden.

```
>> Erzeuger := Dom::IntegerMod(7):
>> x := Erzeuger(3); y := Erzeuger(5)
```

$$3 \bmod 7$$

$$5 \bmod 7$$

Wie schon an der Bildschirmausgabe sichtbar wird, haben die Bezeichner x und y nicht mehr die ganzen Zahlen 3 und 5 als Werte, sondern diese Zahlen sind nach wie vor Elemente des Restklassenrings:

```
>> domtype(x), domtype(y)
```

$$\text{Dom::IntegerMod(7), Dom::IntegerMod(7)}$$

Nun kann die übliche Arithmetik verwendet werden, wobei automatisch gemäß der Regeln des Restklassenrings gerechnet wird:

```
>> x*y, x^123*y^17 - x + y
```

$$1 \bmod 7, \ 6 \bmod 7$$

Der spezielle Ring Dom::IntegerMod(7) hat eine Körperstruktur, d. h., es kann durch alle Ringelemente außer 0 mod 7 geteilt werden:

```
>> x/y
```

$$2 \bmod 7$$

Ein abstrakteres Beispiel ist die Körpererweiterung

$$K = \mathbb{Q}[\sqrt{2}] = \{p + q\,\sqrt{2}\ ;\ p, q \in \mathbb{Q}\}\ .$$

Dieser Körper kann in MuPAD durch

```
>> K := Dom::AlgebraicExtension(Dom::Rational,
                                Sqrt2^2 = 2, Sqrt2):
```

definiert werden. Hierbei wird der Bezeichner Sqrt2 $(= \sqrt{2})$ zur Erweiterung der rationalen Zahlen Dom::Rational benutzt, wobei dieser Bezeichner als eine (beliebige) Lösung der Gleichung Sqrt2^2 = 2 festgelegt wird. In diesem Körper kann nun gerechnet werden:

```
>> x := K(1/2 + 2*Sqrt2): y := K(1 + 2/3*Sqrt2):
>> x^2*y + y^4
```

$$\frac{677\ \mathrm{Sqrt2}}{54} + 5845/324$$

Das Domain `Dom::ExpressionField(Normalisierer,Nulltester)` repräsentiert den Körper[13] der (symbolischen) MuPAD-Ausdrücke. Der Erzeuger ist durch die beiden vom Anwender wählbaren Funktionen `Normalisierer` und `Nulltester` parametrisiert.

Die Funktion `Nulltester` wird intern von allen Algorithmen aufgerufen, die zu entscheiden haben, ob ein Objekt mathematisch als 0 anzusehen ist. Typischerweise wird die Systemfunktion `iszero` verwendet, welche nicht nur die ganze Zahl 0, sondern auch andere Objekte wie etwa die Gleitpunktzahl `0.0` oder triviale Polynome `poly(0,[x])` (Abschnitt 4.16) als 0 identifiziert.

Die Funktion `Normalisierer` ist dafür zuständig, eine Normalform von MuPAD-Objekten des Datentyps `Dom::ExpressionField(·,·)` zu erzeugen. Bei Operationen mit solchen Objekten wird das Ergebnis zunächst durch diese Funktion vereinfacht, bevor es endgültig zurückgeliefert wird. Übergibt man beispielsweise die identische Abbildung `id`, so werden Operationen auf Objekten dieses Domains wie auf gewöhnlichen MuPAD-Ausdrücken ohne zusätzliche Normalisierung durchgeführt.

```
>> Erzeuger := Dom::ExpressionField(id, iszero):
>> x := Erzeuger(a/(a + b)^2):
   y := Erzeuger(b/(a + b)^2):
>> x + y
```

$$\frac{a}{(a + b)^2} + \frac{b}{(a + b)^2}$$

---

[13] Strenggenommen handelt es sich hierbei nicht um einen Körper, da es beispielsweise voneinander verschiedene Null-Elemente gibt. Es ist für das Arbeiten mit dem System aber von Vorteil, hier die mathematische Strenge nicht zu weit zu treiben.

Übergibt man statt dessen die Systemfunktion **normal**, so wird das Ergebnis automatisch vereinfacht (Abschnitt 9.1):

```
>> Erzeuger := Dom::ExpressionField(normal, iszero):
>> x := Erzeuger(a/(a + b)^2):
   y := Erzeuger(b/(a + b)^2):
>> x + y


                        1
                      -----
                      a + b
```

Es ist anzumerken, dass die Aufgabe solcher MuPAD-Domains nicht immer das direkte Erzeugen der Datenstrukturen und das Rechnen mit den entsprechenden Objekten ist. In der Tat liefern einige Erzeuger einfach nur Objekte der grundlegenden Domain-Typen des MuPAD-Kerns zurück, wenn solche existieren:

```
>> domtype(Dom::Integer(2)),
   domtype(Dom::Rational(2/3)),
   domtype(Dom::Float(PI)),
   domtype(Dom::ExpressionField(id, iszero)(a + b))

        DOM_INT, DOM_RAT, DOM_FLOAT, DOM_EXPR
```

Damit hat man in diesen Fällen keinen unmittelbaren Nutzen vom Gebrauch dieser Erzeuger: Man kann direkt mit Objekten der Domain-Typen des MuPAD-Kerns rechnen. Die Anwendung dieser speziellen Datenstrukturen liegt eher in der Konstruktion komplexerer mathematischer Strukturen. Ein einfaches Beispiel dazu ist die Konstruktion von Matrizen (Abschnitt 4.15) oder Polynomen (Abschnitt 4.16) über einem speziellen Ring, wo die Matrix- oder Polynomarithmetik gemäß der Regeln des Rings durchgeführt werden soll.

4.15 Vektoren und Matrizen

In Abschnitt 4.14 wurden Beispiele spezieller Datentypen („Domains") vorgestellt, mit denen in MuPAD algebraische Strukturen wie Ringe, Körper etc. definiert werden. In diesem Abschnitt werden zwei weitere Domains diskutiert, die zur Erzeugung von Vektoren und Matrizen dienen, mit denen in bequemer Weise gerechnet werden kann: Dom::Matrix und Dom::SquareMatrix. Im Prinzip können Felder (Abschnitt 4.9) zur Speicherung von Vektoren oder Matrizen verwendet werden, jedoch muss sich der Nutzer dann mit Hilfe der Programmiersprache MuPADs (Kapitel 18) eigene Routinen zur Addition, Multiplikation, Invertierung, Determinantenberechnung etc. definieren. Für die im folgenden vorgestellten speziellen Matrixtypen existieren diese Routinen bereits als den Matrizen „angeheftete" Methoden. Alternativ können die Funktionen der linalg-Bibliothek (lineare Algebra, Abschnitt 4.15.4) verwendet werden, die Matrizen der Typen Dom::Matrix und Dom::SquareMatrix verarbeiten.

4.15.1 Definition von Matrizen

MuPAD stellt die beiden Datentypen Dom::Matrix für Matrizen beliebiger Dimension $m \times n$ sowie Dom::SquareMatrix für quadratische $n \times n$-Matrizen zur Verfügung. Sie sind Teil der Bibliothek Dom, in der auch Datentypen für mathematische Strukturen wie Körper oder Ringe installiert sind (Abschnitt 4.14). Matrizen können mit Einträgen aus einer Menge definiert werden, welche mathematisch eine Ringstruktur aufweisen muss. Beispielsweise können die in der Dom-Bibliothek vordefinierten Körper und Ringe wie Dom::Integer, Dom::IntegerMod(n) etc. benutzt werden.

Der Erzeuger von Matrizen beliebiger Dimension $m \times n$ über dem Komponentenring R ist Dom::Matrix(R). Hiermit erzeugte Matrizen können nur Werte im angegebenen Ring annehmen. Das führt dazu, dass Berechnungen fehlschlagen, die Matrizen außerhalb des Rings erzeugen würden (beispielsweise hat die Inverse einer ganzzahligen Matrix i. a. nicht ganzzahlige, sondern rationale Komponenten).

Das folgende Beispiel liefert den Erzeuger für Matrizen über den rationalen Zahlen:[14]

```
>> Erzeuger := Dom::Matrix(Dom::Rational)

            Dom::Matrix(Dom::Rational)
```

---

[14] Nach dem Exportieren (Abschnitt 3.2) der Bibliothek Dom mittels export(Dom) kann man kürzer Erzeuger:=Matrix(Rational) eingeben.

Hiermit können nun Matrizen beliebiger Dimension erzeugt werden. Das folgende Beispiel liefert eine 2 × 3-Matrix, deren Komponenten mit 0 initialisiert werden:

```
>> Matrix := Erzeuger(2, 3)

                +-          -+
                | 0, 0, 0  |
                |          |
                | 0, 0, 0  |
                +-          -+
```

Man kann bei der Erzeugung eine Funktion f zweier Argumente übergeben, wodurch die Matrix mit den Komponenten f(i,j) initialisiert wird:

```
>> f := (i, j) -> i * j:  Matrix := Erzeuger(2, 3, f)

                +-          -+
                | 1, 2, 3  |
                |          |
                | 2, 4, 6  |
                +-          -+
```

Alternativ kann die Matrix durch Übergabe von (geschachtelten) Listen initialisiert werden. Jedes Listenelement entspricht einer Zeile, die ihrerseits als Liste übergeben wird. Der folgende Befehl erzeugt die selbe Matrix wie im letzten Beispiel:

```
>> Matrix := Erzeuger(2, 3, [[1, 2, 3], [2, 4, 6]]):
```

Die Übergabe der Dimensionsparameter ist hier optional, denn die Listenstruktur definiert die Matrix eindeutig. Daher liefert

```
>> Matrix := Erzeuger([[1, 2, 3], [2, 4, 6]]):
```

ebenfalls die gewünschte Matrix. Auch in einem Feld vom Domain-Typ **DOM_ARRAY** (Abschnitt 4.9) gespeicherte Daten können unmittelbar zur Matrixerzeugung verwendet werden:

```
>> Feld := array(1..2, 1..3, [[1, 2, 3], [2, 4, 6]]):
>> Matrix := Erzeuger(Feld):
```

Spaltenvektoren können als $m \times 1$-Matrizen definiert werden, Zeilenvektoren als $1 \times n$-Matrizen. Werden zur Initialisierung Listen verwendet, so brauchen diese nicht verschachtelt zu sein:

```
>> Spalte := Erzeuger(3, 1, [1, 2, 3])


                    +-    -+
                    |  1  |

                    |     |

                    |  2  |

                    |     |

                    |  3  |
                    +-    -+


>> Zeile := Erzeuger(1, 3, [1, 2, 3])


                 +-          -+
                 | 1, 2, 3 |
                 +-          -+
```

Gibt man nur eine einfache Liste an, so wird ein Spaltenvektor erzeugt:

```
>> Spalte := Erzeuger([1, 2, 3])


                    +-    -+
                    |  1  |

                    |     |

                    |  2  |

                    |     |

                    |  3  |
                    +-    -+
```

Auf die Komponenten kann in der Form Matrix[i,j], Zeile[i], Spalte[j] zugegriffen werden. Da Vektoren als spezielle Matrizen aufgefasst werden können, können Vektorkomponenten auch in der Form Zeile[1,i] bzw. Spalte[j,1] adressiert werden:

```
>> Matrix[2, 3], Zeile[3], Zeile[1, 3],
   Spalte[2], Spalte[2, 1]


                 6, 3, 3, 2, 2
```

Teilmatrizen können in der folgenden Form gebildet werden:

```
>> Matrix[1..2, 1..2], Zeile[1..1, 1..2],
   Spalte[1..2, 1..1]
```

```
        +-      -+              +-   -+
        | 1, 2 |  +-     -+    | 1  |
        |          |, | 1, 2 |,  |      |
        | 2, 4 |  +-     -+    | 2  |
        +-      -+              +-   -+
```

Durch indizierte Zuweisung können Matrixeinträge verändert werden:

```
>> Matrix[2, 3] := 23: Zeile[2] := 5: Spalte[2, 1] := 5:
>> Matrix, Zeile, Spalte
```

```
                                        +-   -+
                                        | 1  |
    +-            -+                    |      |
    | 1, 2, 3 |  +-         -+  |      |
    |              |, | 1, 5, 3 |,  | 5  |
    | 2, 4, 23 |  +-         -+  |      |
    +-            -+                    | 3  |
                                        +-   -+
```

Die Verwendung von Schleifen (Kapitel 16) liefert damit eine weitere
Möglichkeit, die Matrixkomponenten zu setzen:

```
>> m := 2: n := 3: Matrix := Erzeuger(m, n):
>> for i from 1 to m do
     for j from 1 to n do
         Matrix[i, j] := i*j
     end_for
   end_for:
```

Diagonalmatrizen können bequem mit der Option **Diagonal** erzeugt
werden. Das dritte Argument des Erzeugeraufrufs kann dann entweder
eine Liste mit den Diagonalelementen oder eine Funktion f sein, wobei
$f(i)$ das i-te Diagonalelement definiert:

```
>> Erzeuger(2, 2, [11, 12], Diagonal)

                    +-          -+
                    |  11,  0   |
                    |           |
                    |   0, 12   |
                    +-          -+
```

Im nächsten Beispiel wird eine Einheitsmatrix definiert, wobei 1 als Funktion zur Definition der Diagonalelemente übergeben wird:[15]

```
>> Erzeuger(2, 2, 1, Diagonal)

                    +-        -+
                    |  1, 0   |
                    |         |
                    |  0, 1   |
                    +-        -+
```

Alternativ kann die Einheitsmatrix über die "identity"-Methode des Matrizen-Domains erzeugt werden:

```
>> Erzeuger::identity(2)

                    +-        -+
                    |  1, 0   |
                    |         |
                    |  0, 1   |
                    +-        -+
```

Der bislang betrachtete Erzeuger liefert Matrizen, deren Komponenten rationale Zahlen sind. Dementsprechend scheitert der folgende Versuch, eine Matrix mit nicht zulässigen Werten zu erzeugen:

```
>> Erzeuger([[1, 2, 3], [2, 4, 1 + I]])

 Error: unable to define matrix over Dom::Rational \
   [(Dom::Matrix(Dom::Rational))::new]
```

---

[15] MuPAD-Zahlen können als (konstante) Funktionen verwendet werden: Zahl(x) liefert für jedes x den Wert Zahl.

Es muss ein geeigneter Ring für die Matrixkomponenten gewählt werden, um diese Daten in einer Matrixstruktur unterzubringen. Im folgenden Beispiel werden die komplexen Zahlen als Matrixeinträge vereinbart, indem ein neuer Erzeuger gewählt wird:

```
>> Erzeuger := Dom::Matrix(Dom::Complex):
>> Erzeuger([[1, 2, 3], [2, 4, 1 + I]])

                    +-              -+
                    |  1, 2,   3     |
                    |                |
                    |  2, 4, 1 + I   |
                    +-              -+
```

Mit Hilfe des „Körpers" Dom::ExpressionField(id,iszero) (siehe Abschnitt 4.14) können Matrizen erzeugt werden, die beliebige symbolische MuPAD-Ausdrücke als Komponenten zulassen. Dies ist der Standardring für Matrizen, über dem immer gerechnet werden kann, wenn der Komponentenring und seine Eigenschaften nicht wichtig sind. Der entsprechende Erzeuger kann dadurch erstellt werden, dass man Dom::Matrix ohne Argumente aufruft. Noch bequemer ist jedoch die Verwendung der Systemfunktion matrix, die mit dem Erzeuger Dom::Matrix() vordefiniert ist:

```
>> matrix

                    Dom::Matrix()

>> matrix([[1, x + y, 1/x^2], [sin(x), 0, cos(x)],
  ,       [x*PI, 1 + I, -x*PI]])

        +-                       -+
        |                    1    |
        |    1,    x + y,   --    |
        |                    2    |
        |                   x     |
        |                         |
        |  sin(x),   0,   cos(x)  |
        |                         |
        |  x PI,  1 + I,  -x PI   |
        +-                       -+
```

Benutzt man `Dom::ExpressionField(normal,iszero)`, so werden den Ausführungen in Abschnitt 4.14 entsprechend alle Matrixkomponenten durch die Funktion `normal` vereinfacht. Arithmetische Operationen mit solchen Matrizen sind relativ langsam, da ein Aufruf von `normal` zeitaufwendig sein kann. Dafür sind die gelieferten Ergebnisse i. a. von einfacherer Gestalt als die (äquivalenten) Resultate, die bei Benutzung von `Dom::ExpressionField(id,iszero)` erzeugt werden.

Mittels `Dom::SquareMatrix(n,R)` wird der Ring der quadratischen $n \times n$-Matrizen über dem Komponentenring `R` erzeugt. Wird `R` nicht angegeben, so wird automatisch der Komponentenring der allgemeinen MuPAD-Ausdrücke verwendet. Die folgende Anweisung erzeugt damit den Erzeuger der zweizeiligen quadratischen Matrizen über allgemeinen MuPAD-Ausdrücken:

```
>> Erzeuger := Dom::SquareMatrix(2)

                Dom::SquareMatrix(2)

>> Erzeuger([[0, y], [x^2, 1]])

                    +-        -+
                    |  0, y   |
                    |         |
                    |   2     |
                    | x , 1   |
                    +-        -+
```

4.15.2 Rechnen mit Matrizen

Operationen zwischen Matrizen können mit den üblichen arithmetischen Operatoren ausgeführt werden:

```
>> A := matrix([[1, 2], [3, 4]]):
>> B := matrix([[a, b], [c, d]]):
>> A + B, A*B, A*B - B*A, A^2 + B
```

```
+-              -+ +-                    -+
|  a + 1, b + 2 | |  a + 2 c,   b + 2 d  |
|               |, |                     |,
|  c + 3, d + 4 | |  3 a + 4 c, 3 b + 4 d |
+-              -+ +-                    -+


+-                                -+
|    - 3 b + 2 c,   - 2 a - 3 b + 2 d |
|                                  |,
|  3 a + 3 c - 3 d,     3 b - 2 c   |
+-                                -+


+-              -+
|   a + 7, b + 10 |
|                |
|  c + 15, d + 22 |
+-              -+
```

Die Multiplikation einer Matrix mit einer Zahl wird komponentenweise ausgeführt:

```
>> 2*B
```

```
+-          -+
|  2 a, 2 b  |
|            |
|  2 c, 2 d  |
+-          -+
```

Die Inverse einer Matrix wird durch 1/A bzw. A^(-1) bestimmt:

```
>> C := 1/A
```

```
        +-           -+
        |   -2,   1   |
        |             |
        |  3/2, -1/2  |
        +-           -+
```

Ein einfacher Test zeigt die Korrektheit der Invertierung:

```
>> A*C, C*A
```

```
        +-      -+ +-      -+
        |  1, 0  | |  1, 0  |
        |     ,  | |     ,  |
        |  0, 1  | |  0, 1  |
        +-      -+ +-      -+
```

Eine Invertierung liefert FAIL, wenn die Matrix in ihrem Koeffizienten-ring kein Inverses besitzt. Die folgende Matrix ist nicht invertierbar:

```
>> C := matrix([[1, 1], [1, 1]]): C^(-1)
```

```
                    FAIL
```

Auch der Konkatenationsoperator ., mit dem Listen (Abschnitt 4.6) und Zeichenketten (Abschnitt 4.11) zusammengefügt werden, ist für Matrizen „überladen". Mit ihm können Matrizen mit gleicher Zeilen-zahl aneinander gehängt werden:

```
>> A, B, A.B
```

```
        +-      -+ +-      -+ +-            -+
        |  1, 2  | |  a, b  | |  1, 2, a, b  |
        |     ,  | |     ,  | |              |
        |  3, 4  | |  c, d  | |  3, 4, c, d  |
        +-      -+ +-      -+ +-            -+
```

Neben den Arithmetikoperatoren können auch andere Systemfunktionen direkt auf Matrizen angewendet werden, z. B.:

- `conjugate(A)` ersetzt die Komponenten durch ihre komplex konjugierten Werte,

- `diff(A,x)` differenziert komponentenweise nach `x`,

- `exp(A)` berechnet $e^A = \sum_{i=0}^{\infty} \frac{1}{i!} A^i$,

- `expand(A)` wendet `expand` auf alle Komponenten von A an,

- `expr(A)` konvertiert `A` in ein Feld vom Domain-Typ `DOM_ARRAY`,

- `float(A)` wendet `float` auf alle Komponenten von A an,

- `has(A,Ausdruck)` untersucht, ob ein Ausdruck in mindestens einer Komponente von A enthalten ist,

- `int(A,x)` integriert komponentenweise bzgl. x,

- `iszero(A)` überprüft, ob alle Komponenten von A verschwinden,

- `map(A,Funktion)` wendet die Funktion komponentenweise an,

- `norm(A)` (identisch mit `norm(A,Infinity)`) berechnet die Zeilensummennorm,[16]

- `subs(A,Gleichung)` wendet `subs(.,Gleichung)` auf alle Komponenten von A an,

- `C:=zip(A,B,f)` liefert die durch $C_{ij} = f(A_{ij}, B_{ij})$ definierte Matrix.

Die Bibliothek `linalg` für lineare Algebra und die numerische Bibliothek `numeric` (Abschnitt 4.15.4) enthalten viele weitere Funktionen zur Behandlung von Matrizen.

---

[16] `norm(A, 1)` liefert die Spaltensummennorm, `norm(A, Frobenius)` die Frobenius-Norm $\left(\sum_{i,j} |A_{ij}|^2 \right)^{1/2}$.

Aufgabe 4.38: Erzeugen Sie die 15×15 Hilbert-Matrix $H = (H_{ij})$ mit $H_{ij} = 1/(i+j-1)$! Erzeugen Sie den Vektor $\mathbf{b} = H\,\mathbf{e}$ mit $\mathbf{e} = (1, \ldots, 1)$! Berechnen Sie den exakten Lösungsvektor $\mathbf{x}$ des Gleichungssystems $H\mathbf{x} = \mathbf{b}$ (natürlich muss sich $\mathbf{x} = \mathbf{e}$ ergeben)! Wandeln Sie die Einträge von H in Gleitpunktzahlen um, und lösen Sie das Gleichungssystem erneut! Vergleichen Sie das Resultat mit der exakten Lösung! Sie werden einen dramatischen Unterschied bemerken, der von den numerischen Rundungsfehlern stammt. Größere Hilbert-Matrizen lassen sich mit der Genauigkeit üblicher numerischer Software nicht invertieren!

4.15.3 Methoden für Matrizen

Ein Erzeuger, der mit `Dom::Matrix` oder `Dom::SquareMatrix` erzeugt wurde, enthält viele spezielle Funktionen für den Datentyp. Diese werden als so genannte „Methoden" den erzeugten Objekten angeheftet. Ist `M:=Dom::Matrix(Ring)` ein Erzeuger und `A:=M(·)` eine hiermit gemäß Abschnitt 4.15.1 erzeugte Matrix, so stehen als wichtigste Methoden die folgenden Funktionsaufrufe zur Verfügung:

- `M::col(A,i)` liefert die i-te Spalte von `A` (englisch: *column* = Spalte),

- `M::delCol(A,i)` entfernt die i-te Spalte aus `A` (englisch: *delete column*),

- `M::swapCol(A,i,j)` tauscht die Spalten i und j aus (englisch: *to swap* = vertauschen),

- `M::row(A,i)` liefert die i-te Zeile von `A` (englisch: *row* = Zeile),

- `M::delRow(A,i)` entfernt die i-te Zeile aus `A` (englisch: *delete row*),

- `M::swapRow(A,i,j)` tauscht die Zeilen i und j aus,

- `M::matdim(A)` liefert die Dimension `[m,n]` der $m \times n$-Matrix A,

- `M::random()` liefert eine Zufallsmatrix (englisch: *random* = zufällig),

- `M::tr(A)` liefert die Spur $\sum_i A_{ii}$ von A (englisch: *trace* = Spur),

- **M::transpose(A)** liefert die transponierte Matrix (A_{ji}) von $A = (A_{ij})$.

```
>> M := Dom::Matrix(): A := M([[x, 1], [2, y]])
```

```
                    +-      -+
                    |  x, 1  |
                    |        |
                    |  2, y  |
                    +-      -+
```

```
>> M::col(A, 1), M::delCol(A, 1), M::matdim(A)
```

```
              +-   -+ +-   -+
              |  x  | |  1  |
              |     |,|     |, [2, 2]
              |  2  | |  y  |
              +-   -+ +-   -+
```

```
>> M::swapCol(A, 1, 2), M::tr(A), M::transpose(A)
```

```
        +-      -+              +-      -+
        |  1, x  |              |  x, 2  |
        |        |, x + y,      |        |
        |  y, 2  |              |  1, y  |
        +-      -+              +-      -+
```

Man kann solche Methoden auch in der Form **A::dom::method** aufrufen:

```
>> A::dom::tr(A)
```

```
                    x + y
```

Einen Überblick über diese Methoden erhält man durch die Funktion
`info`:

```
>> info(Dom::Matrix())

  -- Domain:
  Dom::Matrix()

  -- Constructor:
  Dom::Matrix

  -- Super-Domains:
  Dom::BaseDomain

  -- Categories:
  Cat::Matrix(Dom::ExpressionField()), Cat::BaseCategor\
  y

  -- No Axioms.

  -- Entries:
  Name, TeX, _concat, _divide, _index, _invert, _mult, \
  _negate, _plus, _power, _subtract, allAxioms, allCate\
  gories, allEntries, allSuperDomains, assignElements, \
  coeffRing, coerce, col, concatMatrix, conjugate, conv\
  ert, convert_to, create, create_dom, delCol, delRow, \
  diff, equal, equiv, exp, expand, expr, expr2text, fac\
  tor, float, gaussElim, getAxioms, getCategories, getS\
  uperDomain, has, hasProp, identity, info, is, isSpars\
  e, iszero, key, length, map, matdim, mkDense, new, no\
  nZeroes, nonZeros, nops, norm, normal, op, print, pri\
  ntMethods, random, randomDimen, row, setCol, setRow, \
  set_index, simplify, stackMatrix, subs, subsex, subso\
  p, swapCol, swapRow, testtype, tr, transpose, unapply\
  , undefinedEntries, whichEntry, zip
```

Die mit **Entries** überschriebene Aufzählung gibt alle Methoden des
Domains an. Durch den Aufruf **?Dom::Matrix** erhält man eine vollständige Beschreibung dieser Methoden.

4.15.4 Die Bibliotheken linalg und numeric

Neben den auf Matrizen operierenden Systemfunktionen existiert eine
große Zahl weiterer Funktionen zur linearen Algebra in der Bibliothek[17] linalg:

```
>> info(linalg)

   Library 'linalg': the linear algebra package

   -- Interface:
   linalg::addCol,          linalg::addRow,
   linalg::adjoint,         linalg::angle,
   ...
   linalg::transpose,       linalg::vandermondeSolve,
   linalg::vecdim,          linalg::vectorPotential,
   linalg::wiedemann


   -- Exported:
   conjugate, exp, norm, normal
```

Einige dieser Funktionen wie z. B. linalg::col oder linalg::delCol
rufen die in Abschnitt 4.15.3 beschriebenen internen Methoden der
Matrizen auf und bieten insofern keine zusätzliche Funktionalität. Es
existieren in linalg aber auch viele über diese Methoden hinausge-
henden Algorithmen. Eine Auflistung aller Funktionen mit einer kur-
zen Beschreibung ihrer Bedeutung erhält man durch ?linalg. Eine
detaillierte Beschreibung der einzelnen Funktionen ist auf der entsprechenden Hilfeseite zu finden, z. B.:

```
>> ?linalg::det

   linalg::det -- Determinante einer Matrix

   Einführung

   linalg::det(A) berechnet die Determinante der quadratischen
   Matrix A. ·
   ...
```

---

[17] Zur allgemeinen Organisation von Bibliotheken, dem Exportieren, etc. verweisen
wir auf Kapitel 3.

Wie üblich können diese Bibliotheksfunktionen mit ihrem „Pfadna-
men" Bibliothek::Funktion aufgerufen werden:

```
>> A := matrix([[a, b], [c, d]]): linalg::det(A)

                    a d - b c
```

Das charakteristische Polynom det$(x E - A)$ dieser Matrix ist

```
>> linalg::charpoly(A, x)

          2
         x  + (- a - d) x + (a d - b c)
```

Die Eigenwerte sind

```
>> linalg::eigenvalues(A)
{                                   2       2 1/2
{ a     d   (4 b c - 2 a d + a  + d )
{ - + - - ---------------------------------- ,
{ 2     2                    2

                                      2       2 1/2 }
  a     d   (4 b c - 2 a d + a  + d )         }
  - + - + ---------------------------------- }
  2     2                    2                }
```

Die numerische Bibliothek numeric (siehe ?numeric) enthält eine Reihe von Funktionen zur numerischen Behandlung von Matrizen:

numeric::det	:	Determinantenberechnung
numeric::factorCholesky	:	Cholesky-Faktorisierung
numeric::factorLU	:	LU-Faktorisierung
numeric::factorQR	:	QR-Faktorisierung
numeric::inverse	:	Invertierung
numeric::eigenvalues	:	Eigenwerte
numeric::eigenvectors	:	Eigenwerte und -vektoren
numeric::singularvalues	:	Singulärwerte
numeric::singularvectors	:	Singulärwerte und -vektoren

Diese können teilweise auch symbolisch über `Dom::ExpressionField` arbeiten und sind dabei bei größeren Matrizen effizienter als die Funktionen der `linalg`-Bibliothek, welche dafür mit beliebigen Komponentenringen arbeiten können.

Aufgabe 4.39: Für welche Werte von a, b, c ist die Matrix $\begin{pmatrix} 1 & a & b \\ 1 & 1 & c \\ 1 & 1 & 1 \end{pmatrix}$ nicht invertierbar?

Aufgabe 4.40: Gegeben sind die folgenden Matrizen:

$$A = \begin{pmatrix} 1 & 3 & 0 \\ -1 & 2 & 7 \\ 0 & 8 & 1 \end{pmatrix}, \quad B = \begin{pmatrix} 7 & -1 \\ 2 & 3 \\ 0 & 1 \end{pmatrix}.$$

Die Transponierte von B sei mit B^T bezeichnet. Berechnen Sie die Inverse von $2\,A + B\,B^T$, wobei Sie die Matrizen einmal über den rationalen Zahlen und dann über dem Restklassenring modulo 7 betrachten!

Aufgabe 4.41: Erstellen Sie die $n \times n$ Matrix

$$A_{ij} = \begin{cases} 0 & \text{für } i = j, \\ 1 & \text{für } i \neq j. \end{cases}$$

Berechnen Sie die Determinante, das charakteristische Polynom und die Eigenwerte! Berechnen Sie zu jedem Eigenwert eine Basis des zugehörigen Eigenraums!

4.15.5 Dünnbesetzte Matrizen

Mit MuPAD Version 2.5 wurde ein neuer Matrixtyp zur Darstellung dünnbesetzter Matrizen eingeführt. Er dient dazu, sehr effizient mit (großen) Matrizen rechnen zu können, in denen die meisten Einträge Null sind.

Abgesehen von der besseren Effizienz im dünnbesetzten Fall verhalten sich Matrizen dieses Typs *in der selben Weise* wie per `Dom::Matrix` erzeugte Matrizen (Abschnitte 4.15.1–4.15.4). Der Erzeuger dünnbesetzter Matrizen über dem Koeffizientenring R ist `Dom::SparseMatrix(R)`:

```
>> SM := Dom::SparseMatrix(Dom::IntegerMod(3)):
```

Mit diesem Erzeugen können Matrizen analog zu `Dom::Matrix(R)` folgendermaßen erzeugt werden:

```
>> SM(3, 2),
   SM([[3, 0], [0, 2]]),
   SM(array(1..2, 1..3, [[3, 0, 2], [0, 0, 2]]))
```

```
+-                   -+
|  0 mod 3, 0 mod 3  |  +-                       -+
|                    |  |  0 mod 3, 0 mod 3  |
|  0 mod 3, 0 mod 3  |, |                         |,
|                    |  |  0 mod 3, 2 mod 3  |
|  0 mod 3, 0 mod 3  |  +-                       -+
+-                   -+
```

```
+-                            -+
|  0 mod 3, 0 mod 3, 2 mod 3  |
|                             |
|  0 mod 3, 0 mod 3, 2 mod 3  |
+-                            -+
```

```
>> Spalte :=  SM([0, 1])
```

```
+-          -+
|  0 mod 3  |
|           |
|  1 mod 3  |
+-          -+
```

```
>> Zeile := SM(1, 4, [0, 1, 0, 2])
```

```
+-                                       -+
|  0 mod 3, 1 mod 3, 0 mod 3, 2 mod 3  |
+-                                       -+
```

Zusätzlich können Tabellen (Abschnitt 4.8) und entsprechende Listen von Gleichungen zur Matrixerzeugung verwendet werden:

```
>> T := table((1, 2) = 1, (2, 1) = 2):
   SM(3, 3, T) = SM(3, 3, [(1, 2) = 1, (2, 1) = 2])


      +-                                -+
      |  0 mod 3, 1 mod 3, 0 mod 3  |
      |                                  |
      |  2 mod 3, 0 mod 3, 0 mod 3  | =
      |                                  |
      |  0 mod 3, 0 mod 3, 0 mod 3  |
      +-                                -+


         +-                                -+
         |  0 mod 3, 1 mod 3, 0 mod 3  |
         |                                  |
         |  2 mod 3, 0 mod 3, 0 mod 3  |
         |                                  |
         |  0 mod 3, 0 mod 3, 0 mod 3  |
         +-                                -+
```

Aus Effizienzgründen wird empfohlen, den Standardring beliebiger MuPAD-Ausdrücke R = Dom::ExpressionField() zu verwenden, falls das für die beabsichtigte Rechnung möglich ist. Der entsprechende Matrixerzeuger kann abgekürzt durch Dom::SparseMatrix() aufgerufen werden. Als noch bequemere Abkürzung dient die Funktion sparsematrix, die Matrizen von Typ Dom::SparseMatrix() liefert.

Die Funktionen der Bibliotheken linalg und numeric (siehe Abschnitt 4.15.4), die Matrizen vom Typ Dom::Matrix verarbeiten, akzeptieren ebenso Matrizen vom Typ Dom::SparseMatrix.

Im folgenden Beispiel erzeugen wir eine tri-diagonale Toeplitz-Matrix A der Dimension 100×100 und lösen das Gleichungssystem $A\,x = b$, wo b der Spaltenvektor $(1, \ldots, 1)$ ist:

```
>> A := sparsematrix(100, 100, [-1, 2, -1], Banded):
   b := sparsematrix(100, 1, [1 $ 100]):
```

```
>> x := (1/A)*b
```

```
        +-        -+
        |   50    |
        |         |
        |   99    |
        |         |
        |   ...   |
        |         |
        |   50    |
        +-        -+
```

Man beachte jedoch, dass es gerade im dünnbesetzten Fall nicht sehr effizient ist, ein Gleichungssystem durch explizites Invertieren der Koeffizientenmatrix zu lösen, da die Inverse einer dünnbesetzten Matrix in der Regel nicht wieder dünnbesetzt ist. Es ist deutlich schneller, eine (dünnbesetzte) Matrixfaktorisierung zu benutzen. Wir rufen den linearen Gleichungslöser numeric::matlinsolve auf, um die Lösung eines noch wesentlich größeren Gleichungssystems zu bestimmen. Die numeric-Routine nützt die Dünnbesetztheit der Matrix dabei optimal aus:

```
>> A := sparsematrix(1000, 1000, [-1, 2, -1], Banded):
   b := sparsematrix(1000, 1, [1 $ 1000]):
   [x, Kern] := numeric::matlinsolve(A, b, Symbolic):
```

Der Lösungsvektor x hat 1000 Komponenten, von denen wir nur einige anzeigen:

```
>> x[1], x[2], x[3], x[4], x[5], x[999], x[1000]

        500, 999, 1497, 1994, 2490, 999, 500
```

4.15.6 Eine Anwendung

Es soll die symbolische Lösung $a(t), b(t)$ des Differentialgleichungssystems zweiter Ordnung

$$\frac{d^2}{dt^2}\, a(t) = 2\,c\,\frac{d}{dt}\, b(t), \quad \frac{d^2}{dt^2}\, b(t) = -2\,c\,\frac{d}{dt}\, a(t) + 3\,c^2\, b(t)$$

berechnet werden, wobei c eine beliebige positive Konstante ist. Führt man $a'(t) = \frac{d}{dt} a(t)$, $b'(t) = \frac{d}{dt} b(t)$ ein, so lassen sich diese Differentialgleichungen als System erster Ordnung in den Variablen $x(t) = (a(t), a'(t), b(t), b'(t))$ schreiben:

$$\frac{d}{dt}\, x(t) = A\, x(t), \quad A = \begin{pmatrix} 0 & 1 & 0 & 0 \\ 0 & 0 & 0 & 2c \\ 0 & 0 & 0 & 1 \\ 0 & -2c & 3c^2 & 0 \end{pmatrix}.$$

Die Lösung dieses Systems ist durch die Exponentialfunktion der Matrix A wirkend auf die Anfangsbedingung gegeben: $x(t) = e^{tA} x(0)$.

```
>> delete c, t:
   A := matrix([[0,   1,    0,    0 ],
               [0,   0,    0,    2*c],
               [0,   0,    0,    1 ],
               [0, -2*c, 3*c^2, 0 ]]):
```

Zur Berechnung von $B = e^{tA}$ wird die Funktion **exp** verwendet:

```
>> B := exp(t*A)

array(1..4, 1..4,
   (1, 1) = 1/3/c^2/t^2/(-c^2*t^2)^(1/2)*(3*c^2*t^2*(-\
c^2*t^2)^(1/2) - 2*(-c^2*t^2)^(3/2)*exp((-c^2*t^2)^(1\
/2)) + 2*(-c^2*t^2)^(3/2)*exp(-(-c^2*t^2)^(1/2)) - 2*\
c^2*t^2*(-c^2*t^2)^(1/2)*exp((-c^2*t^2)^(1/2)) + 2*c^\
2*t^2*(-c^2*t^2)^(1/2)*exp(-(-c^2*t^2)^(1/2))),
   (1, 2) = - 3*t + 2*t/(-c^2*t^2)^(1/2)*exp((-c^2*t^2\
)^(1/2)) - 2*t/(-c^2*t^2)^(1/2)*exp(-(-c^2*t^2)^(1/2)\
),

   . . .

   (4, 4) = - 1/6/c^2/t^2/(-c^2*t^2)^(1/2)*exp((-c^2*t\
^2)^(1/2))*(- 4*(-c^2*t^2)^(3/2) - 7*c^2*t^2*(-c^2*t^\
2)^(1/2)) + 1/6/c^2/t^2/(-c^2*t^2)^(1/2)*exp(-(-c^2*t\
^2)^(1/2))*(- 4*(-c^2*t^2)^(3/2) - c^2*t^2*(-c^2*t^2)\
^(1/2))
)
```

Das Ergebnis muss definitiv noch vereinfacht werden. Zunächst wird die Funktion **expand** (Abschnitt 9.1) auf alle Matrixeinträge angewendet:

```
>> B := map(B, expand)

array(1..4, 1..4,
   (1, 1) = 1,
   (1, 2) = - 3*t + 2*t/(-c^2*t^2)^(1/2)*exp((-c^2*t^2\
)^(1/2)) - 2*t/(-c^2*t^2)^(1/2)/exp((-c^2*t^2)^(1/2))\
,

   ...
                  2  2 1/2
         exp((- c  t )   )                    1
   (4, 4) = ------------------- + ---------------------
                  2                       2  2 1/2
                                   2 exp((- c  t )   )
)
```

Als nächstes sollen die Teilausdrücke `(-c^2*t^2)^(1/2)` vereinfacht werden. Wegen der Mehrdeutigkeit von Wurzeln wird die Wurzel eines Quadrates nicht automatisch vereinfacht. Mit den Befehlen

```
>> assume(c >= 0): assume(t >= 0):
```

wird MuPAD mitgeteilt, dass c und t als nicht-negative reelle Zahlen behandelt werden sollen (Abschnitt 9.3). Nun können die Wurzeln vereinfacht werden:

```
>> simplify((-c^2*t^2)^(1/2))

                        I c t
```

Die Funktion **simplify** wird auf alle Einträge der Matrix B angewendet:

```
>> B := map(B, simplify)

array(1..4, 1..4,
  (1, 1) = 1,
  (1, 2) = 1/c/t*exp(-I*c*t)*(2*I*t - 2*I*t*exp(2*I*c\
*t) - 3*c*t^2*exp(I*c*t)),
    ...

            exp(-I c t) (exp(2 I c t) + 1)
  (4, 4) = -------------------------------
                          2
)
```

Nun sollen die komplexen Exponentialausdrücke in trigonometrische Ausdrücke umgeschrieben werden. Dies wird mit der Funktion **rewrite** (Abschnitt 9.1) erreicht. Durch Angabe der „Zielfunktionen" **sincos** wird **exp** durch **sin** und **cos** ausgedrückt:

```
>> B := map(B, rewrite, sincos):
```

Die Matrix B sieht jetzt sogar noch komplizierter aus, z. B.:

```
>> B[4, 4]

((cos(c t) - I sin(c t)) (cos(2 c t) + I sin(2 c t) +

   1)) / 2
```

Als letzter Schritt wird die Hintereinanderschaltung der Funktionen **simplify** und **expand** auf alle Komponenten der Matrix B angewendet. Hierdurch ergibt sich die einfachste Form dieser Matrix:

```
>> B := map(B, simplify@expand)
```

```
+-                                                          -+
|     - 3 c t + 4 sin(c t)                    - 2 cos(c t) + 2 |
| 1, ---------------------, 6 c t - 6 sin(c t), ----------------- |
|             c                                      c         |
|                                                             |
| 0,    4 cos(c t) - 3,     6 c - 6 c cos(c t),    2 sin(c t)  |
|                                                             |
|       2 cos(c t) - 2                          sin(c t)       |
| 0,   ---------------,    - 3 cos(c t) + 4,    --------       |
|             c                                      c         |
|                                                             |
| 0,       -2 sin(c t),       3 c sin(c t),       cos(c t)     |
+-                                                          -+
```

Eine beliebige Anfangsbedingung wird im Vektor x(0) gesetzt:

```
>> x(0) := matrix([a(0), a'(0), b(0), b'(0)]):
```

Damit ergibt sich die gesuchte symbolische Lösung des Differentialgleichungssystems durch

```
>> x(t) := B*x(0):
```

Die gesuchten Lösungsfunktionen $a(t)$ und $b(t)$ mit beliebigen Anfangsbedingungen $a(0)$, $a'(0)$ (=D(a)(0)), $b(0)$, $b'(0)$ (=D(b)(0)) sind:

```
>> a(t) := expand(x(t)[1])
```

```
a(0) - 3 t D(a)(0) + 6 c t b(0) - 6 sin(c t) b(0) +


  2 D(b)(0)   2 cos(c t) D(b)(0)   4 sin(c t) D(a)(0)
  --------- - ------------------ + ------------------
      c               c                    c
```

```
>> b(t) := expand(x(t)[3])
```

```
                            2 D(a)(0)
4 b(0) - 3 cos(c t) b(0) - --------- +
                               c


  2 cos(c t) D(a)(0)   sin(c t) D(b)(0)
  ------------------ + ----------------
          c                   c
```

Zuletzt wird überprüft, ob die gefundenen Ausdrücke wirklich die Differentialgleichungen erfüllen:

```
>> expand(diff(a(t),t,t) - 2*c*diff(b(t),t)),
   expand(diff(b(t),t,t) + 2*c*diff(a(t),t) - 3*c^2*b(t))


                         0, 0
```

4.16 Polynome

Polynomberechnungen sind ein wichtiger Aufgabenbereich eines Computeralgebra-Systems. Man kann in MuPAD ein Polynom natürlich als einen Ausdruck im Sinne von Abschnitt 4.4 realisieren und die übliche Arithmetik verwenden:

```
>> PolynomAusdruck := 1 + x + x^2:
>> expand(PolynomAusdruck^2)

                    2       3       4
            2 x + 3 x  + 2 x  + x  + 1
```

Es gibt in MuPAD jedoch einen speziellen Datentyp DOM_POLY und darauf operierende Kern- und Bibliotheksfunktionen, mit denen solche Rechnungen einfacher und effizienter durchgeführt werden können.

4.16.1 Definition von Polynomen

Die Erzeugung eines MuPAD-Polynoms geschieht mit der Systemfunktion poly:

```
>> poly(1 + 2*x + 3*x^2)

                    2
          poly(3 x  + 2 x + 1, [x])
```

Hierbei wird der Ausdruck $1 + 2x + 3x^2$ (vom Domain-Typ DOM_EXPR) an poly übergeben, welches diesen Ausdruck in ein neues Objekt vom Domain-Typ DOM_POLY umwandelt. Die Angabe der Unbestimmten

[x] ist dabei ein fester Bestandteil dieses Datentyps. Dies wird relevant, wenn zwischen Unbestimmten und (symbolischen) Koeffizienten unterschieden werden muss. Soll z. B. der Ausdruck $a_0 + a_1\, x + a_2\, x^2$ als Polynom in x mit den Koeffizienten a_0, a_1, a_2 aufgefasst werden, so liefert die obige Form des Aufrufs von poly nicht das gewünschte Resultat:

```
>> poly(a0 + a1*x + a2*x^2)

                 2
        poly(a2 x  + a1 x + a0, [a2, a1, x, a0])
```

Dieses Ergebnis stellt kein Polynom in x dar, sondern ist ein „multivariates Polynom" in den vier Variablen x, a_0, a_1, a_2. Die Unbestimmten (Variablen) eines Polynoms können in Form einer Liste an poly übergeben werden, worauf dann alle anderen symbolischen Bezeichner im übergebenen Ausdruck als symbolische Koeffizienten angesehen werden:

```
>> poly(a0 + a1*x + a2*x^2, [x])

                 2
        poly(a2 x  + a1 x + a0, [x])
```

Wenn die Liste mit Unbestimmten nicht angegeben wird, so ermittelt poly mittels der Funktion indets die symbolischen Bezeichner des Ausdrucks, welche dann als die Unbestimmten des Polynoms interpretiert werden:

```
>> indets(a0 + a1*x + a2*x^2, PolyExpr)

                {x, a0, a1, a2}
```

Die Unterscheidung zwischen Unbestimmten und Koeffizienten wirkt sich unter Anderem auf die Ausgabe des Polynoms aus:

```
>> Ausdruck := 1 + x + x^2 + a*x + PI*x^2 - b

                 2     2
        x - b + a x + x  + x  PI + 1

>> poly(Ausdruck, [a, x])

                 2
    poly(a x + (PI + 1) x  + x + (- b + 1), [a, x])

>> poly(Ausdruck, [x])

                 2
    poly((PI + 1) x  + (a + 1) x + (- b + 1), [x])
```

Man sieht, dass in Polynomen die Koeffizienten jeder Potenz der Unbestimmten gesammelt werden, die Terme sind stets den Exponenten nach fallend geordnet.

Statt über einen Ausdruck kann ein Polynom auch mittels einer Liste erzeugt werden, welche die nicht-trivialen Koeffizienten zusammen mit den zugehörigen Exponenten enthält. Dies ist auch die interne Darstellung, in der MuPAD Polynome speichert. Aus der Liste

$$[[a_0, n_0], [a_1, n_1], \ldots, [a_k, n_k]]$$

wird durch den Aufruf poly(Liste,[x]) das Polynom $\sum_{i=0}^{k} a_i x^{n_i}$ erzeugt:

```
>> Liste := [[1, 0], [a, 3], [b, 5]]: poly(Liste, [x])

              5    3
        poly(b x  + a x  + 1, [x])
```

Für die Erzeugung multivariater Polynome übergibt man die Exponenten als Listen von Exponenten der einzelnen Variablen:

```
>> poly([[3, [2, 1]], [2, [3, 4]]], [x, y])
```

$$poly(2\ x^3\ y^4\ +\ 3\ x^2\ y,\ [x,\ y])$$

Umgekehrt kann ein Polynom mit `poly2list` in eine Listenstruktur zurück verwandelt werden:

```
>> poly2list(poly(b*x^5 + a*x^3 + 1, [x]))
```

$$[[b,\ 5],\ [a,\ 3],\ [1,\ 0]]$$

Für abstraktere Rechnungen ist von Interesse, dass man die Koeffizienten eines Polynoms auf gewisse Mengen (mathematisch: auf einen *Ring*) einschränken kann, welche in MuPAD durch spezielle Datenstrukturen dargestellt werden. Typische Beispiele von Ringen und entsprechenden MuPAD-Domains wurden in Abschnitt 4.14 bereits vorgestellt: die ganzen Zahlen `Dom::Integer`, die rationalen Zahlen `Dom::Rational` oder der Restklassenring `Dom::IntegerMod(n)` („die ganzen Zahlen modulo n").

Der Koeffizientenring kann bei der Erzeugung eines Polynoms als Argument an `poly` übergeben werden:

```
>> poly(x + 1, [x], Dom::Integer)
```

$$poly(x + 1,\ [x],\ Dom::Integer)$$

```
>> poly(2*x - 1/2, [x], Dom::Rational)
```

$$poly(2\ x - 1/2,\ [x],\ Dom::Rational)$$

```
>> poly(4*x + 11, [x], Dom::IntegerMod(3))
```

$$poly(x + 2,\ [x],\ Dom::IntegerMod(3))$$

Im letzten Beispiel beachte man, dass die Koeffizienten automatisch gemäß der Rechenregeln der ganzen Zahlen modulo 3 vereinfacht wurden:[18]

```
>> 4 mod 3, 11 mod 3
```

$$1, 2$$

Im folgenden Beispiel konvertiert `poly` die Koeffizienten auf den angegebenen Bereich der Gleitpunktzahlen:

```
>> poly(PI*x - 1/2, [x], Dom::Float)
```

```
poly(3.141592654 x - 0.5, [x], Dom::Float)
```

Wird kein Koeffizientenring angegeben, so wird standardmäßig der Ring `Expr` benutzt, der für beliebige MuPAD-Ausdrücke steht. In diesem Fall können symbolische Bezeichner als Koeffizienten verwendet werden:

```
>> Polynom := poly(a + x + b*y, [x, y]); op(Polynom)
```

```
poly(x + b y + a, [x, y])
```

```
a + x + b y, [x, y], Expr
```

Wir halten fest, dass ein MuPAD-Polynom aus drei Teilen besteht:

1. einem polynomialen Ausdruck der Form $\sum a_{i_1 i_2..} \, x_1^{i_1} x_2^{i_2} \cdots$,

2. einer Liste von Unbestimmten $[x_1, x_2, \ldots]$,

3. dem Koeffizientenring.

Dies sind die drei Operanden eines MuPAD-Polynoms p, auf die mit `op(p, 1)`, `op(p, 2)` bzw. `op(p, 3)` zugegriffen werden kann. Die Umwandlung eines Polynoms in einen mathematisch äquivalenten Ausdruck vom Domain-Typ `DOM_EXPR` kann dementsprechend durch

---

[18] Dieser Koeffizientenring hätte auch in der Form `poly(4*x+11,[x],IntMod(3))` übergeben werden können, wobei als Repräsentanten der ganzen Zahlen modulo 3 nicht wie bei `Dom::IntegerMod(3)` die Zahlen $0, 1, 2$, sondern $-1, 0, 1$ benutzt werden. Die Arithmetik ist bei Benutzung von `IntMod(3)` schneller.

```
>> Ausdruck := op(Polynom, 1):
```

geschehen. Man sollte jedoch die Systemfunktion **expr** vorziehen, welche diverse Domain-Typen wie z. B. Polynome oder Reihen in Ausdrücke konvertiert:

```
>> Polynom := poly(x^3 + 5*x + 3)


                          3
              poly(x  + 5 x + 3, [x])

>> op(Polynom, 1) = expr(Polynom)


                  3               3
          5 x + x  + 3 = 5 x + x  + 3
```

4.16.2 Rechnen mit Polynomen

Mit der Funktion **degree** kann der Grad eines Polynoms bestimmt werden:

```
>> p := poly(1 + x + a*x^2*y, [x, y]):
>> degree(p, x), degree(p, y)


                      2, 1
```

Übergibt man nicht den Namen einer Unbestimmten als zweites Argument, so liefert **degree** den „totalen Grad":

```
>> degree(p), degree(poly(x^27 + x + 1))


                     3, 27
```

Die Funktion **coeff** dient dazu, einzelne Koeffizienten eines Polynoms zu extrahieren:

```
>> p := poly(1 + a*x + 7*x^7, [x]):
>> coeff(p, 1), coeff(p, 2), coeff(p, 8)


                    a, 0, 0
```

Bei multivariaten Polynomen ergibt sich der Koeffizient einer Potenz einer Unbestimmten als ein Polynom in den restlichen Unbestimmten:

```
>> p := poly(1 + x + a*x^2*y, [x, y]):
>> coeff(p, y, 0), coeff(p, y, 1)
```

$$poly(x + 1, [x]), \quad poly(a\ x^2, [x])$$

Die Standardoperatoren +, -, * und ^ können für die übliche Polynomarithmetik verwendet werden:

```
>> p := poly(1 + a*x^2, [x]): q := poly(b + c*x, [x]):
>> p + q, p - q, p*q, p^2
```

$$poly(a\ x^2 + c\ x + (b + 1), [x]),$$

$$poly(a\ x^2 + (-c)\ x + (- b + 1), [x]),$$

$$poly((a\ c)\ x^3 + (a\ b)\ x^2 + c\ x + b, [x]),$$

$$poly(a^2\ x^4 + (2\ a)\ x^2 + 1, [x])$$

Für die „Division mit Rest" steht die Funktion **divide** zur Verfügung:

```
>> p := poly(x^3 + 1): q := poly(x^2 - 1): divide(p, q)
```

$$poly(x, [x]), \quad poly(x + 1, [x])$$

Das Ergebnis ist eine Folge mit zwei Operanden: dem Quotienten und dem Rest der Division. Mit

```
>> quotient := op(divide(p, q), 1):
   rest     := op(divide(p, q), 2):
```

gilt **p = quotient * q + rest**:

```
>> quotient*q + rest
```

$$poly(x^3 + 1, [x])$$

Das mit **rest** bezeichnete Polynom hat einen niedrigeren Polynomgrad als q, wodurch die Zerlegung des p = quotient * q + rest eindeutig festgelegt ist. Die Division zweier Polynome durch den üblichen Divisionsoperator / ist nur in den Spezialfällen sinnvoll, in denen der von **divide** gelieferte Rest verschwindet:

```
>> p := poly(x^2 - 1): q := poly(x - 1): p/q
```

$$poly(x + 1, [x])$$

```
>> p := poly(x^2 + 1): q := poly(x - 1): p/q
```

```
                  FAIL
```

Man beachte, dass die Arithmetik nur Polynome exakt gleichen Typs verknüpft:

```
>> poly(x + y, [x, y]) + poly(x^2, [x, y]),
   poly(x) + poly(x, [x], Expr)
```

$$poly(x^2 + x + y, [x, y]), poly(2 x, [x])$$

Sowohl die Liste der Unbestimmten als auch der Koeffizientenring müssen übereinstimmen, anderenfalls wird die Eingabe als symbolischer Ausdruck zurückgeliefert:

```
>> poly(x + y, [x, y]) + poly(x^2, [x])
```

$$poly(x^2, [x]) + poly(x + y, [x, y])$$

```
>> poly(x) + poly(x, Dom::Integer)
```

$$poly(x, [x]) + poly(x, [x], Dom::Integer)$$

Die Polynomarithmetik berücksichtigt den Koeffizientenring und führt
Additionen und Multiplikationen nach den Rechenregeln des Ringes
aus:

```
>> p := poly(4*x + 11, [x], Dom::IntegerMod(3)):
>> p; p + p; p*p
```

```
          poly(x + 2, [x], Dom::IntegerMod(3))


        poly(2 x + 1, [x], Dom::IntegerMod(3))


              2
        poly(x  + x + 1, [x], Dom::IntegerMod(3))
```

Der Standardoperator * für die Multiplikation eines Polynoms mit einem Skalar funktioniert nicht unmittelbar, sondern erst nach Umwandlung des skalaren Faktors in ein Polynom:

```
>> p := poly(x^2 + y):
>> Skalar*p; poly(Skalar, op(p, 2..3))*p
```

```
                    2
            poly(x  + y, [x, y]) Skalar


                    2
        poly(Skalar x  + Skalar y, [x, y])
```

Hierbei wird durch Übergabe von op(p, 2..3) (= [x, y], Expr) sichergestellt, dass das vom skalaren Faktor erzeugte Polynom vom selben
Typ ist wie p. Alternativ kann die Funktion multcoeffs verwendet
werden, welche die Polynomkoeffizienten mit dem skalaren Faktor multipliziert:

```
>> multcoeffs(p, Skalar)
```

```
                    2
        poly(Skalar x  + Skalar y, [x, y])
```

Mittels `mapcoeffs` kann eine beliebige Funktion **f** auf die Koeffizienten angewendet werden:

```
>> p := poly(2*x^2 + 3*y): mapcoeffs(p, f)

                          2
              poly(f(2) x  + f(3) y, [x, y])
```

Dies erlaubt eine weitere Form der Multiplikation mit einem Skalar:

```
>> mapcoeffs(p, _mult, Skalar)

                        2
        poly((2 Skalar) x  + (3 Skalar) y, [x, y])
```

Eine weitere wichtige Operation ist die Auswertung eines Polynoms an einer bestimmten Stelle (Berechnung des Funktionswerts). Dies kann mit der Funktion `evalp` geschehen:

```
>> p := poly(x^2 + 1, [x]):
   evalp(p, x = 2), evalp(p, x = x + y)

                          2
               5, (x + y)  + 1
```

Diese Berechnung ist auch für multivariate Polynome zulässig und gibt ein Polynom in den verbleibenden Unbestimmten oder (bei nur einer Unbestimmten) ein Element des Koeffizientenringes zurück:

```
>> p := poly(x^2 + y):
>> q := evalp(p, x = 0); evalp(q, y = 2)

                    poly(y, [y])

                          2
```

Man kann ein Polynom aber auch als Funktion der Unbestimmten auffassen und das Polynom an einer Stelle aufrufen:

```
>> p(2, z)

                        z + 4
```

Eine Reihe von MuPAD-Funktionen akzeptiert Polynome als Eingabe. Eine wichtige Operation ist die Faktorisierung, welche gemäß der Rechenregeln des Koeffizientenringes durchgeführt wird. Mit der Funktion **factor** kann man Polynome faktorisieren:

```
>> factor(poly(x^3 - 1))

                              2
       poly(x - 1, [x]) poly(x  + x + 1, [x])
```

```
>> factor(poly(x^2 + 1, Dom::IntegerMod(2)))

                                        2
       poly(x + 1, [x], Dom::IntegerMod(2))
```

Mit **D** können Polynome differenziert werden:

```
>> D(poly(x^7 + x + 1))

                    6
           poly(7 x  + 1, [x])
```

Auch MuPADs Differenzierer **diff** kann in der Form **diff(Polynom, x)** benutzt werden.

Man kann Polynome mit **int** integrieren:

```
>> p := poly(x^7 + x + 1): int(p, x)

                 8         2
       poly(1/8 x  + 1/2 x  + x, [x])
```

Die Funktion **gcd** (englisch: *greatest common divisor*) berechnet den *größten gemeinsamen Teiler* von Polynomen:

```
>> p := poly((x + 1)^2*(x + 2)):
>> q := poly((x + 1)*(x + 2)^2):
>> factor(gcd(p, q))

       poly(x + 2, [x]) poly(x + 1, [x])
```

Die interne Darstellung eines Polynoms berücksichtigt nur diejenigen Potenzen der Unbestimmten, deren Koeffizient ungleich 0 ist. Dies ist besonders bei „dünnbesetzten" Polynomen hohen Grades mit nur wenigen Termen vorteilhaft und beschleunigt die Arithmetikoperationen. Die Anzahl der nichttrivialen Terme eines Polynoms wird durch `nterms` (englisch: *number of terms*) geliefert. Durch `nthmonomial` können die einzelnen Monome (das Produkt aus Koeffizient und Potenz der Unbekannten) extrahiert werden, `nthcoeff` und `nthterm` liefern den jeweiligen Koeffizienten bzw. die Potenz der Unbekannten:

```
>> p := poly(a*x^100 + b*x^10 + c, [x]):
>> nterms(p), nthmonomial(p, 2),
   nthcoeff(p, 2), nthterm(p, 2)

                  10                      10
        3, poly(b x  , [x]), b, poly(x  , [x])
```

Es folgt eine Zusammenfassung der angesprochenen Polynomoperationen:

`+, -, *, ^`	:	Arithmetik
`coeff`	:	Extrahieren der Koeffizienten
`degree`	:	Polynomgrad
`diff, D`	:	Differentiation
`divide`	:	Division mit Rest
`evalp`	:	Berechnung des Funktionswerts
`expr`	:	Konvertierung in einen Ausdruck
`factor`	:	Faktorisierung
`gcd`	:	größter gemeinsamer Teiler
`mapcoeffs`	:	Anwendung einer Funktion
`multcoeffs`	:	skalare Multiplikation
`nterms`	:	Anzahl nichttrivialer Koeffizienten
`nthcoeff`	:	*n*-ter Koeffizient
`nthmonomial`	:	*n*-tes Monom
`nthterm`	:	*n*-ter Term
`poly`	:	Erzeugung von Polynomen
`poly2list`	:	Konvertierung in eine Liste

Im Abschnitt „Polynome" der MuPAD-Kurzreferenz [OG 02] sind weitere Funktionen der Standardbibliothek aufgelistet. In der Bibliothek **groebner** sind Funktionen für die Behandlung von durch multivariate Polynome erzeugten Idealen installiert (**?groebner**).

Aufgabe 4.42: Betrachten Sie die Polynome $p = x^7 - x^4 + x^3 - 1$ und $q = x^3 - 1$. Berechnen Sie $p - q^2$! Ist p durch q teilbar? Faktorisieren Sie p und q!

Aufgabe 4.43: Ein Polynom heißt irreduzibel (über einem Koeffizientenkörper), wenn es nicht als Produkt mehrerer nichtkonstanter Polynome faktorisiert werden kann. Mit Hilfe der Funktion **irreducible** kann die Irreduzibilität geprüft werden. Bestimmen Sie alle irreduziblen Polynome $a\,x^2 + b\,x + c$, $a \neq 0$ zweiten Grades über dem Körper der ganzen Zahlen modulo 3!

4.17 Intervallarithmetik

Mit MuPAD Version 2.5 wurde der neue Kerndatentyp DOM_INTERVAL eingeführt. Objekte diesen Typs stellen reelle oder komplexe Gleitpunktintervalle dar. Damit lässt sich eines der fundamentalen Probleme der Gleitpunktarithmetik abschätzbar und kontrollierbar machen: Rundungsfehler.

Die grundsätzliche Idee ist wie folgt: Man betrachte (Gleitpunkt-) Zahlen x_1, x_2 etc., von denen man nur weiß, dass sie in gegebenen Intervallen X_1, X_2 etc. liegen. Man möchte nun eine garantierte Aussage haben, in welchem Intervall Y der Werte $y = f(x_1, x_2, \ldots)$ einer gegebenen Funktion f liegt. Mathematisch ist nach der Bildmenge

$$Y = f(X_1, X_2, \ldots) = \{f(\xi_1, \xi_2, \ldots); \ \xi_1 \in X_1; \ \xi_2 \in X_2; \ \ldots\}$$

gefragt. Eine *exakte* Berechnung ist eine Herausforderung, die nur in einfachen Fällen zu bewältigen ist. In der Tat ist es viel zu ehrgeizig, nach einer exakten Angabe der Bildmenge zu fragen, wenn die Funktionsauswertung (der „Algorithmus") über schnelle und speicherplatzeffiziente Gleitpunktarithmetik geschehen soll. Daher wird in der so genannten „Intervallarithmetik" die Funktion f durch einen Intervallalgorithmus $\hat{f}$ ersetzt, der eine berechenbare Bildmenge $\hat{f}(X_1, X_2, \ldots)$

erzeugt, von der man garantieren kann, dass sie die exakte Bildmenge von f überdeckt:

$$f(X_1, X_2, \ldots) \subset \hat{f}(X_1, X_2, \ldots).$$

Stellt man sich die Intervalle X_1, X_2 etc. als die Rundungsungenauigkeiten der Gleitpunktzahlen x_1, x_2 etc. vor, so liefert die Intervallversion $\hat{f}$ der Funktion f verifizierte untere und obere Schranken für das Ergebnis der Berechnung von $y = f(x_1, x_2, \ldots)$, in dem sich die Rundungsfehler von x_1, x_2 etc. fortgepflanzt haben. Ebenso können die Intervalle auch Ungenauigkeiten in physikalischen Messungen repräsentieren oder eine andere Interpretation haben („angenommen, dieser Parameter liegt zwischen 1 und 2 . . .“). In diesem Kontext liefert die Auswertung $\hat{f}(X_1, X_2, \ldots)$ ein Intervall, das *alle* möglichen Ergebnisse enthält – mit der Sicherheit eines mathematischen Beweises.

In MuPAD Version 2.5 werden Gleitpunktintervalle mit der Funktion hull oder dem äquivalenten Operator . . . aus exakten numerischen Objekten oder Gleitpunktzahlen erzeugt:

```
>> X1 := hull(PI)

                 3.141592653 ... 3.141592654
```

```
>> X2 := cos(7*PI/9) ... cos(13*PI/9)

                 -0.7660444432 ... -0.1736481776
```

Komplexe Intervalle sind rechteckige Gebiete in der komplexen Ebene, die durch ein Intervall für den Realteil und ein Intervall für den Imaginärteil gegeben sind. In der Eingabe mittels hull oder . . . können auch die Eckpunkte des Rechtecks „links unten“ und „rechts oben“ angegeben werden:

```
>> X3 := (2 - 3*I) ... (4 + 5*I)

                 (2.0 ... 4.0) + (-3.0 ... 5.0) I
```

MuPAD-Funktionen, die Intervallarithmetik unterstützen, sind sowohl die arithmetischen Grundoperationen +, -, *, /, ^ als auch die meisten der speziellen Funktionen wie sin, cos, exp, ln, abs etc.:

```
>> X1^2 + X2

            9.103559957 ... 9.695956224
```

```
>> X1 - I*X2 + X3

  (5.141592653 ... 7.141592654) +

    (-2.826351823 ... 5.766044444) I
```

```
>> sin(X1) + exp(abs(X3))

            7.389056098 ... 148.4131592
```

Teilt man durch ein Intervall, das die 0 enthält, so ergibt sich ein unendliches Intervall. Die Objekte RD_INF und RD_NINF (englisch: *"rounded infinity"* bzw. *"rounded negative infinity"*) stellen die Werte $\pm\infty$ in einem Intervallkontext dar:

```
>> sin(X2^2 - 1/2)

            -0.4527492553 ... 0.08671504384
```

```
>> 1/%

  RD_NINF ... -2.208728094 union 11.53202438 ... RD_INF
```

Diese Beispiel zeigt auch, dass die Arithmetik „symbolische" Vereinigungen von Gleitpunktintervallen liefern kann, die technisch aber immer noch vom Typ DOM_INTERVAL sind.

```
>> domtype(%)

            DOM_INTERVAL
```

In der Tat können die Operatoren **union** und **intersect** zum Vereinigen bzw. Schneiden von Mengen auch für Intervalle benutzt werden:

```
>> X1 union X2^2

 0.03015368960 ... 0.5868240889 union

   3.141592653 ... 3.141592654

>> cos(X1*X2) intersect X2

            -0.7418354081 ... -0.1736481776
```

Symbolische Objekte wie **Bezeichner** (Abschnitt 4.3) und Gleitpunktintervalle können gemischt werden. Die Funktion **interval** ersetzt alle numerischen Teilausdrücke eines Ausdrucks (Abschnitt 4.4) durch Gleitpunktintervalle:

```
>> interval(2*x^2 + PI)

             2
   (2.0 ... 2.0) x  + (3.141592653 ... 3.141592654)
```

In MuPAD stehen alle Bezeichner implizit für beliebige *komplexe* Werte. Dementsprechend ersetzt die Funktion **hull** den Bezeichner **x** durch das Intervall, das die gesamte komplexe Ebene darstellt:

```
>> hull(%)

   (RD_NINF ... RD_INF) + (RD_NINF ... RD_INF) I
```

Hierbei werden einige Eigenschaften (Abschnitt 9.3) berücksichtigt (aber nicht alle):

```
>> assume(x > 0): hull(x);

                0.0 ... RD_INF
```

Es gibt eine Reihe spezialisierter Funktionen für die Intervallarithmetik, die dem Kerndatentyp **DOM_INTERVAL** als Methoden angeheftet sind. Insbesondere kann der Mittelpunkt und die Breite eines Intervalls

oder einer Vereinigung von Intervallen mittels `DOM_INTERVAL::center`
bzw. `DOM_INTERVAL::width` ermittelt werden:

```
>> DOM_INTERVAL::center(2 ... 5 union 7 ... 9)

                        5.5

>> DOM_INTERVAL::width(2 ... 5 union 7 ... 9)

                        7.0
```

Die Hilfeseite von `DOM_INTERVAL` liefert einen überblick über die zur
Verfügung stehenden Methoden.

Weiterhin gibt es einen in der MuPAD Sprache implementierten Bibliotheksdatentyp `Dom::FloatIV` für Gleitpunktintervalle, der aber
nur eine „Fassade" für den in `C++` implementierten Kerndatentyp
`DOM_INTERVAL` darstellt. Er wird benötigt, um Gleitpunktintervalle
in „Behältern" wie z. B. Matrizen (Abschnitt 4.15) oder Polynomen
(Abschnitt 4.16) einzubetten. Diese Behälter erfordern die Angabe eines Koeffizientenbereichs, der die mathematischen Eigenschaften eines Rings haben muss. Damit Gleitpunktintervalle in solche Behälter
eingebettet werden können, wurde dem Domain `Dom::FloatIV` eine
Reihe mathematischer Attribute („Kategorien", englisch: *categories*)
zugestanden:

```
>> Dom::FloatIV::allCategories()

          [Cat::Field, ..., Cat::Ring, ...]
```

Speziell wird die Menge aller Gleitpunktintervalle also nicht nur als ein
Ring, sondern sogar als ein Körper (englisch: *field*) angesehen. Streng
genommen lassen sich Gleitpunktintervalle nicht wirklich in diese mathematischen Kategorien einordnen. Beispielsweise liefert die Subtraktion eines Intervalls von sich selbst

```
>> (2 ... 3) - (2 ... 3)

                    -1.0 ... 1.0
```

ein Intervall, das sich nicht als Null (das neutrale Element bezüglich
der Addition) interpretieren lässt. Pragmatisch wurden die mathema-

tischen Attribute trotzdem gesetzt, um Intervallrechnungen für Matrizen, Polynome etc. zu ermöglichen.

Als Beispiel betrachten wir die Inverse einer **Hilbert-Matrix** (siehe auch Aufgabe 4.38). Diese Matrizen sind für ihre schlechte Konditionierung berüchtigt: Sie lassen sich durch Gleitpunktrechnungen praktisch nicht invertieren. Für die 8×8 Hilbert-Matrix ist die numerische „Konditionszahl" (das Verhältnis des größten zum kleinsten Eigenwert):

```
>> A := linalg::hilbert(8):
   ev := numeric::eigenvalues(A):
   max(op(ev))/min(op(ev))
```

$$15257578954.0$$

Grob vereinfachend bedeutet dies, dass bei Invertierung durch einen beliebigen Gleitpunktalgorithmus *prinzipiell* der Verlust von etwa 10 Dezimalstellen relativer Genauigkeit zu erwarten ist:

```
>> log(10, %)
```

$$10.18348563$$

Dementsprechend wird bei kleinen Werten von **DIGITS** die Inverse wesentlich von numerischen Rundungsfehlern dominiert sein. In der Tat, nach Konvertierung von **A** in eine Matrix von Gleitpunktintervallen kann der generische Invertierungsalgorithmus für Matrizen verwendet werden und liefert:

```
>> B := Dom::Matrix(Dom::FloatIV)(A)^(-1)

      array(1..8, 1..8,
        (1, 1) = -100.5487668 ... 228.5487668,
          ...
        (3, 2) = -959818.6352 ... -945301.3647,
          ...
        (8, 8) = 176678317.6 ... 176680402.4
      )
```

Jeder Eintrag der Inversen liegt *garantiert* in dem jeweils berechneten Intervall. Die $(8,8)$-Komponente der Inversen ist zwar auf die führenden 4 Dezimalstellen genau bestimmt, über die $(1,1)$-Komponente

kann man aber nur aussagen, dass sie irgendwo zwischen $-100.5\ldots$
und $228.5\ldots$ liegt. Man beachte jedoch hierbei, dass der generische Invertierungsalgorithmus für Matrizen dazu tendiert, die Intervalllängen
drastisch zu überschätzen. Eine numerische Rechnung mit „normalen"
Gleitpunktzahlen könnte durchaus genauere Werte liefern, wobei sich
aber am Ergebnis keinerlei Angaben über die Genauigkeit ablesen lie
ßen. Die exakten Werte der Inversen stehen in MuPAD ebenfalls zur
Verfügung (inverse Hilbert-Matrizen sind ganzzahlig):

```
>> C := linalg::invhilbert(8)

            array(1..8, 1..8,
              (1, 1) = 64,
                  ...
              (3, 2) = -952560,
                  ...
              (8, 8) = 176679360
            )
```

Intervalle bieten die Möglichkeit, mit dem Operator in zu prüfen, ob
eine Zahl im Intervall liegt. Wir verwenden hier zip (Abschnitt 4.15.2),
um für alle Einträge der exakten Inversen C zu prüfen, ob diese Zahlen
wirklich in den in B gespeicherten Intervallen liegen. Der folgende Befehl verwandelt die Matrizen per op in Listen aller Einträge. Die beiden
Listen werden dann per zip zu einer einzigen Liste zusammengefügt,
die aus den Ergebnissen von bool(C[i,j] in B[i,j]) besteht:

```
>> zip([op(C)], [op(B)], (c, b) -> bool(c in b))

       [TRUE, TRUE, TRUE, TRUE, ..., TRUE]
```

4.18 Null-Objekte: null(), NIL und FAIL

Es gibt verschiedene Objekte, die in MuPAD das „Nichts" darstellen. Zunächst existiert die durch null() erzeugte „leere Folge" vom
Domain-Typ DOM_NULL, welche keinerlei Ausgabe auf dem Bildschirm
erzeugt. Systemfunktionen wie reset (Abschnitt 14.3) oder print
(Abschnitt 13.1.1), die keine mathematisch sinnvollen Werte zurückliefern können, liefern dieses MuPAD-Objekt:

```
>> a := reset(): b := print("hallo"):
```

```
                      "hallo"
```

```
>> domtype(a), domtype(b)
```

```
               DOM_NULL, DOM_NULL
```

Das Objekt null() ist speziell im Umgang mit Folgen (Abschnitt 4.5) nützlich. Weil es automatisch aus Folgen entfernt wird, kann es beispielsweise dazu benutzt werden, gezielt Einträge aus Folgen zu entfernen:

```
>> delete a, b, c: Folge := a, b, c:
   Folge := eval(subs(Folge, b = null()))
```

```
                      a, c
```

Hierbei wurde der Substitutionsbefehl **subs** (Kapitel 6) verwendet, um b durch null() zu ersetzen.

Das von null() verschiedene MuPAD-Objekt NIL hat intuitiv die Bedeutung „kein Wert". Einige Systemfunktionen liefern das NIL-Objekt, wenn sie mit Parametern aufgerufen werden, für die nichts zu berechnen ist. Ein typisches Beispiel ist die Funktion _if, die intuitiver in der Form einer if-Abfrage aufgerufen werden kann (Kapitel 17):

```
>> Bedingung := FALSE: if Bedingung then x := 1 end_if
```

```
                       NIL
```

Uninitialisierte lokale Variablen und Aufrufparameter von MuPAD-Prozeduren haben ebenfalls den Wert NIL (Abschnitt 18.4).

Das MuPAD-Objekt FAIL hat die intuitive Bedeutung „es konnte kein Wert gefunden werden". Es wird von Systemfunktionen zurückgeliefert, wenn den Eingabeparametern kein sinnvolles Ergebnis zugeordnet werden kann. Im folgenden Beispiel soll die Inverse einer singulären Matrix berechnet werden:

```
>> A := matrix([[1, 2], [2, 4]])

                        +-      -+
                        |  1, 2  |
                        |        |
                        |  2, 4  |
                        +-      -+
```

```
>> A^(-1)

                          FAIL
```

Ein weiteres Objekt mit ähnlicher Bedeutung ist undefined. Die Mu-PAD-Funktion limit zum Beispiel gibt dieses Objekt zurück, wenn der zu berechnende Grenzwert nicht existiert:

```
>> limit(1/x, x = 0)

                        undefined
```

Arithmetische Operationen mit undefined liefern wieder undefined:

```
>> undefined + 1, 2^undefined

                   undefined, undefined
```

5. Auswertung und Vereinfachung

5.1 Bezeichner und ihre Werte

Man betrachte:

```
>> delete x, a: y := a + x
```

$$a + x$$

Da die Bezeichner a und x nur für sich selbst stehen, ist der „Wert" von y der symbolische Ausdruck a + x. Sie müssen genau zwischen dem Bezeichner y und seinem Wert unterscheiden: Als *Wert* eines Bezeichners soll dasjenige MuPAD-Objekt bezeichnet werden, welches das System durch Auswertung und Vereinfachung der rechten Seite der Zuweisung `Bezeichner:=Wert` *zum Zeitpunkt der Zuweisung* berechnet.

Man beachte aber, dass im obigen Beispiel der Wert von y aus den symbolischen Bezeichnern a und x zusammengesetzt ist, denen zu einem späteren Zeitpunkt Werte zugewiesen werden können. Weisen wir etwa dem Bezeichner a den Wert 1 zu, so wird a im Ausdruck a + x durch seinen Wert 1 ersetzt, und wir erhalten beim Aufruf von y als Ergebnis x + 1:

```
>> a := 1: y
```

$$x + 1$$

Man sagt, die *Auswertung* des Bezeichners y liefert das Ergebnis x + 1, aber der *Wert* von y ist weiterhin der Ausdruck a + x:

> Man hat zu unterscheiden zwischen dem Bezeichner, seinem
> Wert und seiner Auswertung: Der Wert bezeichnet die Auswer-

tung zum Zeitpunkt der Zuweisung, *eine spätere* Auswertung *liefert einen eventuell anderen „momentanen Wert".*

Weisen wir nun noch x den Wert 2 zu, so werden sowohl a als auch x bei einer erneuten Auswertung durch ihre Werte ersetzt. Als Ergebnis erhält man also die Summe 2 + 1, die von MuPAD automatisch zu 3 zusammengefasst wird:

```
>> x := 2: y

                    3
```

Die *Auswertung* von y liefert demnach nun die Zahl 3, während sein *Wert* immer noch a + x ist.

Es ist gerechtfertigt, als Wert von y das Ergebnis zum Zeitpunkt der Zuweisung zu bezeichnen. Setzt man nämlich im obigen Beispiel die Bezeichner a und x wieder zurück, so erhält man als Auswertung den ursprünglichen Wert von y, der unmittelbar nach der Zuweisung vorlag:

```
>> delete a, x: y

                   a + x
```

Folgendes passiert, wenn a oder x bereits einen Wert haben, *bevor* y der Ausdruck a + x zugewiesen wird:

```
>> x := 1: y := a + x: y

                   a + 1
```

Zum Zeitpunkt der Zuweisung erhält y hier als Wert die Auswertung von a + x, also a + 1. In der Tat ist dies nun der Wert von y, der keine Referenz auf x hat:

```
>> delete x: y

                   a + 1
```

Es folgen einige weitere Beispiele für diesen Mechanismus. Zunächst wird x die rationale Zahl 1/3 zugewiesen, dann wird dem Bezeichner Liste das Listenobjekt [x, x^2, x^3] zugewiesen. Bei der Zuweisung wird die rechte Seite ausgewertet, womit der Bezeichner x automatisch vom System durch seinen Wert ersetzt wird. Zum Zeitpunkt der Zuweisung erhält der Bezeichner `Liste` damit den Wert [1/3, 1/9, 1/27], nicht [x, x^2, x^3]:

```
>> x := 1/3: Liste := [x, x^2, x^3]

                    [1/3, 1/9, 1/27]

>> delete x: Liste

                    [1/3, 1/9, 1/27]
```

Derselbe Auswertungsmechanismus gilt auch bei symbolischen Funktionsaufrufen:

```
>> delete f: y := f(PI)

                         f(PI)
```

Nach einer Zuweisung von `f`

```
>> f := sin:
```

erhält man die Auswertung:

```
>> y

                           0
```

Hierbei wurde für `f` der Wert des Bezeichners `sin` eingesetzt. Dieser Wert ist eine Prozedur, die den ihr einprogrammierten Algorithmus durchläuft und dabei `sin(PI)` als 0 zurückgibt.

5.2 Vollständige, unvollständige und erzwungene Auswertung

Betrachten wir noch einmal das erste Beispiel des letzten Abschnitts, wo dem Bezeichner `y` der Ausdruck `a + x` zugewiesen wurde, wobei `a` und `x` keinen Wert hatten:

```
>> delete a, x: y := a + x: a := 1: y

                        x + 1
```

Es soll nun etwas genauer erläutert werden, wie die letzte Auswertung von MuPAD vorgenommen wurde.

Zunächst („level 1") wird der Wert a+x von y betrachtet. Da dieser Wert selbst Bezeichner x und a erhält, ist ein weiterer Schritt („level 2") der Evaluierung notwendig, wo die Werte dieser Bezeichner angefordert werden. Es wird festgestellt, dass a den Wert 1 hat, während x keinen Wert besitzt (und damit mathematisch eine Unbestimmte repräsentiert). Nun können diese Ergebnisse von der Arithmetik zu x+1 verarbeitet werden, was die Auswertung von y liefert. Die Bilder 5.1-5.3 veranschaulichen diesen Prozess. Hier steht ein Rechteck für einen Bezeichner und seinen Wert (bzw. · , wenn er keinen Wert hat). Der Pfeil repräsentiert jeweils einen Schritt der Auswertung.

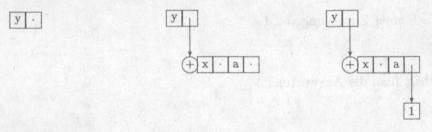

Abbildung 5.1. Der Bezeichner y ohne Wert.

Abbildung 5.2. Nach der Zuweisung y := a + x.

Abbildung 5.3. Nach der Zuweisung a := 1 erhält man als Auswertung von y schließlich x + 1.

Analog zur Darstellung symbolischer Ausdrücke durch die in Abschnitt 4.4.2 vorgestellten Darstellungsbäume kann man sich den Auswertungsprozess als *Auswertungsbaum* vorstellen, dessen Knoten durch Ausdrücke mit symbolischen Bezeichnern gegeben sind und deren Äste auf die jeweiligen Werte dieser Bezeichner zeigen. Das System durchläuft diesen Baum soweit, bis keine Bezeichner mehr gefunden werden bzw. bis sich herausgestellt hat, dass keiner der verbleibenden Bezeichner einen Wert besitzt.

Die Ebenen (englisch: *levels*) dieses Baums können vom Benutzer gezielt mittels der Systemfunktion `level` angesteuert werden. Dazu folgendes Beispiel:

```
>> delete a, b, c: x := a + b: a := b + 1: b := c:
```

Hiernach ist der Auswertungsbaum für x:

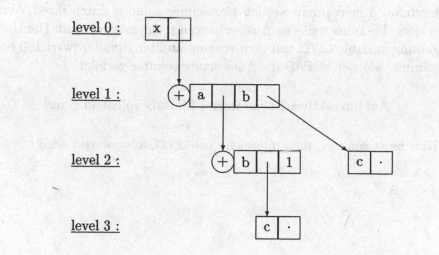

Der Bezeichner x ist die oberste Ebene (die Wurzel, Ebene 0) seines eigenen Auswertungsbaums:

```
>> level(x, 0)
```

$$x$$

Der Wert von x wird durch die nächste Ebene 1 geliefert:

```
>> level(x, 1)
```

$$a + b$$

In der folgenden Ebene 2 wird a durch seinen Wert b + 1 und b durch seinen Wert c ersetzt:

```
>> level(x, 2)
```

$$b + c + 1$$

Erst in der nächsten Ebene 3 wird das verbleibende b durch seinen
Wert c ersetzt:

```
>> level(x, 3)
```

$$2\ c + 1$$

Die beschriebene Auswertung bezeichnet man als *vollständige Auswertung*, d. h. rekursiv werden Bezeichner solange durch ihren Wert
ersetzt, bis keine weiteren Auswertungen mehr möglich sind. Die Umgebungsvariable LEVEL mit dem voreingestellten Standardwert 100 bestimmt, wie tief MuPAD die Auswertungsbäume verfolgt.

Auf interaktiver Ebene wertet MuPAD vollständig aus!

Dies heißt genauer, dass interaktiv bis LEVEL ausgewertet wird.[1]

```
>> delete a0, a1, a2: LEVEL := 2:
>> a0 := a1: a0
```

$$a1$$

```
>> a1 := a2: a0
```

$$a2$$

Bis hierher hat der Auswertungsbaum für a0 die Tiefe 2, so dass mit
dem LEVEL-Wert 2 eine vollständige Auswertung erreicht wird. Im
nächsten Schritt wird der Wert von a2 jedoch nicht mehr eingesetzt:

```
>> a2 := a3: a0
```

$$a2$$

```
>> delete LEVEL:
```

---

[1] Dies ist nicht zu verwechseln mit der Auswirkung von Aufrufen der Systemfunktionen, zu deren Funktionalität es teilweise gehört, *nicht vollständig ausgewertete
Objekte* zu liefern. Ein Beispiel ist der Substituierer subs (Kapitel 6). Der Aufruf
subs(sin(x), x = 0) liefert als Ergebnis sin(0), nicht 0! Die Funktionalität von
subs besteht darin, lediglich die Ersetzung vorzunehmen und das so entstehende
Objekt direkt ohne Auswertung zurückzuliefern.

Sollte das System feststellen, dass eine Auswertungstiefe erreicht wird, welche dem Wert der Umgebungsvariablen MAXLEVEL (mit der Voreinstellung 100) entspricht, so nimmt es an, in einer Endlosschleife zu sein. Die Auswertung wird dann mit einer Fehlermeldung abgebrochen:

```
>> MAXLEVEL := 2: a0

 Error: Recursive definition [See ?MAXLEVEL]

>> delete MAXLEVEL:
```

Es gibt einige Ausnahmen von der Regel der vollständigen Evaluierung, die jetzt vorgestellt werden:

Die Aufrufe von last(i) bzw. %i oder % (Kapitel 12) führen nicht zur Auswertung! Wir betrachten dazu das Beispiel

```
>> delete x: [sin(x), cos(x)]: x := 0:
```

Mit %2 wird auf die Liste zugegriffen, ohne dass es zu einer Auswertung kommt:

```
>> %2

                   [sin(x), cos(x)]
```

Die Auswertung kann jedoch mittels eval erzwungen werden:

```
>> eval(%)

                        [0, 1]
```

Man vergleiche dies mit den folgenden Befehlen, wo der Aufruf des Bezeichners Liste zur üblichen vollständigen Auswertung führt:

```
>> delete x: Liste := [sin(x), cos(x)]: x := 0: Liste

                        [0, 1]
```

Felder vom Domain-Typ `DOM_ARRAY` werden nur mit der Tiefe 1 ausgewertet:

```
>> delete a, b: A := array(1..2, [a, b]): b := a: a := 1:
>> A


                        +-     -+
                        | a, b |
                        +-     -+
```

Wie man sieht, wird beim Aufruf von `A` der Wert (das Feld) zurückgeliefert, die Werte von a,b werden aber nicht eingesetzt. Mit

```
>> map(A, eval)


                        +-     -+
                        | 1, 1 |
                        +-     -+
```

wird die Auswertung der Einträge erzwungen. Man beachte, dass im
Gegensatz zum obigen Verhalten ein indizierter Aufruf einzelner Komponenten vollständig evaluiert wird:

```
>> A[1], A[2]


                          1, 1
```

Auch Matrizen (z. B. vom Typ `Dom::Matrix(R)`, Abschnitt 4.15, oder
`Dom::SparseMatrix(R)`, Abschnitt 4.15.5), Tabellen (Abschnitt 4.8)
und Polynome (Abschnitt 4.16) verhalten sich so. Weiterhin wird innerhalb von Prozeduren nicht vollständig, sondern nur mit der Tiefe 1
ausgewertet (Abschnitt 18.11). Wenn dies nicht ausreicht, kann der
Programmierer die Auswertungstiefe aber mit der Funktion `level` explizit steuern.

Der Aufruf `hold(Objekt)` wirkt ähnlich wie `level(Objekt,0)` und
verhindert, dass das `Objekt` durch seinen Wert ersetzt wird. Dies kann
in vielen Situationen ein sehr erwünschter Effekt sein. Die genaueren
Unterschiede zwischen `hold` und `level( · , 0)` finden Sie auf der Hilfeseite zu `level`. Ein Beispiel, wo die frühzeitige Auswertung eines
Objektes unerwünscht ist, ist die folgende Betragsfunktion, welche für
symbolische Argumente nicht ausgewertet werden kann:

```
>> Betrag := X -> (if X >= 0 then X else -X end_if):
>> Betrag(X)
```

```
Error: Can't evaluate to boolean [_leequal];
during evaluation of 'Betrag'
```

Will man diese Funktion mittels der **plotfunc2d**-Funktion (Kapitel 11) zeichnen lassen, so ist der symbolischen Ausdruck **Betrag(X)** z. B. in der Form

```
>> plotfunc2d(Betrag(X), X = -1..1)
```

zu übergeben, was zu einer Fehlermeldung führt. Verzögert man jedoch die Auswertung von **Betrag(X)** bei der Übergabe, so liefert

```
>> plotfunc2d(hold(Betrag)(X), X = -1..1)
```

die gewünschte Graphik. Dies liegt daran, dass **plotfunc2d** intern **X** durch numerische Stützstellen ersetzt, für die sich **Betrag** dann problemlos auswerten lässt.

Ein weiteres Beispiel: Wie die meisten MuPAD-Funktionen wertet die Funktion **domtype** zunächst ihr Argument aus, d. h., mit dem Aufruf **domtype(Objekt)** erhält man den Domain-Typ der *Auswertung* von **Objekt**:

```
>> x := 1: y := 1: x, x + y, sin(0), sin(0.1)

                1, 2, 0, 0.09983341665

>> domtype(x), domtype(x + y), domtype(sin(0)),
   domtype(sin(0.1))

        DOM_INT, DOM_INT, DOM_INT, DOM_FLOAT
```

Kapselt man die Argumente mit `hold`, so erhält man die Domain-Typen der Objekte selbst: `x` ist ein Bezeichner, `x + y` ist ein Ausdruck, `sin(0)` und `sin(0.1)` sind Funktionsaufrufe, also ebenfalls Ausdrücke:

```
>> domtype(hold(x)), domtype(hold(x + y)),
   domtype(hold(sin(0))), domtype(hold(sin(0.1)))


         DOM_IDENT, DOM_EXPR, DOM_EXPR, DOM_EXPR
```

Weitere Informationen finden Sie mittels `?level` bzw. `?hold` auf den entsprechenden Hilfeseiten.

Aufgabe 5.1: Welche *Werte* haben die Bezeichner `x`, `y` bzw. `z` nach den folgenden Eingaben? Zu welchen *Auswertungen* führt der jeweils letzte Aufruf?

```
>> delete a1, b1, c1, x:
   x := a1: a1 := b1: a1 := c1: x
>> delete a2, b2, c2, y:
   a2 := b2: y := a2: b2 := c2: y
>> delete a3, b3, z:
   b3 := a3: z := b3: a3 := 10: z
```

Was erwarten Sie bei der Ausführung der folgenden Eingabesequenzen?

```
>> delete u1, v1, w1:
   u1 := v1: v1 := w1: w1 := u1: u1
>> delete u2, v2:
   u2 := v2: u2 := u2^2 - 1: u2
```

5.3 Automatische Vereinfachungen

Viele Objekte wie z. B. bestimmte Funktionsauswertungen oder arithmetische Ausdrücke mit Zahlen werden von MuPAD automatisch vereinfacht:

```
>> sin(15*PI), exp(0), (1 + I)*(1 - I)


                0, 1, 2
```

Dasselbe gilt für arithmetische Ausdrücke, die das Objekt `infinity` (englisch: *infinity* = Unendlich) enthalten:

```
>> 2*infinity - 5
```

$$infinity$$

Solche automatischen Vereinfachungen werden ohne explizite Anforderung durch den Benutzer durchgeführt und vermindern die Komplexität von Ausdrücken:

```
>> cos(1 + exp((-1)^(1/2)*PI))
```

$$1$$

Allerdings kann der automatische Vereinfacher vom Benutzer weder erweitert noch verändert werden.

In vielen Fällen führt MuPAD aber *keine* automatische Vereinfachung durch. Das liegt daran, dass das System generell nicht entscheiden kann, welche Art der Vereinfachung am sinnvollsten ist. Betrachten wir z. B. den folgenden Ausdruck, für den keine Vereinfachung vorgenommen wird:

```
>> y := (-4*x + x^2 + x^3 - 4)*(7*x - 5*x^2 + x^3 - 3)
```

$$(x^2 - 4x + x^3 - 4)(7x - 5x^2 + x^3 - 3)$$

Man kann den Ausdruck natürlich ausmultiplizieren lassen, was z. B. als Vorbereitung zum Integrieren des Ausdrucks sinnvoll sein kann:

```
>> expand(y)
```

$$20x^3 - 11x^2 - 16x - 2x^4 - 4x^5 + x^6 + 12$$

Falls man allerdings mehr an den Nullstellen des Polynoms interessiert ist, so lässt man besser durch Faktorisierung die Linearfaktoren des Ausdrucks berechnen:

```
>> factor(y)
```

$$(x - 1)^2 \; (x - 3) \; (x + 1) \; (x + 2) \; (x - 2)$$

Welche dieser beiden Darstellung „einfacher" ist, kann nicht allgemein beantwortet werden und hängt davon ab, was der Benutzer mit diesen Objekten beabsichtigt. Dementsprechend muss der Benutzer selbst gezielt durch Anwendung geeigneter Systemfunktionen (hier expand oder factor) die Vereinfachung steuern.

Noch ein weiterer Punkt spricht gegen eine automatische Vereinfachung. Das Symbol f könnte z. B. eine beschränkte Funktion repräsentieren, für welche sich der Grenzwert $\lim_{x \to 0} x \, f(x)$ stets zu 0 vereinfachen lässt. Für Funktionen f mit einer Singularität am Nullpunkt (etwa $f(x) = 1/x$) kann dies aber falsch sein! Automatische Vereinfachungen wie z. B. $0 \cdot f(0) = 0$ sind demnach zweifelhaft, solange dem System keine zusätzlichen Annahmen über die verwendeten Symbole bekannt sind. Allgemein kann das System nicht wissen, welche Regel angewendet werden darf und welche nicht. Aus diesem Grund könnte man nun meinen, dass MuPAD lieber gar keine als falsche automatische Vereinfachungen durchführen sollte. Leider ist so ein Vorgehen auch nicht sinnvoll, denn dann würden Ausdrücke beim symbolischen Rechnen sehr schnell ziemlich groß werden und die Effizienz des Systems beeinträchtigen. In der Tat vereinfacht MuPAD einen Ausdruck der Form 0 * y meistens zu 0. (Ausnahmen sind beispielsweise die Fälle, wo y einen der Werte infinity, FAIL oder undefined annimmt.) Der Benutzer muss sich darüber im Klaren sein, dass dieses vereinfachte Ergebnis in Extremfällen falsch sein kann.

Ein weiteres Beispiel ist das Lösen der Gleichung $x/x = 1$ für $x \neq 0$:

```
>> solve(x/x = 1, x)
```

$$\mathbb{C}_-$$

Dieses von MuPADs Gleichungslöser solve (Kapitel 8) gelieferte Ergebnis stellt die Menge $\mathbb{C}$ aller komplexen Zahlen dar. Damit liefert

MuPAD das Ergebnis, dass *beliebige* komplexe Werte x eine Lösung der Gleichung $x/x = 1$ liefern. Da beim Lösen dieser Gleichung der Ausdruck x/x zunächst automatisch zu 1 vereinfacht wird, löst Mu-PAD tatsächlich die Gleichung $1 = 1$.[2] Der Ausnahmefall $x = 0$, für den das gestellte Problem gar nicht sinnvoll ist, wird in der vereinfachten Ausgabe ignoriert!

In diesem Sinne werden von MuPAD nur einige Vereinfachungen automatisch vorgenommen, viele Vereinfachungen muss der Benutzer selbst gezielt anfordern. Zu diesem Zwecke existieren in MuPAD verschiedene Funktionen, von denen einige in Abschnitt 9.2 näher beschrieben werden.

---

[2] MuPAD führt innerhalb von Prozedurdefinitionen deutlich weniger Vereinfachungen durch, zum Beispiel auf der rechten Seite des Operators ->. Daher kann man die Funktion $f(x) = x/x$ mittels f:=x->x/x darstellen.

6. Substitution: subs, subsex und subsop

Alle MuPAD-Objekte bestehen aus Operanden (Abschnitt 4.1). Eine wichtige Eigenschaft eines Computeralgebra-Systems besteht in der Möglichkeit, diese Bausteine durch neue Werte zu ersetzen. MuPAD stellt hierzu die Funktionen **subs** (englisch: *substitute*), **subsex** (englisch: *substitute expression*) und **subsop** (englisch: *substitute operand*) zur Verfügung.

Mit dem Aufruf **subs(Objekt, alt = neu)** werden alle Teilausdrücke **alt** in **Objekt** durch den Wert **neu** ersetzt:

```
>> f := a + b*c^b: g := subs(f, b = 2):  f, g

              b          2
          a + b c , a + 2 c
```

Wie man sieht, liefert **subs** den veränderten Wert von **f** zurück, der Bezeichner **f** behält jedoch seinen ursprünglichen Wert. Stellt man eine Abbildung F durch einen Ausdruck $f = F(x)$ dar, so bietet **subs** die Möglichkeit, die Funktion an bestimmten Stellen auszuwerten:

```
>> f := 1 + x + x^2:
>> subs(f, x = 0), subs(f, x = 1),
   subs(f, x = 2), subs(f, x = 3)

              1, 3, 7, 13
```

Der interne Vereinfacher des MuPAD-Kerns liefert den durch **subs** veränderten Wert mit den üblichen Vereinfachungen zurück. Im obigen Beispiel wurde nach **subs(f, x = 0)** das sich ergebende Objekt **1 + 0 + 0^2** automatisch *vereinfacht*. Es findet aber keine *Auswertung* (Kapitel 5) statt. Der Unterschied liegt darin, dass bei einer Auswertung auch alle Bezeichner eines Ausdrucks durch ihre Werte ersetzt werden.

> *Die Funktion* **subs** *führt die Ersetzung durch; das entstehende neue Objekt wird nur vereinfacht, aber nicht vollständig ausgewertet zurückgeliefert!*

Im folgenden Beispiel

```
>> f := x + sin(x): g := subs(f, x = 0)

                        sin(0)
```

wird der Bezeichner **sin** der Sinus-Funktion nicht durch die entsprechende MuPAD-Funktion ersetzt, welche **sin(0) = 0** liefern würde. Erst der nächste Aufruf liefert die vollständige Auswertung:

```
>> g

                          0
```

Mit **eval** kann die Auswertung erzwungen werden:

```
>> eval(subs(f, x = 0))

                          0
```

Man kann beliebige MuPAD-Objekte ersetzen. Speziell können Funktionen oder Prozeduren als neue Werte eingesetzt werden:

```
>> eval(subs(h(a + b), h = (x -> 1 + x^2)))

                          2
                   (a + b)  + 1
```

Um Systemfunktionen zu substituieren, müssen sie mit hold gekapselt werden:

```
>> f := subs(sin(a + b),
             hold(sin) = (x -> x - x^3/3)): f
```

$$a + b - \frac{(a + b)^3}{3}$$

Der Substituierer kann auch komplexere Teilausdrücke ersetzen:

```
>> subs(sin(x)/(sin(x) + cos(x)), sin(x) + cos(x) = 1)
```

$$sin(x)$$

Bei solchen Substitutionen muss jedoch sehr sorgfältig verfahren werden: Der Aufruf subs(Objekt, alt = neu) ersetzt alle Vorkommnisse des Ausdrucks alt, *die mittels der Operandenfunktion op* ermittelt werden können. Dies erklärt, dass im folgenden Beispiel keine Ersetzung durchgeführt wird:

```
>> subs(a + b + c, a + b = 1), subs(a*b*c, a*b = 1)
```

$$a + b + c, \quad a\,b\,c$$

Hierbei ist die Teilsumme a + b bzw. das Teilprodukt a * b *nicht* Operand des Ausdrucks. Im Gegensatz dazu ergibt sich:

```
>> f := a + b + sin(a + b): subs(f, a + b = 1)
```

$$a + b + sin(1)$$

Mit op kann hier wiederum die Teilsumme a + b des Gesamtausdrucks nicht erreicht werden. Das Argument der Sinus-Funktion ist jedoch der Teiloperand op(f, [3, 1]) (man vergleiche mit den Abschnitten 4.1 und 4.4.3) und wird dementsprechend substituiert.

Im Gegensatz zu **subs** ersetzt die Funktion **subsex** auch Teilsummen und Teilprodukte:

```
>> subsex(f, a + b = x + y), subsex(a*b*c, a*b = x + y)

              x + y + sin(x + y), c (x + y)
```

Hierzu muss der Darstellungsbaum des Ausdrucks genauer durchsucht werden, weshalb **subsex** bei größeren Objekten wesentlich langsamer ist als **subs**. Man darf sich bei der Substitution komplexerer Teilausdrücke nicht von der Ausgabeform von Ausdrücken täuschen lassen:

```
>> f := a/(b*c)

                         a
                        ---
                        b c

>> subs(f, b*c = neu), subsex(f, b*c = neu)

                    a     a
                   ---, ---
                   b c   b c
```

Betrachtet man die Operanden von **f**, so wird klar, dass der Darstellungsbaum gar nicht das Produkt **b * c** enthält, weshalb keine Ersetzung von **b * c** vorgenommen wurde:

```
>> op(f)

                    1   1
                 a, -, -
                    b   c
```

Mehrfache Substitutionen können mit einem einfachen **subs**-Aufruf durchgeführt werden:

```
>> subs(a + b + c, a = A, b = B, c = C)

                    A + B + C
```

Dies ist äquivalent zum mehrfachen Aufruf

```
>> subs(subs(subs(a + b + c, a = A), b = B), c = C):
```

Dementsprechend ergibt sich:

```
>> subs(a + b^2, a = b, b = a)

                    2
                a + a
```

Zunächst wird hierbei a durch b ersetzt, wodurch sich b + b^2 ergibt. Dann wird in diesem neuen Ausdruck b durch a ersetzt, was das Endergebnis liefert. Im Gegensatz dazu können *simultane Substitutionen* dadurch erreicht werden, dass man die Folge von Ersetzungsgleichungen als Menge oder Liste an **subs** übergibt:

```
>> subs(a + b^2, [a = b, b = a]),
   subs(a + b^2, {a = b, b = a})

              2       2
          b + a , b + a
```

Die Ausgabe des Gleichungslösers **solve** (Kapitel 8) unterstützt die Funktionalität von **subs**: Es werden i. a. Listen von Gleichungen zurückgeliefert, die unmittelbar mit **subs** in andere Ausdrücke eingesetzt werden können:

```
>> Gleichungen := {x + y = 2, x - y = 1}:
>> Loesung := solve(Gleichungen, {x, y})

          {[x = 3/2, y = 1/2]}

>> subs(Gleichungen, op(Loesung, 1))

          {1 = 1, 2 = 2}
```

Eine andere Variante der Substitution wird durch die Funktion subsop zur Verfügung gestellt: subsop(Objekt,i=neu) ersetzt gezielt den *i*-ten Operanden des Objektes durch den Wert neu:

```
>> subsop(2*c + a^2, 2 = d^5)

                      5
                2 c + d
```

Hier wurde der zweite Operand a^2 der Summe durch d^5 ersetzt. Im folgenden Beispiel wird der Exponent des zweiten Summanden (dies ist der Operand [2, 2] der Summe) ersetzt, danach der erste Summand:

```
>> subsop(2*c + a^2, [2, 2] = 4, 1 = x*y)

                       4
                 x y + a
```

Im folgenden Ausdruck wird zunächst der erste Summand ersetzt, wodurch sich der Ausdruck x * y + c^2 ergibt. Dann wird der zweite Faktor des ersten Summanden (dies ist nun y) durch z ersetzt:

```
>> subsop(a*b + c^2, 1 = x*y, [1, 2] = z)

                       2
                 x z + c
```

Der Ausdruck a + 2 ist eine symbolische Summe, die einen 0-ten Operanden besitzt. Dies ist die Systemfunktion _plus, welche Summen erzeugt:

```
>> op(a + 2, 0)

                  _plus
```

Dieser Operand kann durch eine andere Funktion ersetzt werden, z. B. durch die Systemfunktion _mult, die ihre Argumente multipliziert:

```
>> subsop(a + 2, 0 = _mult)

                  2 a
```

Bei der Benutzung von **subsop** muss die Position des zu ersetzenden Operanden bekannt sein. Dabei ist Vorsicht walten zu lassen, da bei mathematischer Vertauschbarkeit (von Summanden, Faktoren, Elementen einer Menge, etc.) das System nicht unbedingt die eingegebene Reihenfolge einhält:

```
>> Menge := {sin(1 + a), a, b, c^2}

                       2
             {a, b, c , sin(a + 1)}
```

Mit **subs** braucht die genaue Position des zu ersetzenden Teilausdrucks nicht bekannt zu sein. Ein weiterer Unterschied zwischen **subs** und **subsop** besteht darin, dass **subs** den Darstellungsbaum des Objektes *rekursiv* durchsucht und auch Teiloperanden ersetzt:

```
>> subs(Menge, a = a^2)

                   2  2      2
             {b, a , c , sin(a  + 1)}
```

Aufgabe 6.1: Wird durch **subsop(b + a, 1 = c)** der Bezeichner b durch c ersetzt?

Aufgabe 6.2: Durch

```
>> delete f: g := diff(f(x)/diff(f(x),x), x $ 5)

  25 diff(f(x), x, x) diff(f(x), x, x, x, x)
  ------------------------------------------- -
                       2
             diff(f(x), x)

    4 diff(f(x), x, x, x, x, x)
    --------------------------- - ...
          diff(f(x), x)
```

wird ein länglicher Ausdruck erzeugt, der symbolische Ableitungen enthält. Machen Sie den Ausdruck lesbarer, indem Sie diese Ableitungen durch einfache Namen $f_0 = f(x)$, $f_1 = f'(x)$, etc. ersetzen!

7. Differenzieren und Integrieren

Die MuPAD-Befehle zum Differenzieren und Integrieren sind schon mehrfach angesprochen worden. Wegen ihrer Wichtigkeit sollen die Besonderheiten dieser Funktionen hier detailliert behandelt werden.

7.1 Differenzieren

Der Aufruf `diff(Ausdruck, x)` berechnet die Ableitung des Ausdrucks nach der Unbestimmten `x`:

```
>> diff(sin(x^2), x)

                    2
              2 x cos(x )
```

Enthält der zu differenzierende Ausdruck symbolische Funktionsaufrufe von Funktionen, deren Ableitung nicht bekannt ist, so liefert sich `diff` symbolisch zurück:

```
>> diff(x*f(x), x)

            f(x) + x diff(f(x), x)
```

Höhere Ableitungen können in der Form `diff(Ausdruck,x,x,...)`
berechnet werden, wobei die Bezeichnerfolge `x, x, ...` bequem mittels
des Folgengenerators `$` (Abschnitt 4.5) erzeugt werden kann:

```
>> diff(sin(x^2), x, x, x) = diff(sin(x^2), x $ 3)

          2       3       2
 - 12 x sin(x ) - 8 x  cos(x ) =

            2       3       2
   - 12 x sin(x ) - 8 x  cos(x )
```

Auch partielle Ableitungen können so berechnet werden. Es ist zu beachten, dass die Reihenfolge gemischter partieller Ableitungen mathematisch nicht immer vertauschbar sind, da Symmetrie nur unter Glatt-
heitsannahmen an die Funktion gilt. MuPAD Version 2.0 benutzt diese
Symmetrie daher nicht. Ab Version 2.5 wird diese Symmetrie jedoch
eingesetzt, um partielle Ableitungen automatisch zu vereinfachen, da
so gut wie alle in der Praxis auftretenden Funktionen die entsprechenden Glattheitsvoraussetzungen erfüllen:

```
>> diff(f(x,y), x, y) - diff(f(x,y), y, x)

                      0
```

Sind mathematische Abbildungen nicht als Ausdrücke, sondern als
Funktionen gegeben, so bildet der Differentialoperator `D` die Ableitungsfunktion:

```
>> D(sin), D(exp), D(ln), D(sin*cos), D(sin@ln), D(f+g)

              1     2      2   cos@ln
    cos, exp, --, cos  - sin , ------, D(f) + D(g)
              id                 id
```

```
>> f := x -> sin(ln(x)): D(f)

                    cos@ln
                    ------
                     id
```

Hierbei ist `id` die identische Abbildung $x \mapsto x$. Durch `D(f)(x)` können Ableitungswerte an bestimmten Stellen symbolisiert werden:

```
>> D(f)(1), D(f)(y^2), D(g)(0)


                    2
           cos(ln(y ))
       1,  -----------, D(g)(0)
                2
               y
```

Der Ableitungsstrich ' wird zu einem Aufruf von `D` umgewandelt:

```
>> f'(1), f'(y^2), g'(0)


                    2
           cos(ln(y ))
       1,  -----------, D(g)(0)
                2
               y
```

Bei Funktionen mit mehreren Argumenten ist `D([i],f)` die partielle Ableitung nach der i-ten Variablen, `D([i,j,...],f)` steht für

$$D([i], D([j], (\ldots))),$$

also für höhere partielle Ableitungen.

Aufgabe 7.1: Betrachten Sie die Funktion $f : x \to \sin(x)/x$. Berechnen Sie zunächst den Funktionswert von f an der Stelle $x = 1.23$ und anschließend die Ableitung $f'(x)$! Warum liefert

```
>> f := sin(x)/x: x := 1.23: diff(f, x)
```

nicht das gewünschte Ergebnis?

Aufgabe 7.2: Die Regel von de l'Hospital besagt

$$\lim_{x \to x_0} \frac{f(x)}{g(x)} = \lim_{x \to x_0} \frac{f'(x)}{g'(x)} = \ldots = \lim_{x \to x_0} \frac{f^{(k-1)}(x)}{g^{(k-1)}(x)} = \frac{f^{(k)}(x_0)}{g^{(k)}(x_0)},$$

falls $f(x_0) = g(x_0) = \ldots = f^{(k-1)}(x_0) = g^{(k-1)}(x_0) = 0$ und $g^{(k)}(x_0) \neq$
0 gilt. Berechnen Sie $\displaystyle\lim_{x \to 0} \frac{x^3 \sin(x)}{(1 - \cos(x))^2}$ durch interaktive Anwendung
dieser Regel. Überprüfen Sie Ihr Ergebnis mit der Funktion limit!

Aufgabe 7.3: Bestimmen Sie die partiellen Ableitungen erster und
zweiter Ordnung von $f_1(x_1, x_2) = \sin(x_1 x_2)$! In $f_2(x, y) = x^2 y^2$ seien
$x = x(t) = \sin(t)$, $y = y(t) = \cos(t)$ Funktionen in t. Bestimmen Sie
die Ableitung von $f_2(x(t), y(t))$ nach t!

7.2 Integrieren

Die Funktion int erlaubt sowohl bestimmte als auch unbestimmte Integration:

```
>> int(sin(x), x), int(sin(x), x = 0..PI/2)

                    -cos(x), 1
```

Bei der unbestimmten Integration fällt hier auf, dass MuPAD keine
allgemeine Lösung (mit additiver Konstante) angibt, sondern eine *spezielle* Stammfunktion liefert.

Wird kein Ergebnis gefunden, so liefert int sich selbst symbolisch zurück. Im folgenden Beispiel wird der Integrand intern in zwei Summanden aufgespalten, von denen nur einer eine elementar darstellbare
Stammfunktion besitzt:

```
>> int((x - 1)/(x*sqrt(x^3 + 1)), x)
```

$$
\text{int}\!\left(\dfrac{1}{(x^3 + 1)^{1/2}},\; x\right) +
$$

$$
\ln\!\left(\dfrac{(-(x^3 + 1)^{1/2} - 1)^3\,(1 - (x^3 + 1)^{1/2})^3}{x^6}\right)
$$

$$
\underline{}
$$

$$
3
$$

Die Funktion erf : $x \mapsto \dfrac{2}{\sqrt{\pi}} \displaystyle\int_0^x e^{-t^2}\,dt$ ist als spezielle Funktion in MuPAD implementiert:

```
>> int(exp(-a*x^2), x)
```

$$
\dfrac{PI^{1/2}\; \text{erf}(a^{1/2}\, x)}{2\, a^{1/2}}
$$

Berechnungen werden immer im Bereich der komplexen Zahlen durchgeführt, außerdem wird jeder symbolische Bezeichner im Integranden als komplexe Konstante aufgefasst.

Im folgenden Beispiel existiert das bestimmte Integral nur, wenn der unbestimmte Parameter a einen positiven Realteil hat, und das System liefert einen symbolischen int-Aufruf zurück:

```
>> int(exp(-a*x^2), x = 0..infinity)


Warning: Found potential discontinuities of the antid\
erivative.
Try option 'Continuous' or use properties (?assume). \
[intlib::antiderivative]


                        2
            int(exp(- a x ), x = 0..infinity)
```

Die Funktion **assume** (englisch: *to assume* = annehmen) kann dazu benutzt werden, bestimmte Eigenschaften von Bezeichnern festzulegen (Abschnitt 9.3). Der folgende **assume**-Aufruf legt a als positive reelle Zahl fest:

```
>> assume(a > 0): int(exp(-a*x^2), x = 0..infinity)


                     1/2
                    PI
                    ------
                     1/2
                    2 a
```

Neben der exakten Berechnung bietet MuPAD auch verschiedene numerische Verfahren für die Integration:

```
>> float(int(exp(-x^2), x = 0..2))


                0.8820813908
```

Bei der letzten Berechnung liefert int zuerst ein symbolisches Ergebnis (die erf-Funktion), dieses wird dann von **float** ausgewertet. Soll ausschließlich numerisch gerechnet werden, so kann durch die Verzögerung mittels **hold** (Abschnitt 5.2) die symbolische Verarbeitung durch int unterdrückt werden:

```
>> float(hold(int)(exp(-x^2), x = 0..2))
```

$$0.8820813908$$

Alternativ kann die Funktion `numeric::int` aus der **numeric**-Bibliothek benutzt werden:

```
>> numeric::int(exp(-x^2), x = 0..2)
```

$$0.8820813908$$

Diese Funktion erlaubt die Wahl unterschiedlicher numerischer Verfahren zur Berechnung des Integralwertes. Detaillierte Informationen liefert `?numeric::int`. Die Routine arbeitet rein numerisch, ohne den Integranden zunächst symbolisch auf Problemstellen zu untersuchen. Daher sollte der Integrand glatt und ohne Singularitäten sein. Dann ist `numeric::int` sehr effizient.

Aufgabe 7.4: Bestimmen Sie die folgenden Integrale:

$$\int_0^{\pi/2} \sin(x)\,\cos(x)\,dx, \quad \int_0^1 \frac{dx}{\sqrt{1-x^2}}, \quad \int_0^1 x\,\arctan(x)\,dx \;!$$

Überprüfen Sie mit MuPAD: $\displaystyle\int_{-2}^{-1} \frac{dx}{x} = -\ln(2)$!

Aufgabe 7.5: Bestimmen Sie mit MuPAD die folgenden unbestimmten Integrale:

$$\int \frac{x\,dx}{\sqrt{(2\,a\,x - x^2)^3}}, \quad \int \sqrt{x^2 - a^2}\,dx, \quad \int \frac{dx}{x\,\sqrt{1+x^2}} \;!$$

Aufgabe 7.6: Die Funktion `intlib::changevar` erlaubt die Durchführung einer Variablensubstitution in symbolischen Integralen. Lesen Sie die entsprechende Hilfeseite! Das Integral

$$\int_{-\pi/2}^{\pi/2} \sin(x)\,\sqrt{1+\sin(x)}\,dx$$

wird von MuPAD nicht gefunden. Helfen Sie dem Integrierer mit der Substitution `t = sin(x)`! Vergleichen Sie den gefundenen Wert mit dem numerischen Ergebnis von `numeric::int`!

8. Das Lösen von Gleichungen: `solve`

Mit der Funktion `solve` (englisch: *to solve* = lösen) können Gleichungssysteme gelöst werden. Diese Funktion stellt eine Kontrollroutine dar, in der eine Reihe von Methoden zur Lösung verschiedener Gleichungstypen zusammengefasst sind. Neben „algebraischen" Gleichungen können auch gewisse Klassen von Differential- und Rekurrenzgleichungen gelöst werden. Weiterhin existiert eine Reihe spezialisierter Lösungsfunktionen, die jeweils einzelne Gleichungsklassen behandeln. Viele diese Algorithmen werden von dem „universellen" `solve` aufgerufen, sobald er den Typ der Gleichungen identifiziert hat. Die speziellen Löser können auch direkt aufgerufen werden. Mit `?solvers` erhält man eine Hilfeseite, die einen Überblick über alle in MuPAD zur Verfügung stehenden Gleichungslöser bietet.

8.1 Polynomgleichungen

Einzelne Gleichungen können direkt als erstes Argument an `solve` übergeben werden. Die Unbekannte, nach der die Gleichung aufgelöst werden soll, ist das zweite Argument:

```
>> solve(x^2 + x = y/4, x), solve(x^2 + x - y/4 = 0, y)

{           1/2                   1/2          }
{    (y + 1)                 (y + 1)           }                2
{ - ----------- - 1/2,  ----------- - 1/2 }, {4 x + 4 x }
{        2                    2               }
```

In diesem Fall wird eine Menge von Lösungen zurückgeliefert.

Wird statt einer Gleichung ein Ausdruck übergeben, so nimmt `solve` an, dass die Gleichung `Ausdruck = 0` gemeint ist:

```
>> solve(x^2 + x - y/4, y)
```

$$\{4\ x + 4\ x^2\}$$

Bei Polynomen vom Grad 5 oder höher ist es prinzipiell nicht möglich, in jedem Fall eine geschlossene Darstellung der Lösungen mit Hilfe von rationalen Zahlen, Additionen, Multiplikationen, Divisionen und Wurzeln zu erreichen. In diesem Fall benutzt MuPAD ein `RootOf`-Objekt:

```
>> solve(x^7 + x^2 + x, x)
```

$$\{0\}\ \text{union RootOf}(X1 + X1^6 + 1, X1)$$

Hierbei repräsentiert `RootOf(x + x^6 + 1, x)` alle Lösungen der Gleichung `x + x^6 + 1 = 0`. Mit `float` können solche Objekte durch Gleitpunktzahlen approximiert werden, wobei intern ein numerisches Verfahren benutzt wird, das alle (komplexen) Lösungen des Polynoms bestimmt:[1]

```
>> map(%, float)

{- 0.1547351445 + 1.038380754 I,

   - 0.1547351445 - 1.038380754 I,

   - 0.7906671888 - 0.3005069203 I,

   - 0.7906671888 + 0.3005069203 I,

   0.9454023333 + 0.6118366938 I,

   0.9454023333 - 0.6118366938 I, 0.0}
```

---

[1] Die Reihenfolge in der Menge aller Wurzeln hängt von der verwendeten MuPAD-Version ab.

Soll statt einer einzelnen Gleichung eine Menge von Gleichungen nach eventuell mehreren Unbekannten aufgelöst werden, so müssen die Gleichungen und die Unbekannten als Menge übergeben werden. Im folgenden Beispiel werden zwei *lineare* Gleichungen mit drei Unbekannten gelöst:

```
>> Gleichungen := {x + y + z = 3, x + y = 2}:
>> Loesung := solve(Gleichungen, {x, y, z})

                    {[x = 2 - y, z = 1]}
```

Löst man Gleichungen nach mehreren Variablen, so ist das Ergebnis eine Menge „aufgelöster Gleichungssysteme", die zum ursprünglichen Gleichungssystem äquivalent sind. Die Lösungen lassen sich nun unmittelbar ablesen: Die Unbekannte z muss den Wert 1 haben, die Unbekannte y ist beliebig, zu gegebenem y muss $x = 2 - y$ gelten. Die Werte der Unbekannten werden durch den Aufruf von **solve** nicht gesetzt, x und z sind weiterhin Unbekannte. Die Ausgabeform als Liste aufgelöster Gleichungen ist aber so gewählt, dass die gefundenen Lösungswerte bequem mit **subs** (Kapitel 6) in andere Objekte eingesetzt werden können. Beispielsweise kann die Lösung zu Kontrollzwecken in die ursprünglichen Gleichungen eingesetzt werden:

```
>> subs(Gleichungen, op(Loesung))

                    {2 = 2, 3 = 3}
```

Mit **assign(op(Loesung))** könnte man den Bezeichnern **x** und **z** die Lösungswerte zuweisen.

Im nächsten Beispiel lösen wir zwei *nichtlineare* polynomiale Gleichungen in mehreren Unbekannten:

```
>> Gleichungen := {x^2 + y = 1, x - y = 2}:
>> Loesungen := solve(Gleichungen, {x, y})

  { --         1/2              1/2        --
  { |         13               13          |
  { |   x = - ----- - 1/2, y = - ----- - 5/2  |,
  { --         2                 2         --


    --         1/2              1/2      -- }
    |         13               13         | }
    |   x = ----- - 1/2, y = ----- - 5/2  | }
    --        2                2         -- }
```

MuPAD hat zwei verschiedene Lösungen gefunden. Wieder können die Lösungen unmittelbar mit **subs** in andere Ausdrücke eingesetzt werden:

```
>> map(subs(Gleichungen, op(Loesungen, 1)), expand),
   map(subs(Gleichungen, op(Loesungen, 2)), expand)

              {1 = 1, 2 = 2}, {1 = 1, 2 = 2}
```

Oft ist die Benutzung von **RootOf** die einzige Darstellungsmöglichkeit der Lösungsmenge:

```
>> solve({x^3 + x^2 + x + x = y, y^2 = x^3}, {x, y})

                       3
{[x = 0, y = 0], [x = 4 y - y  + 4,

                      2       3      4
   y = RootOf(5 X2 - 2 X2  - 3 X2  + X2  + 8, X2)]}
```

Übergibt man die Option **MaxDegree = n**, so werden **RootOf**-Ausdrücke mit Polynomen bis zum Grad n durch Wurzeldarstellungen ersetzt. Hierbei kann n maximal den Wert 4 haben. Man beachte jedoch, dass die Wurzeln von Polynomen höheren Grades dazu tendieren, ziemlich kompliziert zu sein:

```
>> solve({x^3 + x^2 + 2*x = y, y^2 = x^3}, {x, y},
         MaxDegree = 4)
```

```
{                     --
{                      |
{ [x = 0, y = 0],  |   x = 7 -
{                      |
{                      |
{                      |
{                      |
{                     --


  /   /                 1/2   1/2            1/3
  |   | 129 (5/18 I 3      73     + 3485/54)
  | 2 | ------------------------------------- +
  \   \                   4


      -- )
  ...  |  )
       |  )
      -- )
```

Bei polynomialen Gleichungen greift **solve** zur Vereinfachung der Polynome auf die Hilfsmittel der Bibliothek **groebner** zurück.

Die Angabe der Unbekannten, nach denen aufgelöst werden soll, ist optional. Für den speziellen Fall einer Gleichung mit genau einer Unbekannten hängt das Ausgabeformat davon ab, ob die Unbekannte angegeben ist oder nicht. Die allgemeine Regel lautet:

Ein Aufruf der Form solve(Gleichung, Unbestimmte), *wobei* Gleichung *eine einzelne Gleichung (oder ein Polynom) und* Unbestimmte *ein Bezeichner ist, liefert ein MuPAD-Objekt zurück, das eine Menge von Zahlen darstellt. Alle anderen Aufrufformen von* solve *für (eine oder mehrere) polynomiale Gleichungen geben eine Menge von Listen von Gleichungen zurück.*

Es folgen einige Beispiele:

```
>> solve(x^2 - 3*x + 2 = 0, x), solve(x^2 - 3*x + 2, x)

                    {1, 2}, {1, 2}

>> solve(x^2 - 3*x + 2 = 0), solve(x^2 - 3*x + 2)

        {[x = 1], [x = 2]}, {[x = 1], [x = 2]}

>> solve({x^2 - 3*x + 2 = 0}, x),
   solve({x^2 - 3*x + 2}, x)

        {[x = 1], [x = 2]}, {[x = 1], [x = 2]}

>> solve({x^2 - 3*x + y = 0, y - 2*x = 0}, {x, y})

        {[x = 0, y = 0], [x = 1, y = 2]}

>> solve({x^2 - 3*x + y = 0, y - 2*x = 0})

        {[x = 0, y = 0], [x = 1, y = 2]}
```

Werden keine Unbekannte übergeben, nach denen aufgelöst werden soll, so bestimmt `solve` intern mittels der Systemfunktion `indets` die symbolischen Bezeichner innerhalb der Gleichungen und verwendet sie als Unbekannte:

```
>> solve({x + y^2 = 1, x^2 - y = 0})

                 2                4      2
  {[x = 1 - y , y = RootOf(X3  - 2 X3  - X3 + 1, X3)]}
```

Standardmäßig versucht `solve`, alle *komplexen* Lösungen der angegebenen Gleichung(en) zu finden. Man kann die Option `Domain=Dom::Real` verwenden, um nur die reellen Lösungen zu erhalten:

```
>> solve(x^3 + x = 0, x)

                    {0, -I, I}

>> solve(x^3 + x = 0, x, Domain = Dom::Real)

                      {0}
```

Durch Angabe der Option `Domain=Dom::Rational` oder `Domain=Dom::Integer` erhält man nur rationale bzw. ganzzahlige Lösungen. Ist eine gegebene Gleichung für alle komplexen Zahlen erfüllt, liefert `solve` die Lösungsmenge `C_`. Dieses MuPAD-Objekt repräsentiert die mathematische Menge $\mathbb{C}$ der komplexen Zahlen:

```
>> solve(sin(x) = cos(x - PI/2), x)

                      C_

>> domtype(%)

               solvelib::BasicSet
```

Es gibt vier solche „Grundmengen" in MuPAD: die ganzen Zahlen `Z_`, die rationalen Zahlen `Q_`, die reellen Zahlen `R_` und die komplexen Zahlen `C_`.

Zur Bestimmung *numerischer* Lösungen kann die Funktion `float` verwendet werden. Allerdings wird bei einem Aufruf der Form

```
>> float(solve(Gleichungen, Unbekannte)):
```

`solve` zunächst versuchen, die Gleichungen symbolisch zu lösen, und `float` verarbeitet das von `solve` gelieferte Ergebnis.

Soll ausschließlich numerisch gerechnet werden, so kann durch die Verzögerung mittels **hold** (Abschnitt 5.2) die symbolische Verarbeitung durch **solve** unterdrückt werden:

```
>> float(hold(solve)({x^3 + x^2 + 2*x = y, y^2 = x^2},
                      {x, y}))


{[x = - 0.5 - 1.658312395 I, y = 0.5 + 1.658312395 I]

  , [x = - 0.5 + 1.658312395 I,

  y = 0.5 - 1.658312395 I],

  [x = - 0.5 - 0.8660254038 I,

  y = - 0.5 - 0.8660254038 I],

  [x = - 0.5 + 0.8660254038 I,

  y = - 0.5 + 0.8660254038 I], [x = 0.0, y = 0.0]}
```

Weiterhin stehen in der Bibliothek **numeric** zur numerischen Lösung die Funktionen **numeric::solve**[2], **numeric::realroots** etc. zur Verfügung. Details zur Verwendung dieser Routinen können über das Hilfesystem erfragt werden: **?numeric::solve** etc. Mit **?solvers** erhält man einen Überblick.

Aufgabe 8.1: Bestimmen Sie die allgemeine Lösung des linearen Gleichungssystems

$$
\begin{aligned}
a + b + c + d + e &= 1, \\
a + 2b + 3c + 4d + 5e &= 2, \\
a - 2b - 3c - 4d - 5e &= 2, \\
a - b - c - d - e &= 3\,!
\end{aligned}
$$

Wie viele freie Parameter enthält die Lösung?

---

[2] Die Aufrufe **float(hold(solve)(...))** und **numeric::solve(...)** sind völlig äquivalent.

8.2 Allgemeine Gleichungen

MuPADs `solve` kann eine große Anzahl allgemeiner (nichtpolynomialer) Gleichungen lösen. Beispielsweise besitzt die Gleichung $\exp(x) = 8$ in der komplexen Ebene unendlich viele Lösungen der Form $\ln(8) + k\, 2\pi I$ mit $k = 0, \pm 1, \pm 2, \ldots$:

```
>> S := solve(exp(x) = 8, x)

            { 2*I*X1*PI + ln(8) |  X1 in Z_ }
```

Der Datentyp des zurückgelieferten Ergebnisses ist eine so genannte „Bildmenge" (englisch: *image set*). Er stellt eine mathematische Menge der Form $\{f(x) \mid x \in A\}$ da, wobei A wiederum eine Menge ist:

```
>> domtype(S)

            Dom::ImageSet
```

Dieser Datentyp kann unendlich viele Lösungen repräsentieren.

Wird beim Lösungen von Gleichungen mit unendlich vielen Lösungen die Variable weggelassen, nach der gelöst werden soll, so gibt das System eine logische Formel zurück, die den MuPAD-Operator `in` enthält:

```
>> solve(exp(x) = 8)

       x in { 2*I*X2*PI + ln(8) |  X2 in Z_ }
```

Man kann mittels **map** eine Funktion auf eine Bildmenge anwenden:

```
>> map(S, _plus, -ln(8))

            { 2*I*X1*PI |  X1 in Z_ }
```

Die Funktion `is` (Abschnitt 9.3) kann Mengen dieses Typs verarbeiten:

```
>> S := solve(sin(PI*x/2) = 0, x)

               { 2*X4 | X4 in Z_ }

>> is(1 in S), is(4 in S)

                FALSE, TRUE
```

Auch die Gleichung `exp(x) = sin(x)` besitzt unendlich viele Lösungen, für die MuPAD jedoch keine exakte Darstellungsform kennt. In diesem Fall wird der `solve`-Aufruf symbolisch zurückgeliefert:

```
>> Loesungen := solve(exp(x) = sin(x), x)

          solve(exp(x) - sin(x) = 0, x)
```

Achtung: im Gegensatz zu Polynomgleichungen wird beim numerischen Lösen nichtpolynomialer Gleichungen nur *eine* Lösung gesucht:

```
>> float(Loesungen)

             {-226.1946711}
```

Es ist allerdings möglich, ein Suchintervall anzugeben, in dem eine bestimmte numerische Lösung berechnet werden soll:

```
>> float(hold(solve)(exp(x) = sin(x), x = -10..-9))

             {-9.424858654}
```

MuPAD hat einen speziellen Datentyp für die Lösung parametrischer Gleichungen: `piecewise`. Die Menge der Lösungen $x \in \mathbb{C}$ der Gleichung $(ax^2 - 4)(x - b) = 0$ hängt beispielsweise vom Wert des Parameters a ab:

```
>> delete a: p := solve((a*x^2 - 4)*(x - b), x)

         /                   {     2     2   }            \
 piecewise|{b} if a = 0, { b, - ----, ---- } if a <> 0|
         |                   {      1/2   1/2 }            |
         \                   {      a     a   }            /

>> domtype(p)

                        piecewise
```

Die Funktion `map` wendet eine Funktion auf alle Zweige eines solchen Objekts an:

```
>> map(p, _power, 2)

          /   2              { 2   4 }              \
   piecewise| {b } if a = 0, { b , - } if a <> 0 |
          \                  {     a }              /
```

Nach der folgenden Ersetzung wird das `piecewise`-Objekt zu einer Menge vereinfacht:

```
>> eval(subs(%, [a = 4, b = 2]))

                        {1, 4}
```

Die Funktion `solve` kann auch Ungleichungen lösen. In so einem Fall wird ein Intervall oder eine Vereinigung von Intervallen vom Domain-Typ Dom::`Interval` zurückgeliefert:

```
>> solve(x^2 < 1, x)

                    ]-1, 1[

>> domtype(%)

                Dom::Interval
```

```
>> S := solve(x^2 >= 1, x)

        [1, infinity[ union ]-infinity, -1]

>> is(-2 in S), is(0 in S)

                TRUE, FALSE
```

8.3 Differential- und Rekurrenzgleichungen

Mit der Funktion **ode** (englisch: *ordinary differential equation*) werden gewöhnliche Differentialgleichungen definiert. Eine solche Differential-gleichung besteht aus zwei Teilen: einer Gleichung und der Funktion, für die eine Lösung gesucht wird.

```
>> diffgleichung := ode(y'(x) = y(x)^2, y(x))

                          2
        ode(diff(y(x), x) - y(x) , y(x))
```

Durch den folgenden Aufruf von **solve** wird die allgemeine Lösung ermittelt, die eine beliebige Konstante C_1 enthält:

```
>> solve(diffgleichung)

                   {    1    }
                   { -------- }
                   { - C1 - x }
```

Auch Differentialgleichungen höherer Ordnung können behandelt werden:

```
>> solve(ode(y''(x) = y(x), y(x)))

           {C3 exp(x) + C2 exp(-x)}
```

Bestimmte Anfangswerte lassen sich beim Aufruf von **ode** in die Definition der Differentialgleichung aufnehmen, welche dabei als Menge übergeben wird:

```
>> diffgleichung :=
   ode({y''(x) = y(x), y(0) = 1, y'(0) = 0}, y(x)):
```

Die freien Konstanten der allgemeinen Lösung werden nun den Anfangsbedingungen angepasst:

```
>> solve(diffgleichung)

           { exp(x)    exp(-x) }
           { ------ + ------- }
           {    2        2     }
```

Systeme von Gleichungen mit mehreren Funktionen werden als Mengen übergeben:

```
>> solve(ode({y'(x) = y(x) + 2*z(x), z'(x) = y(x)},
             {y(x), z(x)}))

 {[z(x) = C6 exp(-x) + C7 exp(2 x),

    y(x) = 2 C7 exp(2 x) - C6 exp(-x)]}
```

Die Funktion `numeric::odesolve` der `numeric`-Bibliothek dient zur numerischen Lösung eines Anfangswertproblems $Y'(x) = f(x, Y(x))$, $Y(x_0) = Y_0$. Die rechte Seite der Differentialgleichung muss dabei als Funktion $f(x, Y)$ zweier Argumente übergeben werden, wobei x ein skalarer Wert ist, während Y einen Vektor darstellt. Fasst man im letzten Beispiel die Komponenten y und z zu einem Vektor $Y = (y, z)$ zusammen, so kann die rechte Seite der Gleichung

$$\frac{\mathrm{d}}{\mathrm{d}x} Y = \frac{\mathrm{d}}{\mathrm{d}x}\begin{pmatrix} y \\ z \end{pmatrix} = \begin{pmatrix} y + 2z \\ y \end{pmatrix} = \begin{pmatrix} \mathtt{Y[1]} + 2 \cdot \mathtt{Y[2]} \\ \mathtt{Y[1]} \end{pmatrix} =: \mathtt{f(x, Y)}$$

in der Form

```
>> f := (x, Y) -> [Y[1] + 2*Y[2], Y[1]]:
```

definiert werden. Die vektorwertige Angabe der Funktion wird hierbei durch eine Liste mit den Komponenten der rechten Seite der Differentialgleichung realisiert. Der Aufruf

```
>> numeric::odesolve(0..1, f, [1, 1])
```

$$[9.729448318, \; 5.04866388]$$

integriert das Differentialgleichungssystem mit den als Liste übergebenen speziellen Anfangswerten $Y(0) = (y(0), z(0)) = (1, 1)$ über dem Intervall $x \in [0, 1]$ und liefert den numerischen Lösungsvektor $Y(1) = (y(1), z(1))$.

Rekurrenzgleichungen sind Gleichungen für Funktionen, die von einem diskreten Parameter (einem Index) abhängen. Sie werden mit der Funktion `rec` erzeugt, wobei eine Gleichung, die zu bestimmende Funktion und (optional) eine Menge von Anfangsbedingungen anzugeben sind:

```
>> gleichung := rec(y(n + 2) = y(n + 1) + 2*y(n), y(n)):
>> solve(gleichung)
```

$$\{\mathtt{C8}\,(-1)^n + \mathtt{C9}\,2^n\}$$

Die allgemeine Lösung enthält zwei beliebige Konstanten C_8, C_9, die bei Angabe einer Menge von Anfangsbedingungen angepasst werden:

```
>> solve(rec(y(n + 2) = 2*y(n) + y(n + 1), y(n),
             {y(0) = 1}))


                    n         n
             {C11 2  + (-1)  (1 - C11)}
```

```
>> solve(rec(y(n + 2) = 2*y(n) + y(n + 1), y(n),
             {y(0) = 1, y(1) = 1}))


                 {    n        n }
                 { (-1)     2 2  }
                 { -----  + ---- }
                 {   3        3  }
```

Aufgabe 8.2: Verifizieren Sie die oben gefundenen numerischen Lösungswerte $y(1) = 5.812\ldots$ und $z(1) = 3.798\ldots$ des Differentialgleichungssystems

$$y'(x) = y(x) + z(x) \,, \quad z'(x) = y(x) \,,$$

indem Sie die Anfangswerte $y(0) = 1$, $z(0) = 1$ in die allgemeine symbolische Lösung einsetzen, hieraus die Werte der freien Konstanten ermitteln und dann die symbolische Lösung für $x = 1$ numerisch auswerten!

Aufgabe 8.3:

1) Bestimmen Sie die allgemeine Lösung $y(x)$ der Differentialgleichung $y' = y^2/x$!

2) Bestimmen Sie jeweils die Lösung $y(x)$ der beiden Anfangswertprobleme

   $a)\ y' - y\sin(x) = 0 \,, \ y'(1) = 1, \quad b)\ 2y' + \dfrac{y}{x} = 0 \,, \ y'(1) = \pi$!

3) Bestimmen Sie die allgemeine Lösung des folgenden Systems gewöhnlicher Differentialgleichungen in $x(t), y(t), z(t)$:

$$x' = -3\,y\,z \,, \ y' = 3\,x\,z \,, \ z' = -x\,y$$!

Aufgabe 8.4: Die Fibonacci-Zahlen sind durch die Rekurrenz $F_n = F_{n-1} + F_{n-2}$ mit den Startwerten $F_0 = 0$, $F_1 = 1$ definiert. Bestimmen Sie mittels `solve` eine explizite Darstellung von F_n.

9. Manipulation von Ausdrücken

MuPAD nimmt bei der Auswertung von Objekten eine Reihe von Vereinfachungen automatisch vor. So werden Arithmetikoperationen zwischen Zahlen stets ausgeführt oder $\exp(\ln(x))$ wird zu x vereinfacht. Andere mathematisch mögliche Vereinfachungen wie z. B. $\sin(x)^2 + \cos(x)^2 = 1$, $\ln(\exp(x)) = x$, $(x^2 - 1)/(x - 1) = x + 1$ oder auch $\sqrt{x^2} = x$ werden jedoch nicht automatisch vorgenommen. Dies liegt einerseits daran, dass solche Regeln oft nur eine beschränkte Gültigkeit haben: Beispielsweise gilt $\sqrt{x^2} = x$ nicht für $x = -2$. Andere Vereinfachungen wie $\sin(x)^2 + \cos(x)^2 = 1$ sind zwar allgemein gültig, es würde die Effizienz der Rechnungen jedoch stark beeinträchtigen, wenn MuPAD jeden zu bearbeitenden Ausdruck auf das Vorhandensein von sin- und cos-Termen durchsuchen müsste.

Weiterhin ist nicht allgemein klar, welche von mehreren mathematisch äquivalenten Darstellungen für den Nutzer nützlich ist. So könnte es beispielsweise sinnvoll sein, einen Ausdruck wie $\sin(x)$ durch seine komplex-exponentielle Repräsentation zu ersetzen:

$$\sin(x) = -\frac{I}{2} \exp(x\,I) + \frac{I}{2} \exp(-x\,I).$$

In solchen Situationen muss der Nutzer durch Anwendung von Systemfunktionen gezielt die Umformung bzw. Vereinfachung von Ausdrücken steuern.

Hierfür stehen die folgenden Funktionen zur Verfügung, von denen einige schon in Abschnitt 2.3 vorgestellt wurden:

`collect`	:	Sammeln von Koeffizienten
`combine`	:	Zusammenfassen von Teilausdrücken
`expand`	:	Expansion („Ausmultiplizieren")
`factor`	:	Faktorisierung
`normal`	:	Normalform für Brüche
`partfrac`	:	Partialbruchzerlegung
`radsimp`	:	Vereinfachung von Wurzelausdrücken
`rectform`	:	kartesische Darstellung komplexer Größen
`rewrite`	:	Umformung über Identitäten zwischen Funktionen
`simplify`	:	universeller Vereinfacher

9.1 Umformung von Ausdrücken

Durch den Aufruf `collect(Ausdruck,Unbestimmte)` (englisch: *to collect* = sammeln) wird der Ausdruck als ein Polynom in den Unbestimmten aufgefasst, und die Koeffizienten aller Potenzen werden gesammelt:

```
>> x^2 + a*x + sqrt(2)*x + b*x^2 + sin(x) + a*sin(x):
>> collect(%, x)

                           2                  1/2
    sin(x) + a sin(x) + x  (b + 1) + x (a + 2   )
```

Mehrere „Unbekannte", welche auch Ausdrücke sein können, werden als Liste übergeben:

```
>> collect(%, [x, sin(x)])

                        2               1/2
    sin(x) (a + 1) + x  (b + 1) + x (a + 2   )
```

Durch `combine(Ausdruck,Option)` (englisch: *to combine* = zusammenfassen) werden Teilausdrücke zusammengefaßt. Hierbei werden mathematische Identitäten von Funktionen benutzt, die durch `Option` angegeben werden. Die Optionen, die übergeben werden können, sind `arctan`, `exp`, `ln`, `sincos`, `sinhcosh`.

Ohne Angabe einer Option werden nur die Identitäten $a^b a^c = a^{b+c}$, $a^c b^c = (a\,b)^c$ und $(a^b)^c = a^{bc}$ für Potenzen benutzt:

```
>> f := x^(n + 1)*x^PI/x^2: f = combine(f)


        PI  n + 1
       x   x                n + PI - 1
       ----------- = x
           2
          x
```

```
>> f := a^x*3^y/2^x/9^y: f = combine(f)


        x  y
       a  3                y / a \x
       ----- = (1/3)   | - |
        x  y                \ 2 /
       2  9
```

```
>> combine(sqrt(6)*sqrt(7)*sqrt(x))


              1/2
         (42 x)
```

```
>> f := (PI^(1/2))^x: f = combine(f)


                    x
                    -
          1/2 x     2
         (PI   )  = PI
```

Die Inverse **arctan** der Tangens-Funktion erfüllt folgende Identität:

```
>> f := arctan(x) + arctan(y): f = combine(f, arctan)
```

```
                                  /  x + y  \
        arctan(x) + arctan(y) = arctan| ------- |
                                  \ 1 - x y /
```

Für die Exponentialfunktion gilt $\exp(x)\exp(y) = \exp(x + y)$ und $\exp(x)^y = \exp(x\,y)$:

```
>> combine(exp(x)*exp(y)^2/exp(-z), exp)
```

```
                    exp(x + 2 y + z)
```

Die Logarithmus-Funktion erfüllt unter gewissen Annahmen an x, y die Regeln $\ln(x) + \ln(y) = \ln(x\,y)$ und $x\,\ln(y) = \ln(y^x)$:

```
>> combine(ln(x) + ln(2) + 3*ln(3/2), ln)
```

```
                  / 27 x \
               ln| ---- |
                  \  4  /
```

Die trigonometrischen Funktionen erfüllen eine Reihe von Identitäten, über die sich Produkte zusammenfassen lassen:

```
>> combine(sin(x)*cos(y), sincos),
   combine(sin(x)^2, sincos)
```

```
   sin(x + y)   sin(x - y)           cos(2 x)
   ----------- + -----------, 1/2 - ---------
       2             2                  2
```

Analoges gilt für die Hyperbel-Funktionen:

```
>> combine(sinh(x)*cosh(y), sinhcosh),
   combine(sinh(x)^2, sinhcosh)
```

```
   sinh(x + y)   sinh(x - y)  cosh(2 x)
   ----------- + -----------, --------- - 1/2
       2             2            2
```

Die Funktion **expand** benutzt die in **combine** verwendeten Identitäten in der anderen Richtung: Spezielle Funktionsaufrufe mit zusammengesetzten Argumenten werden über „Additionstheoreme" in Summen oder Produkte von Funktionsaufrufen einfacherer Argumente zerlegt:

```
>> expand(x^(y + z)), expand(exp(x + y - z + 4)),
   expand(ln(2*PI*x*y))
```

$$x^y \; x^z \; , \; \frac{\exp(x) \; \exp(y) \; \exp(1)^4}{\exp(z)} \; , \; \ln(PI) + \ln(x \; y) + \ln(2)$$

```
>> expand(sin(x + y)), expand(cosh(x + y))
```

$$\cos(x) \; \sin(y) + \cos(y) \; \sin(x),$$

$$\cosh(x) \; \cosh(y) + \sinh(x) \; \sinh(y)$$

```
>> expand(sqrt(42*x*y))
```

$$(x \; y)^{1/2} \; 42^{1/2}$$

Hierbei werden einige „Expansionen" wie etwa $\ln(x\,y) = \ln(x) + \ln(y)$ nicht durchgeführt, denn solch eine „Identität" gilt nur unter speziellen Annahmen (z. B. für positive reelle x und y).

Sehr oft wird **expand** dazu eingesetzt, ein Produkt von Summen auszumultiplizieren:

```
>> expand((x + y)^2*(x - y)^2)
```

$$x^4 + y^4 - 2 \; x^2 \; y^2$$

Dabei wird **expand** rekursiv auf alle Teilausdrücke angewendet:

```
>> expand((x - y)*(x + y)*sin(exp(x + y + z)))


 2
x  sin(exp(x) exp(y) exp(z)) -


   2
   y  sin(exp(x) exp(y) exp(z))
```

Man kann Teilausdrücke als zusätzliche Argumente an **expand** übergeben. Diese Teilausdrücke werden *nicht* expandiert:

```
>> expand((x - y)*(x + y)*sin(exp(x + y + z)),
          x - y, x + y + z)

 x sin(exp(x + y + z)) (x - y) +

    y sin(exp(x + y + z)) (x - y)
```

Die Funktion **factor** dient zur Faktorisierung von Polynomen und Ausdrücken:

```
>> factor(x^3 + 3*x^2 + 3*x + 1)

                               3
                        (x + 1)
```

Hierbei wird „über den rationalen Zahlen" faktorisiert: Es wird nach Faktorpolynomen gesucht, dessen Koeffizienten rationale Zahlen sind. Dementsprechend wird beispielsweise keine Faktorisierung des Ausdrucks $x^2 - 2 = (x - \sqrt{2})(x + \sqrt{2})$ gefunden:[1]

---

[1] Man hat jedoch die Möglichkeit, über anderen Ringen zu faktorisieren. Dazu muss der Ausdruck als Polynom über dem entsprechenden Koeffizientenring geschrieben werden. Wählt man etwa die in Abschnitt 4.14 betrachtete Körpererweiterung der rationalen Zahlen mit $Z = \sqrt{2}$

```
>> alias(K = Dom::AlgebraicExtension(Dom::Rational, Z^2 = 2, Z)):
```
so kann das Polynom
```
>> p := poly(x^2 - 2, [x], K):
```
über dem Ring K faktorisiert werden:
```
>> factor(p)
           poly(x - Z, [x], K) poly(x + Z, [x], K)
```

```
>> factor(x^2 - 2)
```

$$x^2 - 2$$

Summen rationaler Ausdrücke werden durch `factor` auf einen gemeinsamen Nenner gebracht, dann werden Zähler und Nenner faktorisiert:

```
>> f := (x^3 + 3*y^2)/(x^2 - y^2) + 3: f = factor(f)
```

$$\frac{x^3 + 3y^2}{x^2 - y^2} + 3 = \frac{(x + 3)x^2}{(x + y)(x - y)}$$

Nicht nur polynomiale und rationale Ausdrücke können faktorisiert werden. Bei allgemeinen Ausdrücken werden intern Teilausdrücke wie symbolische Funktionsaufrufe durch Bezeichner ersetzt, der entstehende polynomiale oder rationale Ausdruck wird faktorisiert und die temporär eingeführten Bezeichner werden wieder ersetzt:

```
>> factor((exp(x)^2 - 1)/(sin(x)^2 - cos(x)^2))
```

$$\frac{(\exp(x) + 1)(\exp(x) - 1)}{(\cos(x) + \sin(x))(-\cos(x) + \sin(x))}$$

Die Funktion `normal` erzeugt eine „Normalform" rationaler Ausdrücke: Wie bei `factor` werden Summen rationaler Ausdrücke auf einen gemeinsamen Nenner gebracht, allerdings werden dann Zähler und Nenner nicht faktorisiert, sondern expandiert:

```
>> f := ((x + 6)^2 - 17)/(x - 1)/(x + 1) + 1:
   f, factor(f), normal(f)
```

$$\frac{(x + 6)^2 - 17}{(x - 1)(x + 1)} + 1, \quad \frac{2(x + 3)^2}{(x + 1)(x - 1)}, \quad \frac{12x^2 + 2x + 18}{x^2 - 1}$$

Trotzdem werden gemeinsame Faktoren in Zähler und Nenner durch
normal gefunden und gekürzt:

```
>> f := x^2/(x + y) - y^2/(x + y): f = normal(f)


             2       2
            x       y
           ----- - ----- = x - y
           x + y   x + y
```

Analog zu **factor** verarbeitet **normal** auch beliebige Ausdrücke:

```
>> f := (exp(x)^2-exp(y)^2)/(exp(x)^3 - exp(y)^3):
>> f = normal(f)


        2       2
 exp(x)  - exp(y)                    exp(x) + exp(y)
 ----------------- = ------------------------------------
        3       3                            2       2
 exp(x)  - exp(y)    exp(x) exp(y) + exp(x)  + exp(y)
```

Durch **partfrac** (englisch: *partial fraction* = Partialbruch) wird ein
rationaler Ausdruck in eine Summe rationaler Terme zerlegt, in denen
jeweils der Zählergrad kleiner als der Nennergrad ist (Partialbruchzer-
legung):

```
>> f := x^2/(x^2 - 1): f = partfrac(f, x)


       2
      x              1           1
   ------- = ---------- - --------- + 1
      2        2 (x - 1)   2 (x + 1)
     x  - 1
```

Die Nenner der Summanden sind dabei die Faktoren, die MuPAD bei
Faktorisierung des Hauptnenners findet:

```
>> Nenner := x^5 + x^4 - 7*x^3 - 11*x^2 - 8*x - 12:
>> factor(Nenner)
```

$$(x - 3)\ (x^2 + 1)\ (x + 2)^2$$

```
>> partfrac(1/Nenner, x)
```

$$\frac{1}{250\ (x - 3)} - \frac{1}{25\ (x + 2)^2} - \frac{1}{25\ (x + 2)} + \frac{\dfrac{9\,x}{250} - 13/250}{x^2 + 1}$$

Eine weitere Funktion zur Umformung von Ausdrücken ist **rewrite**. Sie benutzt Identitäten, mit denen gewisse Funktionen vollständig aus einem Ausdruck eliminiert werden können, indem sie durch andere Funktionen ersetzt werden. Beispielsweise lassen sich sin- und cos-Ausdrücke stets durch den Tangens halber Argumente ausdrücken. Andererseits sind die trigonometrischen Funktionen auch mit der komplexen Exponentialfunktion verknüpft:

$$\sin(x) = \frac{2\tan(x/2)}{1 + \tan(x/2)^2}, \quad \cos(x) = \frac{1 - \tan(x/2)^2}{1 + \tan(x/2)^2},$$

$$\sin(x) = -\frac{I}{2}\exp(I\,x) + \frac{I}{2}\exp(-I\,x),$$

$$\cos(x) = \frac{1}{2}\exp(I\,x) + \frac{1}{2}\exp(-I\,x).$$

Die Hyperbel-Funktionen und ihre Umkehrfunktionen können durch die Exponentialfunktion bzw. durch den Logarithmus ausgedrückt werden:

$$\sinh(x) = \frac{\exp(x) - \exp(-x)}{2}, \quad \cosh(x) = \frac{\exp(x) + \exp(-x)}{2},$$

$$\operatorname{arcsinh}(x) = \ln(x + \sqrt{x^2 + 1}), \quad \operatorname{arccosh}(x) = \ln(x + \sqrt{x^2 - 1}).$$

Durch Aufruf von `rewrite(Ausdruck,Option)` werden diese Identitäten benutzt. Folgende Regeln sind implementiert:

Option	:	Funktion(en)	→ Zielfunktion(en)
diff	:	Differentialoperator D	→ diff
exp	:	trigonometrische und hyperbolische Funktionen	→ exp
fact	:	Γ-Funktion gamma	→ fact
gamma	:	Fakultätsfunktion fact	→ gamma
heaviside	:	Vorzeichenfunktion sign	→ heaviside
ln	:	inverse trigonometrische und inverse Hyperbel-Funktionen	→ ln
sign	:	Sprungfunktion heaviside	→ sign
sincos	:	Exponentialfunktion exp	→ sin, cos
sinhcosh	:	Exponentialfunktion exp	→ sinh, cosh
tan	:	sin und cos	→ tan

```
>> rewrite(D(D(u))(x), diff)

                 diff(u(x), x, x)
```

```
>> rewrite(sin(x)/cos(x), exp) = rewrite(tan(x), exp)

                                                 2
  1/2 I exp(-I x) - 1/2 I exp(I x)      I exp(I x)  - I
  -------------------------------- = - ----------------
      exp(-I x)    exp(I x)                     2
      ---------  + --------              exp(I x)  + 1
          2           2
```

```
>> rewrite(arcsinh(x) - arccosh(x), ln)

              2    1/2           2    1/2
    ln(x + (x  + 1)   ) - ln(x + (x  - 1)   )
```

Bei komplexen *Zahlen*ausdrücken lassen sich Real- und Imaginärteil
leicht durch die Funktionen Re und Im ermitteln:

```
>> z := 2 + 3*I: Re(z), Im(z)

                        2, 3
```

```
>> z := sin(2*I) - ln(-1): Re(z), Im(z)

                    0, sinh(2) - PI
```

Bei Ausdrücken mit symbolischen Bezeichnern nimmt MuPAD von allen Unbekannten an, dass es sich um komplexe Größen handelt. Nun
liefern sich Re und Im symbolisch zurück:

```
>> Re(a*b + I), Im(a*b + I)

                 Re(a b), Im(a b) + 1
```

In solch einem Fall kann der Ausdruck mit der Funktion rectform
(englisch: *rectangular form*) genauer nach Real- und Imaginärteil zerlegt werden. Die Namensgebung dieser Funktion stammt daher, dass
eine Aufspaltung in die Koordinaten des üblichen rechtwinkligen Ko-
ordinatensystems vorgenommen wird. Die im Ausdruck enthaltenen
Symbole werden jeweils nach Real- und Imaginärteil zerlegt, das Endergebnis wird durch diese Daten ausgedrückt:

```
>> rectform(a*b + I)

 (- Im(a) Im(b) + Re(a) Re(b)) +

    I (Im(a) Re(b) + Im(b) Re(a) + 1)
```

```
>> rectform(exp(x))

  cos(Im(x)) exp(Re(x)) + (sin(Im(x)) exp(Re(x))) I
```

Mit **Re** und **Im** können wieder Real- und Imaginärteil extrahiert werden:

```
>> Re(%), Im(%)
```

$$cos(Im(x)) \ exp(Re(x)), \ sin(Im(x)) \ exp(Re(x))$$

Grundsätzlich werden alle symbolischen Bezeichner von **rectform** als komplexe Zahlen aufgefasst. Man kann jedoch **assume** (Abschnitt 9.3) verwenden, um dem System anzugeben, dass ein Bezeichner nur für reelle Zahlen steht:

```
>> assume(a, Type::Real):
   z := rectform(a*b + I)
```

$$a \ Re(b) + I \ (a \ Im(b) + 1)$$

Die von **rectform** gelieferten Ergebnisse haben einen eigenen Datentyp:

```
>> domtype(z)
```

```
rectform
```

Mit der Funktion **expr** kann ein solches Objekt in einen „normalen" MuPAD-Ausdruck vom Domain-Typ **DOM_EXPR** umgewandelt werden:

```
>> expr(z)
```

$$I \ a \ Im(b) + a \ Re(b) + I$$

Es sei angemerkt, dass mit der Funktion **rectform** nur Ausdrücke mit Unbekannten umgewandelt werden sollten. Bei Ausdrücken ohne symbolische Bezeichner liefern **Re** und **Im** wesentlich schneller die Zerlegung in Real- und Imaginärteil.

9.2 Vereinfachung von Ausdrücken

In einigen Fällen führen Umwandlungen zu einem einfacheren Ausdruck:

```
>> f := 2^x*3^x/8^x/9^x: f = combine(f)
```

$$\frac{2^x \ 3^x}{8^x \ 9^x} = (1/12)^x$$

```
>> f := x/(x + y) + y/(x + y): f = normal(f)
```

$$\frac{x}{x + y} + \frac{y}{x + y} = 1$$

Hierbei muss der Nutzer jedoch den zu bearbeitenden Ausdruck inspizieren und selbst entscheiden, welche Funktion er zur Vereinfachung aufrufen will. Es existiert aber ein Hilfsmittel, *automatisch* diverse Vereinfachungsalgorithmen auf einen Ausdruck anzuwenden: Die Funktion simplify (englisch: *to simplify* = vereinfachen). Dies ist der universelle Vereinfacher, mit dem MuPAD eine möglichst einfache Darstellung eines Ausdrucks zu erreichen versucht:

```
>> f := 2^x*3^x/8^x/9^x: f = simplify(f)
```

$$\frac{2^x \ 3^x}{8^x \ 9^x} = (1/12)^x$$

```
>> f := (1 + (sin(x)^2 + cos(x)^2)^2)/sin(x):
>> f = simplify(f)
```

$$\frac{(cos(x)^2 + sin(x)^2)^2 + 1}{sin(x)} = \frac{2}{sin(x)}$$

```
>> f := x/(x + y) + y/(x + y) - sin(x)^2 - cos(x)^2:
>> f = simplify(f)


        x                  2        2       y
      ----- - sin(x)  - cos(x)  + ----- = 0
      x + y                       x + y
```

```
>> f := (exp(x) - 1)/(exp(x/2) + 1): f = simplify(f)


         exp(x) - 1          / x \
        ------------- = exp| - | - 1
          / x \            \ 2 /
        exp| - | + 1
          \ 2 /
```

```
>> f := sqrt(997) - (997^3)^(1/6): f = simplify(f)


         1/2              1/6
      997    - 991026973    = 0
```

Allerdings werden nicht immer optimale Ergebnisse erzielt:

```
>> f := sqrt(4 + 2*sqrt(3)): f = simplify(f)


                                  /  1/2      1/2 \
       1/2    1/2      1/2    1/2 | 2        6     |
      2    (3    + 2)     = 2    | ---- + ---- |
                                  \  2        2  /
```

Die Vereinfachung kann durch Übergabe zusätzlicher Argumente vom
Nutzer gesteuert werden: Ähnlich wie **combine** können durch Optionen
bestimmte Vereinfachungen angefordert werden. Beispielsweise kann
dem Vereinfacher mitgeteilt werden, gezielt Wurzelausdrücke zu vereinfachen:

```
>> f = simplify(f, sqrt)


        1/2    1/2      1/2    1/2
      2    (3    + 2)     = 3    + 1
```

Die möglichen Optionen sind `exp`, `ln`, `cos`, `sin`, `sqrt`, `logic` und `relation`, wobei `simplify` sich intern jeweils auf diejenigen Vereinfachungsregeln beschränkt, die für die als Option übergebene Funktion gelten. Die Optionen `logic` und `relation` dienen zur Vereinfachung logischer Ausdrücke bzw. von Gleichungen und Ungleichungen (man lese hierzu auch die Hilfeseite: `?simplify`).

Alternativ zu `simplify(Ausdruck,sqrt)` kann auch die Funktion `radsimp` verwendet werden, die Zahlenausdrücke mit Radikalen (Wurzeln) vereinfacht:

```
>> f = radsimp(f)


        1/2    1/2       1/2      1/2
       2    (3    + 2)  = 3     + 1
```

```
>> f := 2^(1/4)*2 + 2^(3/4) - sqrt(8 + 6*2^(1/2)):
>> f = radsimp(f)


        1/4    3/4     1/2      1/2      1/2
      2 2    + 2   - 2    (3 2    + 4)   = 0
```

Meist ist eine allgemeine Vereinfachung durch `simplify` ohne Option vorzuziehen. Allerdings ist ein solcher Aufruf oft recht zeitaufwendig, da der Vereinfachungsalgorithmus sehr komplex ist. Die Angabe zusätzlicher Optionen kann zur Einsparung von Berechnungszeit sinnvoll sein, da sich die Vereinfachungen dann auf spezielle Funktionen beschränken.

Aufgabe 9.1: Produkte von trigonometrischen Funktionen lassen sich als Linearkombinationen von sin- und cos-Termen mit vielfachen Argumenten umschreiben (Fourier-Entwicklung). Finden Sie Konstanten a, b, c, d und e, mit denen

$$\cos(x)^2 + \sin(x)\,\cos(x)$$
$$= a + b\,\sin(x) + c\,\cos(x) + d\,\sin(2\,x) + e\,\cos(2\,x)$$

gilt!

Aufgabe 9.2: Zeigen Sie mit MuPAD die folgenden Identitäten:

1) $$\frac{\cos(5\,x)}{\sin(2\,x)\cos^2(x)} = -5\,\sin(x) + \frac{\cos^2(x)}{2\,\sin(x)} + \frac{5\,\sin^3(x)}{2\,\cos^2(x)}\ ,$$

2) $$\frac{\sin^2(x) - e^{2\,x}}{\sin^2(x) + 2\,\sin(x)\,e^x + e^{2\,x}} = \frac{\sin(x) - e^x}{\sin(x) + e^x}\ ,$$

3) $$\frac{\sin(2\,x) - 5\,\sin(x)\,\cos(x)}{\sin(x)\,(1 + \tan^2(x))} = -\frac{9\,\cos(x)}{4} - \frac{3\,\cos(3\,x)}{4}\ ,$$

4) $$\sqrt{14 + 3\,\sqrt{3 + 2\,\sqrt{5 - 12\,\sqrt{3 - 2\,\sqrt{2}}}}} = \sqrt{2} + 3\ !$$

Aufgabe 9.3: MuPAD berechnet die folgende Stammfunktion für f:

```
>> f := sqrt(sin(x) + 1): int(%, x)

                                      1/2
      2 (sin(x) - 1) (sin(x) + 1)
      -------------------------------
                 cos(x)
```

Als Ableitung ergibt sich nicht unmittelbar der Integrand f:

```
>> diff(%, x)

                 1/2         sin(x) - 1
  2 (sin(x) + 1)      + ---------------- +
                                    1/2
                          (sin(x) + 1)

                                      1/2
     2 sin(x) (sin(x) - 1) (sin(x) + 1)
     -------------------------------------
                       2
                    cos(x)
```

Vereinfachen Sie diesen Ausdruck!

9.3 Annahmen über symbolische Bezeichner

Umformungen oder Vereinfachungen mit symbolischen Bezeichnern werden von MuPAD nur dann vorgenommen, wenn die entsprechenden Regeln allgemein in der komplexen Ebene anwendbar sind. Einige vom Rechnen mit reellen Zahlen vertraute Regeln gelten dort jedoch nicht allgemein. So sind die Wurzelfunktion oder der Logarithmus im Komplexen mehrdeutig, wobei die Verzweigungsschnitte der MuPAD-Funktionen die folgenden Aussagen erlauben:

Umwandlung von → in	hinreichende Bedingung
$\ln(e^x) \to x$	x reell
$\ln(x^n) \to n \ln(x)$	$x > 0$
$\ln(x\,y) \to \ln(x) + \ln(y)$	$x > 0$ oder $y > 0$
$\sqrt{x^2} \to \text{sign}(x)\,x$	x reell
$e^{x/2} \to (e^x)^{1/2}$	x reell

Mit der Funktion **assume** (englisch: *to assume* = annehmen) kann man den Systemfunktionen wie **expand**, **simplify**, **limit**, **solve** und **int** mitteilen, dass für gewisse Bezeichner Annahmen über ihre Bedeutung gemacht wurden. Wir beschränken uns hier auf die Demonstration einfacher Beispiele. Weitere Informationen erhält man auf der entsprechenden Hilfeseite: **?property**.

Durch Angabe einer Typenbezeichnung (Kapitel 15) kann den Systemfunktionen MuPADs mitgeteilt werden, dass ein symbolischer Bezeichner nur Werte repräsentieren soll, die der mathematischen Bedeutung des Typenbezeichners entsprechen. Beispielsweise wird mit

```
>> assume(x, Type::Real): assume(y, Type::Real):
   assume(n, Type::Integer):
```

die Bedeutung von x und y auf reelle Zahlen und von n auf ganze Zahlen eingeschränkt.

Nun kann **simplify** zusätzliche Vereinfachungsregeln einsetzen:

```
>> simplify(ln(exp(x))), simplify(sqrt(x^2))
```

$$x, \; x \; \text{sign}(x)$$

Mit **assume(x>0)** oder auch durch

```
>> assume(x, Type::Positive):
```

wird x auf die positiven reellen Zahlen eingeschränkt. Nun gilt:

```
>> simplify(ln(x^n)), simplify(ln(x*y) - ln(x) - ln(y)),
   simplify(sqrt(x^2))
```

$$n \; \ln(x), \; 0, \; x$$

Umformungen und Vereinfachungen mit Konstanten werden jedoch ohne explizites Setzen von Annahmen durchgeführt, da ihre mathematische Bedeutung bekannt ist:

```
>> expand(ln(2*PI*z)), sqrt((2*PI*z)^2)
```

$$\ln(z) + \ln(PI) + \ln(2), \; 2 \; PI \; (z^2)^{1/2}$$

Die arithmetischen Operationen berücksichtigen einige der gesetzten mathematischen Eigenschaften automatisch zur Vereinfachung:

```
>> (a*b)^m
```

$$(a \; b)^m$$

```
>> assume(m, Type::Integer): (a*b)^m
```

$$a^m \; b^m$$

Die Funktion **is** überprüft, ob ein MuPAD-Objekt eine bestimmte mathematische Eigenschaft besitzt:

```
>> is(1, Type::Integer), is(PI + 1, Type::Real)
```

```
                      TRUE, TRUE
```

Zusätzlich berücksichtigt **is** die mathematischen Eigenschaften von Bezeichnern, die mittels **assume** gesetzt wurden:

```
>> delete x: is(x, Type::Integer)
```

```
                      UNKNOWN
```

```
>> assume(x, Type::Integer):
>> is(x, Type::Integer), is(x, Type::Real)
```

```
                      TRUE, TRUE
```

Der logische Wert **UNKNOWN** (englisch für „unbekannt") drückt hierbei aus, dass das System keine Entscheidung darüber treffen kann, ob x eine ganze Zahl repräsentiert oder nicht.

Im Gegensatz zu **is** überprüft die in Abschnitt 15.1 vorgestellte Funktion **testtype** den *technischen* Typ eines MuPAD-Objekts:

```
>> testtype(x, Type::Integer), testtype(x, DOM_IDENT)
```

```
                      FALSE, TRUE
```

Anfragen der folgenden Art sind ebenfalls möglich:

```
>> assume(y > 5): is(y + 1 > 4)
```

```
                         TRUE
```

Die Funktion **getprop** gibt eine mathematische Eigenschaft eines Bezeichners oder Ausdrucks zurück:

```
>> getprop(y), getprop(y^2 + 1)
```

```
                      > 5, > 26
```

Mit der Funktion **unassume** oder dem Schlüsselwort **delete** kann man die Eigenschaften eines Bezeichners löschen:

```
>> delete y: is(y > 5)

                    UNKNOWN
```

Besitzt kein Bezeichner in einem Ausdruck mathematische Eigenschaften, dann liefert **getprop** den Ausdruck selbst zurück:

```
>> getprop(y), getprop(y^2 + 1)

                      2
                 y, y  + 1

>> getprop(3), getprop(sqrt(2) + 1)

                    1/2
               3, 2    + 1
```

Eine Ausnahme von dieser Regel tritt dann ein, wenn der Ausdruck eine der Funktionen **Re**, **Im** oder **abs** mit symbolischen Argumenten enthält. Die Funktionen **getprop** und **is** „wissen", dass Re(ex) und Im(ex) immer reell sind und abs(ex) immer größer oder gleich 0 ist, selbst wenn der Ausdruck **ex** keine Bezeichner mit Eigenschaften enthält:

```
>> getprop(Re(y)), getprop(abs(y^2 + 1))

           Type::Real, Type::NonNegative

>> is(abs(y^2 + 1), Type::Real)

                     TRUE
```

MuPAD stellt vier Typen von mathematischen Eigenschaften zur Verfügung:

- grundlegende Zahlenbereiche wie die ganzen Zahlen, die rationalen Zahlen, die reellen Zahlen, die positiven reellen Zahlen oder die Primzahlen,

- Intervalle mit Elementen aus einem Grundbereich,

- Restklassen ganzer Zahlen und

- Relationen zwischen einem Bezeichner und einem beliebigen Ausdruck.

Diese Eigenschaften sind in Tabelle 9.1 zusammengefasst.

Grund-bereiche	Type::Complex	$\mathbb{C}$
	Type::Even	$2\mathbb{Z}$
	Type::Imaginary	$\mathbb{R}i$
	Type::Integer	$\mathbb{Z}$
	Type::Negative	$\mathbb{R}_{<0}$
	Type::NegInt	$\mathbb{Z}_{<0}$
	Type::NegRat	$\mathbb{Q}_{<0}$
	Type::NonNegative	$\mathbb{R}_{\geq 0}$
	Type::NonNegInt	$\mathbb{N}$
	Type::NonNegRat	$\mathbb{Q}_{\geq 0}$
	Type::NonZero	$\mathbb{C} \setminus \{0\}$
	Type::Odd	$2\mathbb{Z} + 1$
	Type::PosInt	$\mathbb{N}_{>0}$
	Type::Positive	$\mathbb{R}_{>0}$
	Type::PosRat	$\mathbb{Q}_{>0}$
	Type::Prime	Primzahlen
	Type::Rational	$\mathbb{Q}$
	Type::Real	$\mathbb{R}$
	Type::Zero	$\{0\}$
Intervalle	Type::Interval(a, b, T)	$\{x \in T : a < x < b\}$
	Type::Interval([a], b, T)	$\{x \in T : a \leq x < b\}$
	Type::Interval(a, [b], T)	$\{x \in T : a < x \leq b\}$
	Type::Interval([a], [b], T)	$\{x \in T : a \leq x \leq b\}$
		a,b: Ausdrücke
		T: Grundbereich
Rest-klassen	Type::Residue(a, b) oder	$b \cdot \mathbb{Z} + a$
	b*Type::Integer + a	a,b: ganze Zahlen
Relationen	= b	$\{b\}$
	<> b	$\mathbb{C} \setminus \{b\}$
	< b	$\mathbb{R}_{<b}$
	<= b	$\mathbb{R}_{\leq b}$
	> b	$\mathbb{R}_{>b}$
	>= b	$\mathbb{R}_{\geq b}$
		b: Ausdruck

Tabelle 9.1. Typen in MuPAD verfügbarer mathematischer Eigenschaften.

Ist T ein Typ-Spezifizierer für einen Grundbereich, ein Intervall oder eine Restklasse aus der mittleren Spalte von Tabelle 9.1, dann heftet der Aufruf assume(x, T) die mathematische Eigenschaft „ist ein Element von S" an den Bezeichner x an, wobei S die entsprechende Menge in der rechten Spalte bezeichnet. In ähnlicher Weise überprüft der Befehl is(ex, T), ob der Ausdruck mathematisch zu der Menge S gehört. Die Syntax für Relationen ist etwas intuitiver. Beispielsweise heftet assume(x < b) dem Bezeichner x die mathematische Eigenschaft „ist kleiner als b" an, und is(a < b) überprüft, ob die Relation $a < b$ für die Ausdrücke a und b erfüllt ist.

Oft gibt es mehrere äquivalente Arten, eine Eigenschaft anzugeben. Beispielsweise sind > 0, Type::Positive und Type::Interval(0, infinity) äquivalente Eigenschaften. Ebenso ist Type::Odd äquivalent zu Type::Residue(1,2). Die Type-Bibliothek enthält allerdings auch „syntaktische" Typ-Spezifizierer, für die es in MuPAD keine entsprechenden mathematischen Eigenschaften gibt, wie z.B. Type::PolyOf oder Type::Series. Die meisten dieser Spezifizierer sind keine zulässigen Argumente für assume: beispielsweise kann man nicht Type::PolyOf verwenden, um einem Bezeichner die Eigenschaft anzuheften, ein Polynom zu sein.

Im Folgenden wird jede der verschiedenen Arten von Eigenschaften mit einem kleinen Beispiel illustriert. Die Gleichung $(x^a)^b = x^{ab}$ ist nicht universell gültig, wie das Beispiel $x = -1$, $a = 2$ und $b = 1/2$ zeigt. Sie gilt jedoch in jedem Fall, wenn b eine ganze Zahl ist:

```
>> assume(b, Type::Integer): (x^a)^b

                         a b
                        x

>> unassume(b): (x^a)^b

                         a b
                    (x )
```

Die Funktion `linalg::isPosDef` überprüft, ob eine Matrix positiv definit ist. Hat die Matrix jedoch symbolische Einträge, dann kann das möglicherweise gar nicht entschieden werden:

```
>> A := matrix([[1/a, 1], [1, 1/a]])
```

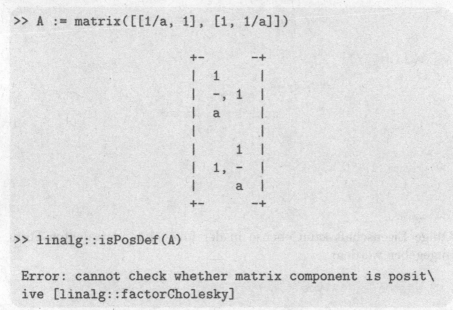

```
>> linalg::isPosDef(A)

Error: cannot check whether matrix component is posit\
ive [linalg::factorCholesky]
```

Mit der zusätzlichen Annahme, dass der Parameter a positiv und kleiner als 1 ist, kann MuPAD entscheiden, dass die Matrix positiv definit ist:

```
>> assume(a, Type::Interval(0, 1))

                      ]0, 1[

>> linalg::isPosDef(A)

                      TRUE
```

Eigenschaften dieser Art können auch in der folgenden bequemeren Art eingegeben werden:

```
>> assume(0 < a < 1)

                      ]0, 1[
```

Die Funktion **simplify** reagiert auf Eigenschaften:

```
>> assume(k, Type::Residue(3, 4))

                  4 Type::Integer + 3


>> sin(k*PI/2)


                      / k PI \
                  sin| ---- |
                      \  2  /


>> simplify(%)


                        -1
```

Obige Eigenschaft kann ebenso in der folgenden äquivalenten Form angegeben werden:

```
>> assume(k, 4*Type::Integer + 3)

                  4 Type::Integer + 3
```

Die Funktionen **Re**, **Im**, **sign** und **abs** berücksichtigen Eigenschaften:

```
>> assume(x > 1):
   Re(x*(x - 1)), sign(x*(x - 1)), abs(x*(x - 1))

              x (x - 1), 1, x (x - 1)
```

Da nur eine begrenzte Zahl mathematischer Eigenschaften und logischer Ableitungsregeln in MuPAD implementiert sind, nimmt das System bei der Bestimmung von Eigenschaften eines komplizierteren Ausdrucks einige Vereinfachungen vor. Daher ist das Ergebnis von **getprop** manchmal nicht so restriktiv, wie es mathematisch möglich wäre. Beispielsweise gilt $x^2 - x \geq -1/4$ für alle reellen Zahlen x, aber **getprop** liefert ein ungenaueres Ergebnis:

```
>> assume(x, Type::Real): getprop(x^2 - x)

                      Type::Real
```

Zusätzlich zu den Eigenschaften einzelner Bezeichner gibt es eine *globale Eigenschaft*, die allen Bezeichnern zusätzlich zu ihren individuellen Eigenschaften angeheftet wird. Diese globale Eigenschaft kann man über den speziellen Bezeichner `Global` setzen oder abfragen. Der folgende Befehl legt für alle Bezeichner ohne Wert fest, dass sie nur positive reelle Zahlen repräsentieren:

```
>> assume(Global, Type::Positive):
```

Das selbe Ergebnis wird mit dem Befehl `assume(Global>0)` erzielt. Nun hat jeder Bezeichner mindestens diese globale Eigenschaft, selbst wenn ihm keine individuelle Eigenschaft angeheftet wurde:

```
>> unassume(x): is(x > 0)
```

```
                          TRUE
```

Hat ein Bezeichner bereits eine individuelle Eigenschaft, dann verwenden `getprop` und `is` das logische „und" der globalen und der individuellen Eigenschaft:

```
>> assume(x, Type::Integer): getprop(x)
```

```
                      Type::PosInt
```

Der Befehl `getprop(Global)` liefert die globale Eigenschaft zurück:

```
>> getprop(Global)
```

```
                      Type::Positive
```

Die globale Eigenschaft kann mittels **unassume** gelöscht werden. Ist keine globale Eigenschaft gesetzt, dann gibt `getprop(Global)` den Bezeichner `Global` zurück:

```
>> unassume(Global): getprop(Global)
```

```
                         Global
```

In vielen Fällen kann das Argument `Global` weggelassen werden. Ist **prop** irgendeine Eigenschaft, dann setzt `assume(prop)` die globale Eigenschaft auf **prop**; `is(prop)` überprüft, ob die Eigenschaft **prop** aus der globalen Eigenschaft folgt; **getprop()** gibt die globale Eigenschaft zurück, und **unassume()** löscht sie.

Aufgabe 9.4: Zeigen Sie mit MuPAD:

$$\lim_{x \to \infty} x^a = \begin{cases} \infty & \text{für } a > 0, \\ 1 & \text{für } a = 0, \\ 0 & \text{für } a < 0. \end{cases}$$

Verwenden Sie dabei die Funktion **assume**, um die unterschiedlichen Fälle zu betrachten!

10. Zufall und Wahrscheinlichkeit

Durch die Nutzung des Zufallsgenerators `random` können mit MuPAD viele Experimente durchgeführt werden.

Der Aufruf `random()` erzeugt eine ganze nichtnegative 12-stellige Zufallszahl. Eine Folge von 4 solcher Zufallszahlen ergibt sich folgendermaßen:

```
>> random(), random(), random(), random()

  427419669081, 321110693270, 343633073697, 474256143563
```

Sollen die Zufallszahlen in einem anderen Bereich liegen, so kann ein Zufallszahlengenerator `Erzeuger:=random(m..n)` erzeugt werden. Dieser Erzeuger wird dann ohne Argumente aufgerufen[1] und liefert ganze Zahlen zwischen m und n. Der Aufruf `random(n)` entspricht `random(0..n-1)`. Die Simulation von 15 Würfen eines Würfels kann damit folgendermaßen durchgeführt werden:

```
>> Wuerfel := random(1..6):
>> WuerfelExperiment := [Wuerfel() $ i = 1..15]

    [5, 3, 6, 3, 2, 2, 2, 4, 4, 3, 3, 2, 1, 4, 4]
```

Man beachte hierbei, dass im Aufruf des Folgengenerators `$` eine Laufvariable benutzt werden muss, da sonst `Wuerfel()` nur einmal aufgerufen und dann eine Folge von Kopien dieses Wertes erzeugt wird:

```
>> Wuerfel() $ 15

    6, 6, 6, 6, 6, 6, 6, 6, 6, 6, 6, 6, 6, 6, 6
```

---

[1] Der Erzeuger kann mit beliebigen Argumenten aufgerufen werden, die in der Erzeugung der Zufallszahlen aber ignoriert werden.

Es folgt die Simulation von 8 Würfen einer Münze:

```
>> Muenze := random(2):
>> Muenzwuerfe := [Muenze() $ i = 1..8]

                 [0, 0, 0, 1, 1, 1, 0, 0]

>> subs(Muenzwuerfe, [0 = Kopf, 1 = Zahl])

   [Kopf, Kopf, Kopf, Zahl, Zahl, Zahl, Kopf, Kopf]
```

Die Funktion **frandom** erzeugt gleichverteilte Gleitpunktzahlen aus dem Intervall $[0, 1]$:

```
>> Zufallszahlen := [frandom() $ i = 1..10]

 [0.2703567032, 0.8142678572, 0.1145977439,

   0.247668289, 0.436855213, 0.7507294917,

   0.5143284818, 0.47002619, 0.06956333824,

   0.5063265159]
```

Die Bibliothek **stats** enthält Funktionen zur statistischen Analyse von Daten. Informationen erhält man mittels **info(stats)** und **?stats**. Die Funktion **stats::mean** berechnet den Mittelwert $X = \dfrac{1}{n} \sum_{i=1}^{n} x_i$ einer Zahlenliste $[x_1, \ldots, x_n]$:

```
>> stats::mean(WuerfelExperiment),
   stats::mean(Muenzwuerfe),
   stats::mean(Zufallszahlen)

              16/5, 3/8, 0.4194719824
```

Die Funktion `stats::variance` liefert die Varianz

$$V = \frac{1}{n-1} \sum_{i=1}^{n} (x_i - X)^2 \; :$$

```
>> stats::variance(WuerfelExperiment),
   stats::variance(Muenzwuerfe),
   stats::variance(Zufallszahlen)
```

$$61/35, \; 15/56, \; 0.06134788071$$

Die Standardabweichung (englisch: *standard deviation*) $\sqrt{V}$ wird mit
`stats::stdev` berechnet:

```
>> stats::stdev(WuerfelExperiment),
   stats::stdev(Muenzwuerfe),
   stats::stdev(Zufallszahlen)
```

$$\frac{35^{1/2} \, 61^{1/2}}{35}, \; \frac{14^{1/2} \, 15^{1/2}}{28}, \; 0.2476850434$$

Übergibt man die Option `Population`[2], so wird statt dessen $\sqrt{\frac{n-1}{n} V}$
geliefert:

```
>> stats::stdev(WuerfelExperiment, Population),
   stats::stdev(Muenzwuerfe, Population),
   stats::stdev(Zufallszahlen, Population)
```

$$\frac{3^{1/2} \, 122^{1/2}}{15}, \; \frac{15^{1/2}}{8}, \; 0.2349746638$$

Die Datenstruktur `Dom::Multiset` (Informationen: `?Dom::Multiset`)
liefert ein einfaches Hilfsmittel, Häufigkeiten in Folgen oder Listen zu

---

[2] In MuPAD–Versionen vor 2.5 war der `Population`-Modus die Voreinstellung. Die
aktuelle Standardfunktionalität $V = \frac{1}{n-1} \sum_{i=1}^{n} (x_i - X)^2$ wurde vor Version 2.5
durch die Option `Sample` erreicht.

bestimmen. Der Aufruf Dom::Multiset(a, b, ...) liefert eine Multimenge, ausgegeben als Menge von Listen, die jeweils ein Argument zusammen mit der Anzahl seiner Vorkommnisse in der Folge a, b, ... enthalten:

```
>> Dom::Multiset(a, b, a, c, b, b, a, a, c, d, e, d)

        {[a, 4], [b, 3], [c, 2], [d, 2], [e, 1]}
```

Die Simulation von 1000 Würfen eines Würfels könnte die folgenden Häufigkeiten ergeben:

```
>> Wuerfe := Wuerfel() $ i = 1..1000:
>> Dom::Multiset(Wuerfe)

 {[2, 152], [1, 158], [3, 164], [6, 162], [5, 176],

   [4, 188]}
```

In diesem Fall wurde 158 mal eine 1 gewürfelt, 152 mal eine 2, usw.

Ein Beispiel aus der Zahlentheorie ist die Verteilung der größten gemeinsamen Teiler (ggT) von Zufallspaaren ganzer Zahlen. Zwei Zufallslisten werden dazu mittels zip (Abschnitt 4.6) über die Funktion igcd verknüpft, welche den ggT ermittelt:

```
>> Liste1 := [random() $ i=1..1000]:
>> Liste2 := [random() $ i=1..1000]:
>> ggTListe := zip(Liste1, Liste2, igcd)

 [1, 7, 1, 1, 1, 5, 1, 3, 1, 1, 1, 3, 6, 1, 3, 5, ... ]
```

Mit Dom::Multiset wird die Häufigkeit des Auftretens der einzelnen ggT gezählt:

```
>> Haeufigkeiten := Dom::Multiset(op(ggTListe))

 {[11, 5], [13, 3], [14, 2], [9, 9], [12, 6], ... }
```

Eine nach dem ersten Eintrag der Unterlisten sortierte Liste ist übersichtlicher. Wir wenden dazu die Funktion sort an, der als Sortierkriterium eine Funktion übergeben werden kann. Diese entscheidet, welches von zwei Elementen x, y vor dem anderen einsortiert werden soll. Man lese dazu die entsprechende Hilfeseite: `?sort`. In diesem Fall sind x, y jeweils Listen aus zwei Elementen, und x soll vor y erscheinen, wenn für die ersten Einträge $x[1] < y[1]$ gilt:

```
>> Sortierkriterium := (x, y) -> x[1] < y[1]:
>> sort([op(Haeufigkeiten)], Sortierkriterium)
```

```
[[1, 596], [2, 142], [3, 84], [4, 28], [5, 33], ... ]
```

Von 1000 gewählten Zufallspaaren haben also 596 einen ggT von 1 und sind damit teilerfremd. Dieses Experiment ergibt damit 59.6% als Wahrscheinlichkeit, dass zwei zufällig gewählte ganze Zahlen teilerfremd sind. Der theoretische Wert dieser Wahrscheinlichkeit ist $6/\pi^2 \approx 0.6079.. \hat{=} 60.79\%$.

Mit MuPAD Version 2.5 wurde die `stats`-Bibliothek für Wahrscheinlichkeitstheorie und Statistik beträchtlich erweitert. Insbesondere wurden zahlreiche Wahrscheinlichkeitsverteilungen implementiert. Zu jeder Verteilung, sagen wir **xxx**, gehören jeweils 4 Routinen:

- eine (kumulative) Verteilungsfunktion **xxxCDF** (englisch: *cumulative distribution function*),

- eine Dichtefunktion **xxxPDF** (englisch: *probability density function*) bei kontinuierlichen Verteilungen bzw. **xxxPF** (englisch: *probability function*) bei diskreten Verteilungen,

- eine Quantilfunktion **xxxQuantile**,

- ein Zufallszahlengenerator **xxxRandom**.

Beispielsweise erzeugt der folgende Aufruf eine Liste von Zufallszahlen, die gemäß der Standardnormalverteilung (mit Erwartungswert 0 und Varianz 1) verteilt sind:

```
>> Generator := stats::normalRandom(0, 1):
   Daten := [Generator() $ i = 1..1000]:
```

Die `stats`-Bibliothek ab MuPAD Version 2.5 beinhaltet ein Implementation des klassischen χ^2-Tests. Wir setzen ihn hier ein um zu testen, ob die soeben erzeugten Zufallsdaten wirklich einer Normalverteilung

gehorchen. Wir geben vor, weder den Erwartungswert noch die Varianz
der Daten zu kennen und schätzen diese Parameter statistisch:

```
>> m := stats::mean(Daten)

                 0.02413100072

>> V := stats::variance(Daten)

                 1.057017094
```

Für den χ^2-Test hat man eine Einteilung der reellen Achse in „Zellen"
(Intervalle) vorzugegeben, für die die Anzahl der beobachteten Zahlen
in jeder Zelle verglichen wird mit der theoretisch erwarteten Anzahl,
wenn die Daten einer hypothetischen Verteilung genügen. Ideal ist eine
Zelleinteilung, in der alle Zellen die selbe hypothetische Besetzungs-
wahrscheinlichkeit haben. Die Routine **stats::equiprobableCells**
ist eine Hilfsfunktion für den Test, mit der bequem eine solche Zelleinteilung erzeugt werden kann. Der folgende Aufruf zerlegt die reelle
Achse in 32 Zellen, die alle bezüglich der Normalverteilung mit den
oben berechneten empirischen Parametern „gleichwahrscheinlich" sind:

```
>> Zellen := stats::equiprobableCells(32,
                       stats::normalQuantile(m, V))

 [[-infinity, -1.89096853], [-1.89096853, -1.553118836],

     ... , [1.939230531, infinity]]
```

Der χ^2-Anpassungstest ist durch die Routine **stats::csGOFT** imple-
mentiert. Der folgende Aufruf führt den Test durch, ob die gegebenen
Daten einer Normalverteilung mit dem Erwartungswert m und der
Varianz V genügen können:

```
>> stats::csGOFT(Daten, Zellen,
                 CDF = stats::normalCDF(m, V))

    [20.67199999, 0.07970584978, 31.24999998]
```

Der zweite Wert in dieser Liste ist das Signifikanzniveau, das durch
die Daten erreicht wird. Wenn dieser Wert nicht sehr dicht bei 1 liegt,

bestehen die Daten den Test. Die genaue Interpretation der Rückgabewerte ist auf der Hilfeseite von `stats::csGOFT` zu finden. In diesem Fall zeigt der sehr kleine Wert an, dass die empirische Verteilung der Daten in der Tat sehr gut die hypothetische Normalverteilung annähert.

Abschließend „verunreinigen" wir die Daten, indem 35 Nullen hinzugefügt werden:

```
>> Daten := append(Daten, 0 $ 35):
```

Wir überprüfen erneut, ob dieser neue Datensatz immer noch als normalverteilt gelten kann:

```
>> m := stats::mean(Daten): V := stats::variance(Daten):
   Zellen := stats::equiprobableCells(32,
                 stats::normalQuantile(m, V)):
>> stats::csGOFT(Daten, Zellen,
                 CDF = stats::normalCDF(m, V))

      [60.82222221, 0.9989212671, 32.34374998]
```

Das erreichte Signifikanzniveau 0.9989... zeigt an, dass die Hypothese einer Normalverteilung der Daten bis zum Niveau $1 - 0.9989... \approx 0.001$ verworfen werden muss.

Aufgabe 10.1: Es wird gleichzeitig mit 3 Würfeln gewürfelt. Die folgende Tabelle gibt die zu erwartenden Häufigkeiten an, mit denen bei 216 Würfen die Augensumme einen der Werte zwischen 3 und 18 annimmt:

Augensumme

3	4	5	6	7	8	9	10	11	12	13	14	15	16	17	18
1	3	6	10	15	21	25	27	27	25	21	15	10	6	3	1

Häufigkeit

Simulieren Sie 216 Würfe und vergleichen Sie die beobachteten Häufigkeiten mit diesen Werten!

Aufgabe 10.2: Beim Monte-Carlo-Verfahren zur Abschätzung des Flächeninhalts eines Gebietes $A \subset \mathbb{R}^2$ wird zunächst ein (möglichst kleines) Rechteck Q gewählt, welches A umschließt. Dann werden zufällig n Punkte in Q gewählt. Liegen m dieser Punkte in A, so gilt bei hinreichend großem Stichprobenumfang n:

$$\text{Fläche von } A \approx \frac{m}{n} \times \text{Fläche von } Q.$$

Sei $\mathtt{r()}$ ein Generator von auf $[0,1]$ gleichverteilten Zufallszahlen. Hiermit können durch $[\mathtt{a*r()}, \mathtt{b*r()}]$ auf dem Rechteck $Q = [0,a] \times [0,b]$ gleichmäßig verteilte Zufallsvektoren erzeugt werden.

a) Bestimmen Sie durch Monte-Carlo-Simulation die Fläche des in $Q = [0,1] \times [0,1]$ liegenden Viertelkreises um den Nullpunkt mit Radius 1, und „würfeln" Sie so Approximationen von π!

b) Sei $f : x \mapsto x \sin(x) + \cos(x) \exp(x)$. Bestimmen Sie eine Näherung für $\int_0^1 f(x)\, dx$! Suchen Sie dazu eine obere Schranke M für f auf dem Intervall $[0,1]$ und wenden Sie die Simulation auf $Q = [0,1] \times [0,M]$ an. Vergleichen Sie auch das Ergebnis mit dem exakten Integral.

11. Graphik

MuPAD stellt eine Reihe von graphischen Werkzeugen zur zwei- und drei-dimensionalen Visualisierung mathematischer Objekte bereit. Die Basisfunktionen MuPADs sind dabei `plotfunc2d`, `plotfunc3d`, `plot2d` und `plot3d`, hinzu kommen spezielle Zeichenroutinen aus der `plot`-Bibliothek. Es wird vorausgesetzt, dass eine innerhalb einer graphischen Fensterumgebung arbeitende MuPAD-Version verwendet wird. Je nach Version eröffnet MuPADs Graphikmodul nach dem Aufruf eines Graphikbefehls ein separates Fenster, oder die Graphik erscheint – so wie alle anderen von MuPAD zurückgelieferten Resultate – unmittelbar im Notebook unterhalb des Aufrufs.

11.1 Funktionsgraphen

Die Funktionen `plotfunc2d` und `plotfunc3d` (englisch: *to plot* = zeichnen) dienen zur Darstellung von Graphen von Funktionen mit einem bzw. zwei Argumenten.

Mit dem folgenden Aufruf wird die Sinus-Funktion im Intervall $[0, 4\pi]$ gezeichnet:

```
>> plotfunc2d(sin(x), x = 0..4*PI)
```

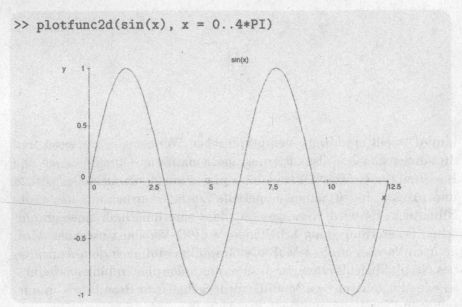

Die Graphen mehrerer Funktionen können gleichzeitig in einer „Szene" dargestellt werden:

```
>> plotfunc2d(sin(x), cos(x), x = 0..4*PI)
```

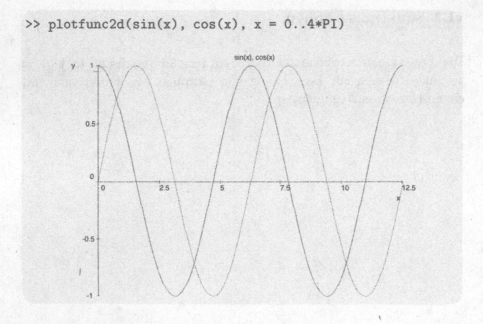

Auch Funktionen mit Singularitäten (Polstellen) können dargestellt werden:

```
>> plotfunc2d(1/(1 - x) + 1/(1 + x), x = -2..2)
```

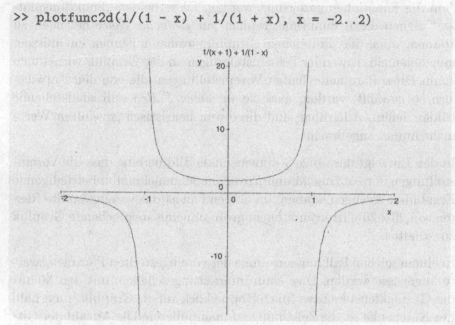

Für Funktionen mit 2 Argumenten werden 3-dimensionale Graphiken erzeugt:

```
>> plotfunc3d(sin(x^2 + y^2), cos(x^2 + y^2),
              x = 0..PI, y = 0..PI)
```

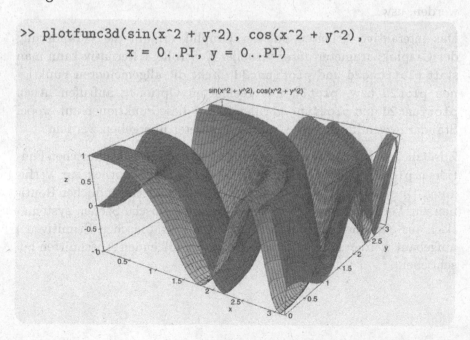

Beim Aufruf von `plotfunc2d` und `plotfunc3d` werden lediglich die
Funktionen und der (gemeinsame) Definitionsbereich spezifiziert, über
dem die Funktionen gezeichnet werden. Diese beiden „Funktionsplot-
ter" dienen dazu, Funktionsgraphen auf *einfache* Weise erzeugen zu
können, ohne die zahlreichen Graphikparameter kennen zu müssen,
mit denen ein Anwender Feineinstellungen an der Graphik vornehmen
kann. Diese Parameter haben Voreinstellungen, die von den Entwick-
lern so gewählt wurden, dass sie *in vielen Fällen* zufriedenstellende
Bilder liefern. Allerdings sind diese rein heuristisch gewählten Werte
nicht immer angebracht.

In der Tat zeigt das obige 3-dimensionale Bild bereits, dass die Voreinstellungen in `plotfunc2d` und `plotfunc3d` manchmal unbefriedigende
Ergebnisse erzeugen können. Im obigen Fall ist das voreingestellte Ras-
ter von 20×20 Gitterpunkten zu grob, um eine ansprechende Graphik
zu erhalten.

In einem solchen Fall müssen einige der voreingestellten Parameterwerte angepasst werden. Dies kann interaktiv geschehen: mit den Menüs
des Graphikfensters bzw. (nach Doppelklick auf die Graphik) innerhalb
des Notebooks ist die Zeichnung zu manipulieren: Die Anzahl der Git-
terpunkte kann verändert werden, verschiedene Varianten von Koordi-
natenkreuzen können gewählt werden, die Farbgebung kann verändert
werden, usw.

Das interaktive Arbeiten mit der Graphik erlaubt die Veränderung
der Graphikparameter unter visueller Kontrolle. Alternativ kann man
statt `plotfunc2d` und `plotfunc3d` direkt die allgemeineren Funktionen `plot2d` bzw. `plot3d` mit geeigneten Optionen aufrufen. Auch
`plotfunc2d` und `plotfunc3d` rufen intern diese Funktionen auf, wobei
Standardwerte für diverse Graphikparameter übergeben werden.

Zusätzlich zu `plotfunc2d`/`plotfunc3d` und den recht technischen Fun-
tionen `plot2d`/`plot3d` stellt MuPAD die `plot`-Bibliothek zur Verfügung. Diese Bibliothek stellt eine Reihe anwenderfreundlicher Routinen zur Verfügen, mit denen komplexere graphische Szenen systematisch aus einfachen graphischen Objekten („graphischen Primitiven")
aufgebaut werden können. Dies wird in den folgenden Abschnitten beschrieben.

11.2 Graphische Szenen

Die Bibliothek `plot` stellt sowohl eine Reihe graphischer „Primitive"
als auch komplexere graphische Algorithmen zur Verfügung:

```
>> info(plot)


Library 'plot': graphical primitives and functions \
for two- and three-dimensional plots


-- Interface:
plot::Curve2d,        plot::Curve3d,
plot::Ellipse2d,      plot::Function2d,
plot::Function3d,     plot::Group,
plot::HOrbital,       plot::Lsys,
plot::Point,          plot::Pointlist,
plot::Polygon,        plot::Rectangle2d,
plot::Scene,          plot::Surface3d,
plot::Turtle,         plot::bars,
plot::boxplot,        plot::contour,
plot::copy,           plot::cylindrical,
plot::data,           plot::density,
plot::implicit,       plot::inequality,
plot::line,     .     plot::matrixplot,
plot::modify,         plot::ode,
plot::piechart2d,     plot::piechart3d,
plot::polar,          plot::spherical,
plot::surface,        plot::vector,
plot::vectorfield,    plot::xrotate,
plot::yrotate


-- Exported:
plot,        plot2d, plot3d, plotfunc2d,
plotfunc3d
```

In den folgenden Abschnitten werden die grundlegendsten dieser Funktionen beschrieben. Für eine Beschreibung der anderen Funktionen
wird auf die entsprechenden Hilfeseiten verwiesen.

Als allgemeines Prinzip gilt, dass die Funktionen der `plot`-Bibliothek nicht Bilder, sondern symbolische „graphische Objekte" liefern. Der Anwender soll alle solchen (einfachen) Objekte erzeugen und sammeln, die er in seiner Graphik darstellen möchte. Erst zuletzt werden die Objekte zu einer gemeinsamen graphischen „Szene" zusammengefasst und mit dem Befehl `plot` gezeichnet. Die allgemeine Syntax lautet:

```
>> plot(Objekt1, Objekt2, ...,
        SzeneOption1, SzeneOption2):
```

Die MuPAD-Folge `Objekt1, Objekt2, ...` wird im folgenden als „Szene" bezeichnet. Die Optionen `SzeneOption1, SzeneOption2` etc. bestimmen das Gesamtbild und setzen Attribute wie z. B. Achsen etc., die nicht den Einzelobjekten zuzuordnen sind. Im Gegensatz dazu gibt es „Objektoptionen", die den einzelnen graphischen Objekten zugeordnet sind, z. B. Farben, Punktgrößen (bei Punktobjekten), Liniendicken (bei Linienobjekten), Stützstellenparameter (bei Flächenobjekten) etc. Diese werden beim Erzeugen der Objekte mittels der entsprechenden Funktionen der `plot`-Bibliothek angegeben.

Szeneoptionen beziehen sich auf das allgemeine Aussehen des Gesamtbilds: Sollen Achsen eingezeichnet werden, wird schwarz auf weiß oder weiß auf schwarz gezeichnet, soll das Bild eine Überschrift haben, wo soll diese positioniert werden? Jede Szeneoption ist eine MuPAD-Gleichung der Form `Name = Wert`.

Die wählbaren Szene-Optionen sind in der folgenden Tabelle zusammengestellt. Innerhalb einer MuPAD-Sitzung stellt das Hilfesystem diese Tabelle (nach 2D- und 3D-Optionen aufgespalten) auf den durch `?plotOptions2d` bzw. `?plotOptions3d` anzufordernden Hilfeseiten zur Verfügung. Detaillierte Beschreibungen der Optionen sind auf den Hilfeseiten `?plot2d` bzw. `?plot3d` zu finden. Beispiele werden in den folgenden Abschnitten gegeben.

Option	mögliche Werte	Bedeutung	Voreinstellung
Arrows	TRUE/FALSE	Koordinatenachsen als Pfeile?	FALSE
Axes		Koordinatenachsen:	
	None	keine,	
	Origin	Achsenkreuz im	Origin (2D)
	Corner	Zentrum, am Rand,	
	Box	Umrahmung?	Box (3D)

Option	mögliche Werte	Bedeutung	Voreinstellung
AxesOrigin	Automatic [x0, y0, ...]	Zentrum des Koordinatenkreuzes	Automatic
AxesScaling	[Lin/Log, Lin/Log, ...]	lineare/logarithmische Skala?	[Lin, Lin, ...]
BackGround	[r, g, b] ($r, g, b \in [0, 1]$)	Hintergrundfarbe	[1, 1, 1] (weiß)
CameraPoint (nur 3D)	Automatic [x, y, z]	Position des Betrachters	Automatic
Discont (nur 2D)	TRUE/FALSE	nach Unstetigkeiten suchen?	FALSE
FocalPoint (nur 3D)	Automatic [x, y, z]	Blickpunkt des Betrachters	Automatic
FontFamily	Zeichenkette	Font für Achsenbeschriftung und Titel	"helvetica"
FontSize	1, 2, ...	Fontgröße für Achsenbeschriftung und Titel	8
FontStyle	Zeichenkette	Fontstil für Achsenbeschriftung und Titel	"bold" (fett)
ForeGround	[r, g, b] ($r, g, b \in [0, 1]$)	Farbe für Achsen, Titel usw.	[0, 0, 0] (schwarz)
GridLines (nur 2D)	Automatic None [X, Y] ...	Gitterlinien	None (keine)
GridLinesColor (nur 2D)	[r, g, b] ($r, g, b \in [0, 1]$)	Farbe für Gitterlinien	RGB::Gray (grau)
GridLinesWidth (nur 2D)	1, 2, ...	Dicke der Gitterlinien	5
GridLinesStyle (nur 2D)	SolidLines DashedLines	Stil der Gitterlinien	DashedLines (gestrichelt)
Labeling	TRUE/FALSE	Achsen beschriften?	FALSE
Labels	[string, string, ...]	Namen an den Achsen	["x", "y", ...]
LineStyle	SolidLines DashedLines	Linienstil: Durchgezogen, gestrichelt	SolidLines
LineWidth	1, 2, ...	Liniendicke	1
PlotDevice	Screen Zeichenkette [string, format]	Ausgabe auf Bildschirm, in eine Binärdatei oder ein Graphikformat	Screen
PointStyle	Squares Circles FilledSquares	Darstellung von Punkten: Quadrate, Kreise, gefüllte Quadrate,	FilledSquares

Option	mögliche Werte	Bedeutung	Voreinstellung
	`FilledCircles`	gefüllte Kreise	
`PointWidth`	1, 2, 3, …	Punktdicke	30
`RealValuesOnly` (nur 2D)	TRUE/FALSE	Punkte mit nicht-reellen Koordinaten ignorieren?	FALSE
`Scaling`	`Constrained` `UnConstrained`	horizontale/vertikale Skalierung gleich? (Kreise werden zu Kreisen oder zu Ellipsen)	`UnConstrained` (Kreise werden zu Ellipsen)
`Ticks`	`Automatic` `None` 0, 1, …	(minimale) Anzahl der Achsenmarkierungen	`Automatic`
`Title`	Zeichenkette	Titel der Szene	"" (kein Titel)
`TitlePosition`	`Above` `Below` [X, Y] (X, Y $\in$ [0, 10])	Platzierung des Titels: über der Szene, unter der Szene, an den Koordinaten X,Y ([0, 0] = links oben, [10, 10] = rechts unten)	`Above`
`ViewingBox` (nur 2D)	`Automatic` [x0..x1, y0..y1]	sichtbarer Ausschnitt der Graphikszene	`Automatic`

Alternativ zu `plotfunc2d` und `plotfunc3d` kann man die Funktionen `plot::Function2d` bzw. `plot::Function3d` verwenden, um zwei-bzw. dreidimensionale Funktionsgraphen zu zeichnen. Im Gegensatz zu `plotfunc2d/plotfunc3d` erzeugen diese `plot`-Routinen nicht direkt die Graphiken, sondern liefern die Funktionsgraphen zunächst als „symbolische" Objekte. Man kann sich dafür entscheiden, zu diesen Objekten weitere graphische Objekte wie Punkte, Linien, Kurven, Flächen etc. hinzuzufügen, bevor man die Gesamtszene mittels eines Aufrufs von `plot` zeichnen lässt.

Beispielsweise erzeugt der folgenden Aufruf den Graphen der Sinusfunktion auf dem Intervall $[0, 4\pi]$. Man vergleiche mit dem entsprechenden Aufruf von `plotfunc2d` im Abschnitt 11.1:

```
>> plot(plot::Function2d(sin(x), x = 0..4*PI))
```

Analog liefern die folgenden Anweisungen 3-dimensionale Funktionsgraphen für $\sin(x^2 + y^2)$ und $\cos(x^2 + y^2)$ mit $0 \leq x, y \leq \pi$. Man vergleiche wiederum mit den entsprechenden Aufrufen von `plotfunc3d` im Abschnitt 11.1:

```
>> plot(plot::Function3d(sin(x^2 + y^2),
        x = 0..PI, y = 0..PI),
        plot::Function3d(cos(x^2 + y^2),
        x = 0..PI, y = 0..PI))
```

11.3 Kurven

Ein oft benötigtes graphisches Primitiv, das von der plot-Bibliothek zur Verfügung gestellt wird, ist die *parametrisierte Kurve*, bei dem die x- und y-Koordinaten der Kurvenpunkte als Funktionen eines Parameters übergeben werden. Der Graph einer Funktion $f(x)$ über dem Definitionsbereich $a \leq x \leq b$ lässt sich beispielsweise mit der Parametrisierung

$$x = u, \quad y = f(u), \quad a \leq u \leq b$$

realisieren. Für einen Funktionsgraphen gibt es keinen wirklichen Grund, die Graphik mittels einer parametrisierten Kurve zu erzeugen. Es ist jedoch nicht möglich, beispielsweise einen (vollständigen) Kreis mit dem Mittelpunkt $(0,0)$ und Radius r als Funktionsgraph zu erzeugen. In parametrisierter Form ist dieser Kreis aber leicht durch

$$x = r \cos(u), \quad y = r \sin(u), \quad 0 \leq u \leq 2\pi$$

zu definieren. Eine 2-dimensionale parametrisierte Kurve wird folgendermaßen mittels plot::Curve2d deklariert:

```
>> Objekt := plot::Curve2d([x(u), y(u)], u = a..b,
              ObjektOption1, ObjektOption2, ...):
```

Die möglichen Optionen, die in der Definition eines graphischen Objektes vom Typ „Kurve" wählbar sind, sind in Tabelle 11.2 zusammengestellt. Die Hilfeseite ?plot::Curve2d enthält eine detailliertere Beschreibung. Die Objektoptionen werden – analog zu Szeneoptionen – als Folge von MuPAD-Gleichungen Name = Wert übergeben. Für die Parametrisierungen $x(u)$, $y(u)$ sind MuPAD-Ausdrücke zu benutzen. Der Graph der Sinus-Funktion über dem Intervall $[0, 4\pi]$ bzw. ein Kreis mit Radius 1 können damit folgendermaßen definiert werden:

Option	mögliche Werte	Bedeutung	Voreinstellung
Color	[Flat] [Flat, [r, g, b]] [Height] ...	Farbe: Einfarbig („Flat") mit automatisch gewählter oder spezifizierter RGB-Farbe, Farbverlauf nach vertikaler Koordinate, selbstdefinierter Farbverlauf	[Height]
Grid	[1], [2], ...	Anzahl der Stützstellen	[100]
LineStyle	SolidLines DashedLines	Linienstil: Durchgezogen oder gestrichelt	SolidLines
LineWidth	1, 2, ...	Liniendicke	1
PointStyle	Squares Circles FilledSquares FilledCircles	Darstellung von Punkten: als Quadrate, als Kreise, als gefüllte Quadrate, als gefüllte Kreise	FilledSquares
PointWidth	1, 2, 3, ...	Dicke von Punkten	30
Smoothness	[0], [1], ...	Zusatzpunkte zwischen Stützstellen zur Glättung der Kurve	[0]
Style	[Points] [Lines] [LinesPoints] [Impulses]	Kurvendarstellung durch einzelne Punkte, eine Linie, eine Linie mit Punkten, „Impulse"	[Lines]
Title	Zeichenkette	Objekttitel	"" (kein Titel)
TitlePosition	[X,Y] (X,Y ∈ [0,10])	Platzierung des Titels ([0, 0] = links oben, [10, 10] = rechts unten)	

Tabelle 11.2. Objektoptionen für eine Kurve

```
>> SinusGraph := plot::Curve2d([u, sin(u)],
            u = 0..4*PI, Grid = [200]):
>> Kreis := plot::Curve2d([cos(u), sin(u)],
            u = 0..2*PI):
```

Der Funktionsgraph des Sinus wird dabei durch die Objektoption `Grid` = [200] aus 200 Stützpunkten berechnet, zwischen denen linear interpoliert wird. Beim Kreis wird die Voreinstellung von 100 Stützpunkten akzeptiert.

In den folgenden Graphikaufrufen werden Szeneoptionen zum Abschalten der Achsenmarkierungen und -beschriftungen gesetzt (`Ticks = None` und `Labeling = FALSE`). Mit `Axes = Box` wird der Achsentyp auf einen Rahmen umgestellt. Für alle anderen Parameter werden die Voreinstellungen akzeptiert:

```
>> SzeneOptionen :=
      Ticks = None, Labeling = FALSE, Axes = Box:
>> plot(SinusGraph, SzeneOptionen)
```

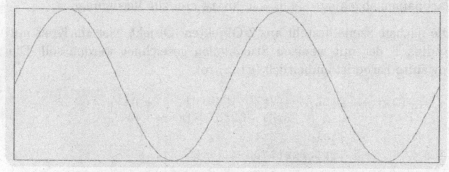

Für den Kreis wird durch die Szeneoption `Scaling = Constrained` garantiert, dass gleiche Skalen für beide Achsen benutzt werden. Damit sieht der Kreis wirklich wie ein Kreis und nicht wie eine Ellipse aus:

```
>> plot(Kreis, SzeneOptionen, Scaling = Constrained)
```

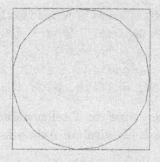

Farben werden durch Listen [R, G, B] von Rot-, Grün- und Blauwerten angegeben, die jeweils zwischen 0.0 und 1.0 liegen müssen. Schwarz entspricht [0, 0, 0], Weiß ist [1, 1, 1]. Die Bibliothek `RGB` enthält eine große Zahl von Farbnamen mit den dazugehörigen RGB-Werten, die mit info(RGB) aufgelistet werden:

```
>> RGB::Black, RGB::White, RGB::Red, RGB::SkyBlue

  [0.0, 0.0, 0.0], [1.0, 1.0, 1.0], [1.0, 0.0, 0.0],

    [0.529405, 0.807794, 0.921598]
```

Liest man die Farbbibliothek mit export(RGB) ein, so stehen diese Farbnamen abgekürzt als Black, White etc. zur Verfügung.

Die nächste Szene besteht aus 2 Objekten: Objekt 1 ist ein Kreis mit Radius 1, der mit wenigen Stützstellen gezeichnet werden soll. Die gewählte Farbe ist einheitlich (Flat) rot:

```
>> Kreis1 := plot::Curve2d([cos(u), sin(u)],
             u = 0..2*PI, Grid = [11],
             Title = "Kreis 1",
             TitlePosition = [1.0, 2],
             Color = [Flat, RGB::Red]):
```

Objekt 2 ist ein Kreis mit Radius 1/2, bei dem der Parameter u durch die Option Grid=[100] gleichmäßig 100 Punkte aus dem Intervall $[0, 2\pi]$ zugewiesen bekommt. Durch die hohe Stützstellenzahl wirkt der kleine Kreis sehr glatt. Die gewählte Farbe ist blau:

```
>> Kreis2 := plot::Curve2d([cos(u)/2, sin(u)/2],
             u = 0..2*PI, Grid = [100],
             Title = "Kreis 2",
             TitlePosition = [6.3, 2.8],
             Color = [Flat, RGB::Blue]):
```

In den Szeneoptionen wird ein Titel gewählt, der als MuPAD-Zeichenkette übergeben wird. Es wird ein Achsenkreuz gewählt:

```
>> SzeneOptionen :=
         Axes = Origin,
         Scaling = Constrained,
         Title = "Zwei Kreise",
         TitlePosition = [5, 0.7]:
```

Man erkennt an der Graphik deutlich den Effekt der unterschiedlichen Optionen, die für die Objekte gewählt wurden:

```
>> plot(Kreis1, Kreis2, SzeneOptionen)
```

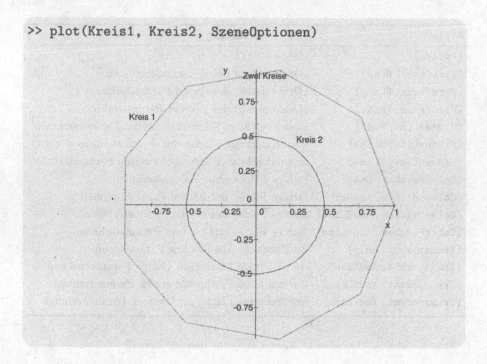

11.4 Flächen

Typische 3-dimensionale Graphikobjekte sind *parametrisierte Flächen*: Die x, y, z-Koordinaten der Flächenpunkte sind als Funktionen $x(u, v)$, $y(u, v)$, $z(u, v)$ zweier Flächenparameter u, v definiert. Graphen von Funktionen $f(x, y)$ in zwei Variablen über dem Definitionsbereich $a \leq x \leq b$, $A \leq y \leq B$ lassen sich damit in der Form

$$x = u, \quad y = v, \quad z = f(u, v), \quad a \leq u \leq b, \quad A \leq v \leq B$$

definieren. Kompliziertere Flächen wie z. B. die Oberfläche einer Kugel mit Radius r lassen sich in parametrisierter Form

$$x = r \cos(u) \sin(v), \quad y = r \sin(u) \sin(v), \quad z = r \cos(v),$$
$$0 \leq u \leq 2\pi, \quad 0 \leq v \leq \pi$$

darstellen.

Eine parametrisierte Fläche wird folgendermaßen mit der Funktion
plot::Surface3d deklariert:

```
>> Objekt := plot::Surface3d(
            [x(u, v), y(u, v), z(u, v)],
            u = a..b, v = A..B,
            ObjektOption1, ObjektOption2, ...):
```

Beispielsweise wird der Graph der Funktion $f(x, y) = \sin(x^2 + y^2)$
durch den folgenden Aufruf erstellt:

```
>> plot(plot::Surface3d([x, y, sin(x^2 + y^2)],
         x = 0..PI, y = 0..PI, Grid = [20, 20],
         Smoothness = [2, 2], Color = [Height],
         Style = [ColorPatches, AndMesh]),
       Title = "Die Funktion sin(x^2+y^2)",
       TitlePosition = Below, Axes = None)
```

Die Funktion sin(x^2+y^2)

In diesem Beispiel wurden für die zwei Flächenparameter u und v jeweils 20 gleichmäßig verteilte Stützpunkte gewählt, wobei zur Glättung
zwischen benachbarten Stützpunkten je zwei weitere Zwischenpunkte
gewählt wurden (Smoothness= [2, 2]). Insgesamt wurden damit etwa
$60 \times 60 = 3600$ Punkte der Fläche berechnet, ein Titel wurde unter
dem Bild platziert, die Einfärbung der Fläche wurde gemäß der Höhe
der Punkte gewählt (Color= [Height]).

Die Objektoptionen von Flächen sind ähnlich wie bei Kurven (Tabel-
le 11.2). Allerdings sind die Werte von Grid und Smoothness jetzt
Listen mit zwei Elementen, da die Stützstellen und die Anzahl der zur
Glättung dienenden Zwischenpunkte für beide Flächenparameter ge-
trennt spezifiziert werden können. Der Stilparameter Style kann für
Flächen die in Tabelle 11.3 angegebenen Werte annehmen. Die Vorein-

stellung ist `Style = [ColorPatches, AndMesh]`. Die Hilfeseite `?plot3d` gibt detailliertere Informationen.

Style =	Flächendarstellung
[Points]	einzelne Punkte
[WireFrame, Mesh]	„Drahtgestell" beider Parameterlinien
[WireFrame, ULine]	„Drahtgestell" der ersten Parameterlinien
[WireFrame, VLine]	„Drahtgestell" der zweiten Parameterlinien
[HiddenLine, Mesh]	undurchsichtige Fläche mit beiden Parameterlinien
[HiddenLine, ULine]	undurchsichtige Fläche mit ersten Parameterlinien
[HiddenLine, VLine]	undurchsichtige Fläche mit zweiten Parameterlinien
[ColorPatches, Only]	farbige Fläche ohne Parameterlinien
[ColorPatches, AndMesh]	farbige Fläche mit beiden Parameterlinien
[ColorPatches, AndULine]	farbige Fläche mit ersten Parameterlinien
[ColorPatches, AndVLine]	farbige Fläche mit zweiten Parameterlinien
[Transparent, Only]	durchsichtige Fläche ohne Parameterlinien
[Transparent, AndMesh]	durchsichtige Fläche mit beiden Parameterlinien
[Transparent, AndULine]	durchsichtige Fläche mit ersten Parameterlinien
[Transparent, AndVLine]	durchsichtige Fläche mit zweiten Parameterlinien

Tabelle 11.3. Optionen für den Flächenstil

11.5 Weitere Möglichkeiten

Bislang wurden graphische Objekte vom Typ „Kurve" (in zwei Dimensionen) und vom Typ „Fläche" (in drei Dimensionen) vorgestellt. Ein weiteres von der `plot`-Bibliothek angebotenes graphisches Primitiv ist `plot::Curve3d` zum Zeichnen von Raumkurven wie z. B. Trajektorien von Partikeln. Weitere graphische Primitive, die von `plot` gezeichnet werden können, sind Punkte (`plot::Point`), Punktmengen (`plot::Pointlist`) und Polygone (`plot::Polygon`). Hiermit können diskrete Daten in eine Zeichnung umgesetzt werden. Zu zeichnende Punkte werden dabei in der Form `plot::Pointlist([x1,y1], [x2, y2], ...)` für 2-dimensionale Daten bzw. `plot::Pointlist([x1,y1, z1], [x2,y2, z2], ...)` für 3-dimensionale Daten an `plot` übergeben:

```
>> PlotPunkte := plot::Pointlist(
            [i, sin(i*6.28/50)] $ i = 0..50,
            PointStyle = FilledSquares,
            PointWidth = 30):
>> plot(PlotPunkte)
```

Mit **plot::contour** und **plot::implicit** können Konturen einer 3-dimensionalen Fläche dargestellt werden (siehe **?plot::contour** oder **?plot::implicit**). Im folgenden Beispiel wird die Lösungskurve aller Punkte (x, y) dargestellt, die die Gleichung

$$f(x, y) = (x^2 + y^2)^3 - (x^2 - y^2)^2 = konstant \, , \ -1 \le x, y \le 1$$

erfüllen. Dazu werden mit **plot::contour** die Höhenlinien der Funktion $f(x, y)$ dargestellt.

Im folgenden Bild werden gleichzeitig die Konturen der Lösungskurven von $f(x, y) = -0.05$, $f(x, y) = 0$ und $f(x, y) = 0.05$ gezeichnet. Die „mittlere" Kurve (das „Kleeblatt") entspricht den Lösungen von $f(x, y) = 0$:

```
>> SzeneOptionen :=  Axes = Box, Labels = ["", ""],
                     Scaling = Constrained:
>> Flaeche := [x, y, (x^2 + y^2)^3 - (x^2 - y^2)^2],
              x = -1..1, y = -1..1:
>> ObjektOptionen :=  Contours = [-0.05, 0, 0.05],
                      Grid = [100, 100]:
>> plot(plot::contour(Flaeche, ObjektOptionen),
        SzeneOptionen)
```

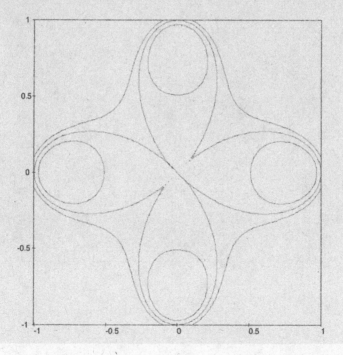

Die Funktion `plot::implicit` kann ebenfalls Konturen zeichnen, ist im Allgemeinen allerdings langsamer als `plot::contour`, dafür aber oft deutlich genauer:

```
>> plot(plot::implicit(
          (x^2 + y^2)^3 - (x^2 - y^2)^2,
          x = -1..1, y = -1..1,
          Contours = [-0.05, 0, 0.05],
          Splines = TRUE), SzeneOptionen)
```

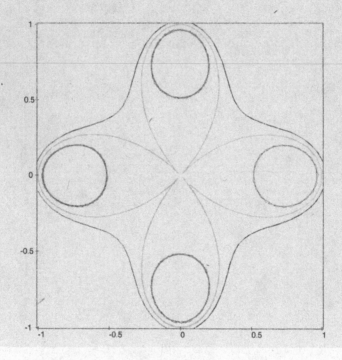

Mit **plot::xrotate** kann die durch Drehung einer 2-dimensionalen Kurve um die x-Achse entstehende Rotationsfläche erzeugt werden:

```
>> Kurve := sin(x), x = 0..3*PI:
>> ObjektOptionen := Color = [Height], Grid = [100, 20]:
>> RotationsFlaeche := plot::xrotate(Kurve,
                        Angle = 0..2*PI, ObjektOptionen):
>> SzeneOptionen :=  Axes = Box, Labeling = FALSE:
>> plot(RotationsFlaeche, SzeneOptionen)
```

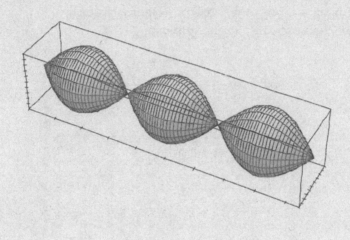

Abschließend wird mit der Funktion **plot::vectorfield** die Darstellung des Vektorfeldes

$$(x, y) \rightarrow \left(-y^2, x^2\right)$$

demonstriert:

```
>> SzeneOptionen := Ticks = 0, Labeling = FALSE,
                    Scaling = Constrained:
>> Vektorfeld := plot::vectorfield(
      [-y^2, x^2], x = -4..4, y = -4..4,
      Grid = [20, 20], Color = RGB::Black):
>> plot(Vektorfeld, SzeneOptionen)
```

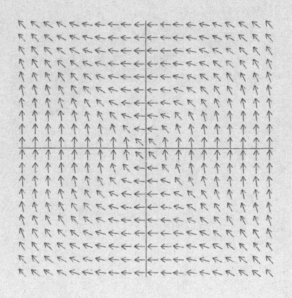

11.6 Kombinieren graphischer Primitive

In den vorhergehenden Beispielen wurden einfache Kombinationen graphischer Primitive demonstriert. In diesem Abschnitt folgt ein etwas ausführlicheres Beispiel.

Man stelle sich einen Punkt vor, der irgendwo an einem Rad befestigt ist. Es soll diejenige Kurve gezeichnet werden, die dieser Punkt zurücklegt, wenn das Rad eine gewisse Strecke rollt. Zusätzlich soll die Graphik einige Momentaufnahme des Rades zusammen mit dem Punkt zeigen.

Der Einfachheit halber wird angenommen, dass das Rad den Radius 1 hat, so dass der Winkel, um den es sich in einer gewissen Zeitspanne dreht, genau mit der zurückgelegten Strecke übereinstimmt. Wird weiter angenommen, dass sich der Mittelpunkt des Rades zum Zeitpunkt $t = 0$ am Punkt $(0, 1)$ befindet, die Position des Punktes p auf dem Rad zum selben Zeitpunkt $(0, 1 + r)$ ist und die Winkelgeschwindigkeit 1 beträgt, dann ist die Position von zum Zeitpunkt (= Winkel) t durch $x(t) = t + r \cdot \sin(t)$, $y(t) = 1 + r \cdot \sin(t)$ gegeben. Die folgenden Befehle zeichnen die parametrisierte Kurve $p(t)$ für $0 \le t \le 4\pi$, wobei mit $r = 0.5$ der Punkt p genau auf halbem Weg zwischen der Achse und der Radefelge befestigt wird:

```
>> r := 0.5:
   Kurve := plot::Curve2d([t + r*sin(t), 1 + r*cos(t)],
                   t = 0..4*PI, Title = ""):
   plot(Kurve, Scaling = Constrained, Ticks = None,
        ViewingBox = [0..12.5, 0..1.5])
```

Nun soll dem Bild eine Zeichnung des Rades für verschiedene Zeitpunkte T hinzugefügt werden, zusammen mit dem Punkt $p(T)$ und einer Verbindungslinie zwischen der Radachse und dem Punkt $p(T)$.

Der folgende MuPAD-Code leistet dies für $r = 0.5$ und die Zeitpunkte $T = 0.4, 5, 8$:

```
>> Raeder := []:
   Momente := [0.4, 5, 8]:
   for T in Momente do
     p := plot::Point(T + r*sin(T), 1 + r*cos(T),
           Color = RGB::Black, PointWidth = 50):
     Raeder := append(Raeder,
       // Das Rad
       plot::Ellipse2d(plot::Point(T, 1), 1, 1,
           Color = RGB::Black),
       // Der Punkt p(T)
       p,
       // Die Verbindungslinie Achse - Punkt p(T)
       plot::line(plot::Point(T, 1), p,
           Color = RGB::Black, Title = "")):
   end_for:
   plot(Kurve, op(Raeder), Ticks = [Momente, [1]],
       Scaling = Constrained, Labels = ["t", ""],
       PointStyle = FilledCircles)
```

Eine detailliertere Beschreibung der Graphikmöglichkeiten und weitere Beispiele finden sich in der „Demonstration II", die man auf Windows-Plattformen durch Wählen von „Einführungen" im Hilfemenü des Mu-PAD-Fensters findet. Weitere Beispiele sind in der Dokumentation der plot-Bibliothek und auf den Hilfeseiten zu plot2d und plot3d zu finden.

11.7 Drucken und Abspeichern von Graphiken

Das Drucken oder das Abspeichern einer Graphik in eine Datei kann interaktiv erfolgen. Es können beim Abspeichern diverse Graphikformate wie z. B. Postscript oder PNG gewählt werden. Das System erzeugt eine externe Datei, welche die Graphikdaten im gewählten Format enthält. Diese Datei kann dann von einer anderen Software oder auch von einem geeigneten Drucker verwendet werden. Alternativ kann die Szeneoption `PlotDevice` (siehe die Tabelle ab Seite 246) in einem Graphikbefehl dazu verwendet werden, eine externe Graphikdatei zu erzeugen.

Zum Drucken farbiger Graphiken auf Schwarz-Weiß-Druckern werden Farben meist durch Grauwerte simuliert, was oft zu unbefriedigenden Ergebnissen führt. In einem solchen Fall ist es ratsam, die Graphiken mittels der `Color`-Objektoptionen gleich von MuPAD in Schwarz und Weiß erzeugen zu lassen.

Aufgabe 11.1: Stellen Sie die Funktion $f(x) = \dfrac{|x - rd(x)|}{x}$ im Intervall $[1, 30]$ graphisch dar! Hierbei sei rd die Rundungsfunktion, die $x \in \mathbb{R}$ die nächstgelegene ganze Zahl zuordnet.

Aufgabe 11.2: Lassen Sie MuPAD eine Kugeloberfläche zeichnen!

Aufgabe 11.3: Informieren Sie sich über `plot::implicit`! Was ist der Unterschied zu `plot::contour`? Lassen Sie beide Funktionen die Lösungsmenge von

$$f(x, y) = e^{x^2 - y^2} \cdot (x^2 + y^2 - 1) = 1$$

über dem Quadrat $-2 \leq x \leq 2$, $-2 \leq y \leq 2$ zeichnen!

12. Der „History"-Mechanismus

Jede Eingabe an MuPAD liefert nach Auswertung durch das System ein Ergebnis. Unabhängig von der Ausgabe kann mit der Funktion `last` später auf diesen Wert zugegriffen werden, da die berechneten MuPAD-Objekte intern in einer so genannten *Ergebnistabelle* (im englischen Sprachgebrauch: *history table*) gespeichert werden. Der Befehl `last(1)` liefert dann das letzte Ergebnis zurück, `last(2)` das vorletzte Ergebnis usw. Statt `last(i)` kann man auch das äquivalente kürzere Symbol `%i` benutzen. Zusätzlich existiert die Abkürzung `%` für `%1` bzw. `last(1)`. Damit kann die Eingabe

```
>> f := diff(ln(ln(x)), x): int(f, x)
```

auch so dem System übergeben werden:

```
>> diff(ln(ln(x)), x): int(%, x)
```

So kann auf Zwischenergebnisse zurückgegriffen werden, die keinem Bezeichner zugewiesen wurden. Bemerkenswerterweise kann die Verwendung von `last` die Rechenzeit bestimmter Auswertungen auf interaktiver Ebene verkürzen. Im folgenden Beispiel wird zunächst versucht, ein bestimmtes Integral symbolisch auszurechnen. Nachdem MuPAD keine symbolische Lösung findet, wird eine numerische Lösung versucht:

```
>> f := int(sin(x)*exp(x^3)+x^2*cos(exp(x)), x = 0..1)

           2                              3
    int(x  cos(exp(x)) + sin(x) exp(x ), x = 0..1)
```

```
>> Startzeit := time():
   float(f);
   (time() - Startzeit)*msek
```

$$0.5356260737$$

$$750 \text{ msek}$$

Die Funktion `time` gibt die Gesamtzeit (in Millisekunden) zurück, die das System seit Beginn der Sitzung verbraucht hat. Die angezeigte Zeitdifferenz entspricht also der Zeit zur Berechnung des numerischen Integrals. In dieser Situation kann die Berechnung durch die Verwendung von `last` dramatisch beschleunigt werden:

```
>> f := int(sin(x)*exp(x^3)+x^2*cos(exp(x)), x = 0..1)
```

$$int(x^2 \ cos(exp(x)) + sin(x) \ exp(x^3), x = 0..1)$$

```
>> Startzeit := time():
   float(%2);
   (time() - Startzeit)*msek
```

$$0.5356260737$$

$$40 \text{ msek}$$

Der Geschwindigkeitsgewinn durch Verwendung von `last` beruht in diesem Fall darauf, dass die durch `last(i)` bzw. `%i` bzw. `%` referenzierten Objekte *nicht erneut ausgewertet werden*. Damit bilden `last`-Aufrufe eine Ausnahme von der sonst üblichen vollständigen Auswertung auf interaktiver Ebene (Abschnitt 5.2):

```
>> delete x: sin(x): x := 0: %2
```

$$sin(x)$$

Die vollständige Auswertung kann mit `eval` erzwungen werden:

```
>> delete x: sin(x): x := 0: eval(%2)

                              0
```

Beachten Sie, dass sich der Wert von `last(i)` von der *sichtbaren*
i-ten vorherigen Ausgabe unterscheiden kann, wenn Zwischenergebnisse durch Abschluss mit einem Doppelpunkt nicht auf dem Bildschirm erscheinen. Bedenken Sie weiterhin, dass der Wert des Ausdrucks `last(i)` sich während einer Berechnung permanent ändert:

```
>> 1: last(1) + 1; last(1) + 1

                              2

                              3
```

Die Umgebungsvariable `HISTORY` bestimmt die Anzahl der Ergebnisse,
die MuPAD sich während einer Sitzung merkt und auf die mit `last`
zurückgegriffen werden kann:

```
>> HISTORY

                             20
```

Diese Voreinstellung bedeutet, dass MuPAD sich beim interaktiven Gebrauch die letzten 20 Ausdrücke merkt. Man kann diese Voreinstellung
natürlich durch Zuweisung eines neuen Wertes an `HISTORY` ändern.
Dies kann sinnvoll sein, wenn MuPAD mit großen Objekten (wie z. B.
Matrizen sehr hoher Dimension) umgehen muss, die einen signifikanten
Teil des Hauptspeichers belegen. Kopien dieser Objekte werden in der
Ergebnistabelle gespeichert und brauchen noch zusätzlichen Platz. In
solchen Fällen kann man die Speicherauslastung dadurch reduzieren,
dass man kleine Werte für `HISTORY` wählt. `HISTORY` bestimmt nur den
Wert der interaktiven „Erinnerungstiefe". Innerhalb von Prozeduren
kann prinzipiell nur auf die letzten 3 Ergebnisse zugegriffen werden.

Es wird stark empfohlen, last nur interaktiv zu benutzen. Die Verwendung von last innerhalb von Prozeduren wird als schlechter Programmierstil betrachtet und sollte vermieden werden. Seit MuPAD 2.0 bietet die Verwendung von last auch keine Geschwindigkeitsvorteile mehr gegenüber lokalen Variablen.

13. Ein- und Ausgabe

13.1 Ausdrücke ausgeben

Nicht alle von MuPAD berechneten Ergebnisse werden auf dem Bildschirm dargestellt. Typische Beispiele sind die Befehle in for-Schleifen (Kapitel 16) oder innerhalb von Prozeduren (Kapitel 18): Nur das Endergebnis (das Ergebnis des letzten Befehls) wird ausgegeben, die Ausgabe der Zwischenergebnisse wird unterdrückt. Man hat aber durchaus die Möglichkeit, sich die Zwischenschritte anzeigen zu lassen oder die Art der Ausgabe zu ändern.

13.1.1 Ausdrücke auf dem Bildschirm ausgeben

Mit der Funktion print können MuPAD-Objekte auf dem Bildschirm ausgegeben werden:

```
>> for i from 1 to 2 do
      print("Die ", i, "-te Primzahl ist ", ithprime(i))
   end_for

          "Die ", 1, "-te Primzahl ist ", 2

          "Die ", 2, "-te Primzahl ist ", 3
```

Hierbei berechnet ithprime(i) die i-te Primzahl.

Der ausgegebene Text wurde in Anführungsstrichen eingeschlossen, was mit der Option **Unquoted** unterdrückt werden kann:

```
>> for i from 1 to 2 do
      print(Unquoted,
            "Die ", i, "-te Primzahl ist ", ithprime(i))
   end_for

                Die , 1, -te Primzahl ist , 2

                Die , 2, -te Primzahl ist , 3
```

Mit den in Abschnitt 4.11 vorgestellten Hilfsmitteln zur Manipulation von Zeichenketten kann die Ausgabe der Kommata unterbunden werden:

```
>> for i from 1 to 2 do
      print(Unquoted,
            "Die " . expr2text(i) . "-te Primzahl ist " .
            expr2text(ithprime(i)) . ".")
   end_for

                Die 1-te Primzahl ist 2.

                Die 2-te Primzahl ist 3.
```

Hierbei werden die Werte von i und **ithprime(i)** durch **expr2text** in Zeichenketten verwandelt, welche durch den Konkatenationspunkt mit dem restlichen Text zu einer einzigen Zeichenkette zusammengefügt werden.

Alternativ kann die Funktion **fprint** benutzt werden, mit der Daten in eine Datei oder auf den Bildschirm geschrieben werden können. Im Gegensatz zu **print** werden die Argumente nicht als einzelne Ausdrücke ausgegeben, sondern (bei Verwendung der Option **Unquoted**) als Zeichenkette zusammengefasst:

```
>> a := ein: b := Text:
>> fprint(Unquoted, 0, "Dies ist ", a, " ", b)

 Dies ist ein Text
```

Das zweite Argument 0 lenkt die Ausgabe von `fprint` dabei auf den Bildschirm. Es ist jedoch zu beachten, dass `fprint` nicht die im Folgenden beschriebene 2-dimensionale Ausgabe erzeugt.

13.1.2 Die Form der Ausgabe ändern

In einigen Versionen bietet MuPAD innerhalb seiner Notebooks eine formatierte Ausgabe von Formeln, wie sie in der Mathematik üblich ist und auch von Schriftsatzsystemen angeboten wird: Ein Integralzeichen wird als $\int$ dargestellt, eine symbolische Summe erscheint als $\sum$ etc. Diese Ausgabe (die in diesem Buch nicht verwendet wird) wird *typeset* genannt. Im Folgenden wird diese Ausgabe nicht weiter besprochen, sondern es wird auf die beiden anderen Ausgabeformate eingegangen, die in allen Systemen verwendet werden können. Bei Systemen mit *typeset expressions* muss dafür zunächst dieser Formelsatz im entsprechenden Menü abgeschaltet werden.

Die Ausgabe von Ausdrücken auf dem Bildschirm erfolgt dann normalerweise in einer 2-dimensionalen Form mit Hilfe von einfachen Text-(ASCII-)Zeichen:

```
>> diff(sin(x)/cos(x), x)

            2
         sin(x)
         ------- + 1
            2
         cos(x)
```

Diese Darstellungsform wird als *2-dimensionale Ausgabe* (im englischen Sprachgebrauch: *pretty-printed*) bezeichnet. Sie ist der üblichen mathematischen Notation ähnlicher als eine Ausgabe in einer einzigen Zeile und daher meist einfacher zu lesen. Sie wird allerdings nur für die Ausgabe verwendet und ist als Form der Eingabe nicht zulässig: In einer fensterorientierten Arbeitsumgebung kann der Ausgabetext nicht über einen *copy & paste*-Mechanismus mit der Maus abgegriffen und als MuPAD-Eingabe an einer anderen Stelle eingesetzt werden.

Mit Hilfe der Umgebungsvariablen `PRETTYPRINT` kann die Art der Ausgabe beeinflusst werden. Der Standardwert dieser Variablen ist `TRUE`,

d. h., Ergebnisse werden in 2-dimensionaler Form angezeigt. Setzt man den Wert dieser Variablen auf FALSE, so erhält man eine 1-dimensionale Ausgabe in der Form, wie sie als Eingabe zulässig wäre:

```
>> PRETTYPRINT := FALSE: diff(sin(x)/cos(x), x)

1/cos(x)^2*sin(x)^2 + 1
```

Es werden automatisch Zeilenumbrüche durchgeführt, falls eine Ausgabe länger als eine Zeile ist:

```
>> PRETTYPRINT := TRUE: taylor(sin(x), x = 0, 16)

       3     5     7       9           11
      x     x     x       x           x
x  -  --  + --- - ---- + ------- - --------- +
      6    120   5040   362880    39916800


        13             15
       x              x                   17
------------ - -------------- + 0(x  )
 6227020800     1307674368000
```

Die Länge einer Zeile wird durch die Umgebungsvariable TEXTWIDTH festgelegt. Ihr Standardwert beträgt 75 (Zeichen), kann aber auf jede beliebige ganze Zahl zwischen 10 und $2^{31} - 1$ gesetzt werden. Berechnet man z. B. $(\ln\ln x)''$, so ergibt sich die folgende Ausgabe:

```
>> diff(ln(ln(x)), x, x)


            1            1
       - --------- - ----------
            2          2     2
           x  ln(x)   x  ln(x)
```

Bei einem kleineren Wert von TEXTWIDTH kommt es zum Umbruch der Ausgabe:

```
>> TEXTWIDTH := 20: diff(ln(ln(x)),x,x)

          1
  - --------- -
      2
    x  ln(x)


          1
      ---------
        2     2
      x  ln(x)
```

Durch Löschen von **TEXTWIDTH** wird diese Umgebungsvariable auf ihren voreingestellten Wert zurückgesetzt:

```
>> delete TEXTWIDTH:
```

Man kann die Ausgabe auch durch die Festlegung von benutzerdefinierten Voreinstellungen steuern. Dieses wird in Kapitel 14.1 näher erläutert.

13.2 Dateien einlesen und beschreiben

In MuPAD kann man die Werte von Bezeichnern oder aber auch eine komplette MuPAD-Sitzung in einer Datei sichern und diese später wieder einlesen.

13.2.1 Die Funktionen write und read

Mit der Funktion **write** kann man die Werte von Bezeichnern in Dateien abspeichern, womit berechnete Ergebnisse in anderen MuPAD-Sitzungen eingelesen und wieder verwendet werden können. Im folgenden Beispiel werden die Werte der Bezeichner a und b in der Datei **ab.mb** gesichert:

```
>> a := 2/3: b := diff(sin(cos(x)), x):
>> write("ab.mb", a, b)
```

Der Dateiname wird als in Anführungszeichen " eingeschlossene Zeichenkette (Abschnitt 4.11) übergeben, es wird eine Datei entsprechenden Namens (ohne ") angelegt. Liest man diese Datei mit Hilfe der Funktion **read** in eine andere MuPAD-Sitzung ein, so kann man auf die Bezeichner **a** und **b** und ihre Werte ohne Neuberechnungen direkt zugreifen:

```
>> reset(): read("ab.mb"): a, b
```

$$2/3, \ -\sin(x) \ \cos(\cos(x))$$

Wird die Funktion **write** wie im obigen Beispiel verwendet, so legt sie eine Datei im MuPAD-spezifischen Binärformat an. Dateien in diesem Format haben üblicherweise Namen, die auf .mb enden. Benutzt man dagegen die Funktion **write** mit der Option **Text**, so wird die Datei im allgemein lesbaren Textformat erzeugt, deren Namen üblicherweise auf .mu enden:

```
>> a := 2/3: b := diff(sin(cos(x)), x):
>> write(Text, "ab.mu", a, b)
```

Die Datei **ab.mu** enthält nun die beiden folgenden syntaktisch korrekten MuPAD-Befehle:

```
sysassign(a, hold(2/3)):
sysassign(b, hold(-sin(x)*cos(cos(x)))):
```

Auch diese Datei kann mit Hilfe der Funktion **read** wieder eingelesen werden:

```
>> a := 1: b := 2: read("ab.mu"): a, b
```

$$2/3, \ -\sin(x) \ \cos(\cos(x))$$

Die Funktion **sysassign** wirkt dabei ähnlich wie **_assign** und der Zuweisungsoperator :=, sie führt die Zuweisung eines Wertes an einen Bezeichner aus. Hiermit nehmen die Variablen **a**, **b** wieder die Werte an, die sie beim Aufruf des **write**-Befehls hatten. Die Funktion **sysassign** ist eine interne Funktion und sollte nicht verwendet werden. Verwenden Sie statt dessen :=, **_assign** oder **assign**.

Die mit **write** erzeugten Dateien im Textformat enthalten nur MuPAD-Befehle. Eine solche Textdatei kann natürlich auch mit einem beliebigen Editor „von Hand" angelegt und dann in eine MuPAD-Sitzung eingelesen werden. Dies ist in der Tat die natürliche Vorgehensweise, wenn komplexere MuPAD-Prozeduren implementiert werden.

13.2.2 Eine MuPAD-Sitzung sichern

Benutzt man die Funktion write ohne die Angabe von Bezeichnern, so werden die Werte *aller* Bezeichner mit einem Wert in einer Datei gespeichert. Damit ist es möglich, diese Sitzung zu einem späteren Zeitpunkt mittels read in einem identischen Zustand wiederherzustellen:

```
>> Ergebnis1 := .. ; Ergebnis2 := .. ; ...
>> write("Ergebnisse.mb")
```

Mit der Funktion protocol können die Eingaben zusammen mit den Bildschirmausgaben einer Sitzung in einer Datei gespeichert werden. Durch protocol(Datei) wird eine Datei im Textformat angelegt. Darin werden die Ein- und Ausgaben solange gesichert, bis der Aufruf protocol() dieses beendet:

```
>> protocol("Logbuch"):
>> limit(sin(x)/x, x = 0)

                        1

>> protocol():
```

Es wird eine Textdatei namens Logbuch mit folgendem Inhalt angelegt:

```
limit(sin(x)/x, x = 0)

                1
protocol():
```

Dateien, die mittels protocol angelegt wurden, können *nicht* wieder in eine MuPAD-Sitzung eingelesen werden.

13.2.3 Daten aus einer Textdatei einlesen

Oftmals will man Daten in MuPAD verwenden, die nicht von MuPAD, sondern von einem anderen Programm erzeugt wurden (z. B. könnte man statistische Werte einlesen wollen, um diese weiterzuverarbeiten). Dieses ist mit Hilfe der Funktion `import::readdata` aus der Bibliothek `import` möglich. Diese Funktion wandelt die Zeichen in einer Datei in eine verschachtelte MuPAD-Liste um. Man kann dabei die Datei als Matrix ansehen, in der jeder Zeilenumbruch den Beginn einer neuen Matrixzeile andeutet. Die Zeilen können jedoch unterschiedlich lang sein. Als Trennzeichen zwischen den einzelnen Spalten kann ein beliebiges Zeichen an `import::readdata` übergeben werden. Die Daten in einer Datei `NumerischeDaten` mit den folgenden 4 Zeilen

```
1    1.2   12
2.34   234
   34   345.6
4    44        444
```

können folgendermaßen in eine MuPAD-Sitzung eingelesen werden, wobei als Standard-Trennzeichen zwischen den Spalten das Leerzeichen benutzt wird:

```
>> Daten := import::readdata("NumerischeDaten"):
>> Daten[1]; Daten[2]; Daten[3]; Daten[4]

                  [1, 1.2, 12]

                  [2.34, 234]

                  [34, 345.6]

                  [4, 44, 444]
```

Die Hilfeseite zu `import::readdata` liefert weitere Informationen.

Eine Übersicht über Funktionen, die auf Dateien arbeiten, einschließlich Funktionen zum Lesen und Schreiben binärer Dateiformate, erhalten Sie beim Aufruf `?fileIO`.

14. Nützliches

An dieser Stelle sollen noch einige nützliche Funktionen vorgestellt werden. Allerdings sprengt die Erklärung ihrer kompletten Funktionalität den Rahmen dieser Einführung, so dass wir für detaillierte Informationen auf die Hilfeseiten verweisen.

14.1 Eigene Voreinstellungen definieren

Das Verhalten und das Arbeiten mit MuPAD kann an vielen Stellen den eigenen Wünschen angepasst werden. Dazu dienen die so genannten *Voreinstellungen* (englisch: *preferences* = Vorlieben), die man sich mit dem folgenden Befehl auflisten lassen kann:

```
>> Pref()

Pref::warnLexProcEnv : FALSE
Pref::verboseRead    : 0
Pref::timesDot       : " "
Pref::warnChanges    : TRUE
Pref::warnDeadProcEnv: FALSE
Pref::ignoreNoDebug  : FALSE
Pref::output         : NIL
Pref::maxTime        : 0
Pref::maxMem         : 0
Pref::postInput      : NIL
Pref::ansi           : TRUE
Pref::matrixSeparator: ", "
Pref::callOnExit     : NIL
Pref::noProcRemTab   : FALSE
Pref::kernel         : [3, 0, 0]
```

```
Pref::userOptions    : ""
Pref::promptString   : ">> "
Pref::trailingZeroes : FALSE
Pref::echo           : TRUE
Pref::prompt         : TRUE
Pref::callBack       : NIL
Pref::floatFormat    : "g"
Pref::keepOrder      : DomainsOnly
Pref::alias          : TRUE
Pref::typeCheck      : Interactive
Pref::report         : 0
Pref::postOutput     : NIL
```

Für eine komplette Beschreibung dieser Voreinstellungen verweisen wir auf die entsprechenden Hilfeseiten: **?Pref**. An dieser Stelle sollen nur einige ausgewählte Optionen näher erläutert werden.

Mit Hilfe der Voreinstellung **report** können regelmäßige Informationen über den von MuPAD reservierten Speicher, den tatsächlich benutzten Speicher und die benötigte Rechenzeit angefordert werden. Zulässige Argumente von **report** sind ganze Zahlen zwischen 0 und 9. Hierbei ist 0 der Standardwert und bedeutet, dass keine der genannten Informationen angezeigt werden. Wählt man als Wert 9, so bekommt man permanent Informationen über den Status von MuPAD.

```
>> Pref::report(9): int(sin(x)^2/x, x = 0..1)


[used=2887k, reserved=3011k, seconds=1]
[used=4331k, reserved=4502k, seconds=2]


            /          2        \
            | sin(x)            |
        int | -------, x = 0..1 |
            \    x              /
```

Mit Hilfe der Voreinstellung **floatFormat** kann man die Darstellung von Gleitpunktzahlen steuern. Man kann z. B. durch das Argument **"e"** eine Darstellung mit einer Mantisse und einem Exponenten wählen

(z. B. `1.234 e-7` $= 1.234 \cdot 10^{-7}$), oder man kann durch Übergabe des Argumentes `"f"` den Exponentenanteil durch Nullen darstellen lassen:

```
>> Pref::floatFormat("e"): float(exp(-50))

                1.928749848e-22

>> Pref::floatFormat("f"): float(exp(-50))

       0.00000000000000000000001928749848
```

Die Bildschirmausgabe kann allgemein durch Voreinstellungen manipuliert werden. Zum Beispiel wird nach dem Aufruf `Pref::output(F)` jedes vom MuPAD-Kern berechnete Ergebnis zunächst als Argument an die Funktion `F` übergeben, bevor es auf dem Bildschirm erscheint. Die Bildschirmausgabe ist dann nicht das vom Kern gelieferte ursprüngliche Ergebnis, sondern das Ergebnis der Funktion `F`. Im folgenden Beispiel wird für jedes Argument dessen Normalisierung berechnet und mit ausgegeben:

```
>> Pref::output(x -> (x, normal(x))):
>> 1 + x/(x + 1) - 2/x

                            2
      x      2      2 x  - x - 2
    ----- - - + 1, ------------
    x + 1    x           2
                       x + x
```

Die Bibliothek **generate** enthält Funktionen, die MuPAD-Ausdrücke in das Eingabeformat anderer Programme (C-, Fortran- oder TEX-Compiler) umwandeln. Im folgenden Beispiel wird die MuPAD-Ausgabe in eine Zeichenkette umgewandelt, welche in eine Textdatei geschrieben und dann vom Schriftsatzsystem TEX weiterverarbeitet werden könnte:

```
>> Pref::output(generate::TeX): diff(f(x),x)

   "\\frac{\\partial}{\\partial x} f\\left(x\\right)"
```

Der nächste Befehl setzt den Ausgabemechanismus wieder in den Normalzustand zurück.

```
>> Pref::output(NIL):
```

Manche Benutzer wünschen ständige Informationen über bestimmte Werte wie z. B. Rechenzeiten von Berechnungen. Hierzu können die Funktionen `Pref::postInput` und `Pref::postOutput` benutzt werden. Sie akzeptieren als Argumente MuPAD-Prozeduren (Kapitel 18), welche nach der Ein- bzw. nach der Ausgabe aufgerufen werden. Im folgenden Beispiel wird vor jeder Berechnung ein Zeitzähler synchronisiert, indem die angegebene Prozedur die durch `time()` gelieferte Systemzeit einer globalen Variablen `Zeit` zuweist:

```
>> Pref::postInput(
       proc() begin Zeit := time() end_proc
   ):
```

Ferner wird eine Prozedur `Information` definiert, die unter anderem die Variable `Zeit` benutzt, um die Rechenzeit zu bestimmen. Diese wird mit `expr2text` (Abschnitt 4.11) in eine Zeichenkette verwandelt und mit zusätzlichen Zeichenketten versehen. Weiterhin wird der mit `domtype` erfragte Domain-Typ des Ergebnisses in eine Zeichenkette verwandelt. Schließlich wird eine mittels `length` ermittelte Anzahl von Leerzeichen " " mit Hilfe von `_concat` zwischen den Informationen über Zeit und Typ eingefügt, damit die Domain-Information rechtsbündig auf dem Bildschirm erscheint:

```
>> Information := proc() begin
       "Domain-Typ : ". expr2text(domtype(args()));
       "Zeit : ". expr2text(time() - Zeit). " msec";
       _concat(%1,
               " " $ TEXTWIDTH-1-length(%1)-length(%2),
               %2)
   end_proc:
```

Diese Prozedur wird als Argument an `Pref::postOutput` übergeben:

```
>> Pref::postOutput(Information):
```

Nach der Ausgabe eines berechneten Ausdrucks wird die von der Prozedur Information erzeugte Zeichenkette zusätzlich auf dem Bildschirm
ausgegeben:

```
>> factor(x^3 - 1)


                          2
            (x - 1) (x + x  + 1)


 Zeit : 80 msec                    Domain-Typ : Factored
```

Man kann eine Voreinstellung auf ihren Standardwert zurücksetzen,
indem man NIL als Argument übergibt. Beispielsweise setzt der Befehl
Pref::report(NIL) den Wert von Pref::report auf 0 zurück. Entsprechend setzt Pref(NIL) *alle* Voreinstellungen auf ihre Standardwerte zurück.

Aufgabe 14.1: Nach jeder Ausgabe soll der durch die Funktion **bytes**
ermittelte Speicherverbrauch der MuPAD-Sitzung angezeigt werden.
Übergeben Sie eine entsprechende Funktion an Pref::postOutput!

14.2 Informationen zu MuPAD-Algorithmen

Einige der Systemfunktionen MuPADs können dem Benutzer Zusatz-
informationen über den internen Ablauf des ihnen einprogrammierten
Algorithmus liefern. Der folgende Befehl veranlasst alle aufgerufenen
Prozeduren zur Ausgabe von Informationen:

```
>> setuserinfo(Any, 1):
```

Als Beispiel werden die Matrizen

```
>> M := Dom::Matrix(Dom::IntegerMod(11)):
>> A := M([[1, 2, 3], [3, 2, 1], [4, 5, 7]]):
>> B := M([[4, 5, 7], [3, 2, 1], [1, 2, 3]]):
>> C := M([[3, 2, 1], [4, 5, 7], [1, 2, 3]]):
```

über dem Restklassenring der ganzen Zahlen modulo 11 invertiert (Abschnitt 4.15):

```
>> A^(-1)

Info: perform (ordinary) Gaussian elimination

        +-                              -+
        |  6 mod 11, 8 mod 11, 1 mod 11  |
        |                                |
        |  7 mod 11, 4 mod 11, 9 mod 11  |
        |                                |
        |  1 mod 11, 2 mod 11, 1 mod 11  |
        +-                              -+
```

Detaillierte Informationen erhält man, wenn man in **setuserinfo** das zweite Argument (den „Informationslevel") erhöht:[1]

```
>> setuserinfo(Any, 3): B^(-1)

Info: perform (ordinary) Gaussian elimination
Info: search for pivot in column , 1
Info: search for pivot in column , 2

        +-                              -+
        |  1 mod 11, 8 mod 11, 6 mod 11  |
        |                                |
        |  9 mod 11, 4 mod 11, 7 mod 11  |
        |                                |
        |  1 mod 11, 2 mod 11, 1 mod 11  |
        +-                              -+
```

Der Befehl

```
>> setuserinfo(Any, 0):
```

unterdrückt die Ausgabe von Informationen wieder:

---

[1] In einem weiteren Aufruf von **A^(-1)** wird nur das Ergebnis geliefert: Die Invertierungsfunktion ist mit **option remember** implementiert, so dass das Ergebnis ohne erneuten Durchlauf des Algorithmus aus der Remember-Tabelle (Abschnitt 18.9) entnommen wird.

```
>> C^(-1)
```

```
        +-                                  -+
        |  8 mod 11, 1 mod 11, 6 mod 11  |
        |                                   |
        |  4 mod 11, 9 mod 11, 7 mod 11  |
        |                                   |
        |  2 mod 11, 1 mod 11, 1 mod 11  |
        +-                                  -+
```

Das erste Argument von **setuserinfo** kann ein beliebiger Prozedur-
oder Bibliotheksname sein. Ein Aufruf der entsprechenden Prozedur
führt dann zu Zusatzinformationen: Die Programmierer der Systemfunktionen haben in den Ablauf der Algorithmen mittels **userinfo**
Ausgabebefehle eingebaut, welche von **setuserinfo** angesteuert werden. Dies kann auch beim Schreiben eigener Prozeduren verwendet
werden (**?userinfo**).

14.3 Neuinitialisierung einer MuPAD-Sitzung

Mit dem Befehl **reset()** kann eine MuPAD-Sitzung in ihren Anfangs-
zustand zurückgesetzt werden. Danach haben alle bisher bereits benutzten Bezeichner keinen Wert mehr, und alle Umgebungsvariablen
besitzen wieder ihre Standardwerte:

```
>> a := Hallo: DIGITS := 100: reset(): a, DIGITS
```

```
                        a, 10
```

14.4 Kommandos auf Betriebssystemebene ausführen

Mit Hilfe der Funktion system oder dem Ausrufungszeichen ! als Abkürzung kann die Ausführung von Kommandos des Betriebssystems
veranlasst werden. Bei dem Betriebssystem UNIX wird mit dem folgenden Befehl der Inhalt des aktuellen Verzeichnis angezeigt:

```
>> !ls

  changes/    demo/   examples/   mmg/   xview/   bin/
  copyright/  doc/    lib/        tex/
```

Die Ausgabe des Funktionsaufrufs kann weder für weitere Rechnungen
in MuPAD verwendet noch gesichert werden.[2] Das an MuPAD zurückgelieferte Ergebnis der Funktion system ist der Fehlerstatus, der vom
Betriebssystem gemeldet wird – allerdings nur in der Terminalversion
von MuPAD.

Die Funktion system steht nicht für jedes Betriebssystem zur Verfügung. Sie kann z. B. weder in der Windows- noch in der Macintosh-
Version von MuPAD verwendet werden.

---

[2] Falls dieses gewünscht wird, muss die Ausgabe des Betriebssystemkommandos
über einen Befehl des Betriebssystems in eine Datei geschrieben werden, welche
dann beispielsweise mit Hilfe der Funktion import::readdata in eine MuPAD-
Sitzung eingelesen werden kann.

15. Typenbezeichner

Jedes MuPAD-Objekt besitzt als Datenstruktur einen Domain-Typ, der mit der Funktion `domtype` abgefragt werden kann. Der Domain-Typ reflektiert die Struktur, welche der MuPAD-Kern intern zur Handhabung dieser Objekte benutzt. Abgesehen von der internen Struktur stellt diese Typisierung aber auch eine Klassifizierung der Objekte nach ihrer mathematischen Bedeutung dar: Es wird unterschieden zwischen Zahlen, Mengen, Ausdrücken, Reihenentwicklungen, Polynomen etc.

In diesem Abschnitt wird beschrieben, wie man detaillierte Informationen über die mathematische Struktur von Objekten erhalten kann. Wie kann man beispielsweise an einer ganzen Zahl vom Domain-Typ `DOM_INT` ablesen, ob es sich um eine *positive* oder um eine *gerade* Zahl handelt, wie kann man einer Menge ansehen, dass alle Elemente Gleichungen sind?

Die Relevanz dieser Typentests liegt weniger beim interaktiven Gebrauch von MuPAD, wo der Nutzer die mathematische Bedeutung von Objekten durch direkte Inspektion kontrollieren kann. Die Hauptanwendung von (mathematischen) Typentests liegt in der Implementierung mathematischer Algorithmen, d. h. in der Programmierung MuPADs mit Hilfe von Prozeduren (Kapitel 18). Beispielsweise muss eine Prozedur zum Differenzieren von Ausdrücken entscheiden können, ob ein Ausdruck ein Produkt ist (dann ist die Produktregel anzuwenden), ob es sich um eine Hintereinanderschaltung von Funktionen handelt (die Kettenregel ist anzuwenden), ob ein symbolischer Aufruf einer bekannten Funktion differenziert werden soll etc.

15.1 Die Funktionen type und testtype

Die Funktion **type** liefert für die meisten MuPAD-Objekte den Domain-Typ, der auch von **domtype** ausgegeben wird:

```
>> type([a, b]), type({a, b}), type(array(1..1))

          DOM_LIST, DOM_SET, DOM_ARRAY
```

Für Ausdrücke vom Domain-Typ **DOM_EXPR** liefert **type** eine Feinunterteilung nach der mathematischen Bedeutung des Ausdrucks: es wird unterschieden nach Summen, Produkten, Funktionsaufrufen etc.:

```
>> type(a + b), type(a*b), type(a^b), type(a(b))

        "_plus", "_mult", "_power", "function"

>> type(a = b), type(a < b), type(a <= b)

          "_equal", "_less", "_leequal"
```

Das Ergebnis von **type** ist der Funktionsaufruf, der den Ausdruck erzeugt (eine symbolische Summe wird intern durch den Aufruf der Funktion **_plus** dargestellt, ein Produkt durch **_mult**, etc.). Allgemein wird für symbolische Aufrufe von Systemfunktionen der Bezeichner der Funktion als Zeichenkette zurückgeliefert:

```
>> type(ln(x)), type(diff(f(x), x)), type(fact(x))

            "ln", "diff", "fact"
```

Die von **type** gelieferten Zeichenketten sind wie die Domain-Typen **DOM_INT**, **DOM_EXPR** etc. als *Typenbezeichner* einsetzbar. Neben der von **type** gelieferten „Standardtypisierung" von MuPAD-Objekten existiert eine Reihe weiterer Typenbezeichner wie z. B. **Type::Numeric**. Dieser Typ umfasst alle „numerischen" Objekte (vom Domain-Typ **DOM_INT**, **DOM_RAT**, **DOM_FLOAT** oder **DOM_COMPLEX**).

Durch den Aufruf `testtype(Objekt,Typenbezeichner)` wird getestet, ob ein Objekt der Typenbezeichnung entspricht. Es wird `TRUE` oder `FALSE` geliefert. Für ein Objekt können durchaus mehrere Typenbezeichner gültig sein:

```
>> testtype(2/3, DOM_RAT), testtype(2/3, Type::Numeric)

                    TRUE, TRUE

>> testtype(2 + x, "_plus"), testtype(2 + x, DOM_EXPR)

                    TRUE, TRUE

>> testtype(f(x), "function"), testtype(f(x), DOM_EXPR)

                    TRUE, TRUE
```

Aufgabe 15.1: Wir betrachten den Ausdruck

$$f(i) = \frac{i^{5/2} + i^2 - i^{1/2} - 1}{i^{5/2} + i^2 + 2\,i^{3/2} + 2\,i + i^{1/2} + 1}.$$

Wie kann man MuPAD entscheiden lassen, ob die Menge

```
>> M := {f(i) $ i = -1000..-2} union {f(i) $ i=0..1000}:
```

nur rationale Zahlen als Elemente enthält? Anleitung: Mit `normal` lassen sich für konkretes i Wurzelausdrücke in `f(i)` vereinfachen.

Aufgabe 15.2: Man betrachte die Ausdrücke $\sin(i\,\pi/200)$ mit $i = 0, 1, \ldots, 100$. Welche werden von der Sinus-Funktion MuPADs vereinfacht, welche werden als symbolische Werte `sin(...)` zurückgeliefert?

15.2 Bequeme Typentests: Die Type-Bibliothek

Die vorgestellten Typenbezeichner sind nur bedingt geeignet, komplexere Strukturen zu erfragen. Wie kann man zum Beispiel das Objekt `[1, 2, 3, ...]` ohne direkte Inspektion durch den Nutzer daraufhin überprüfen, ob es sich um eine Liste positiver Zahlen handelt?

Zu diesem Zweck stehen in der **Type**-Bibliothek weitere Typenbezeichner und Erzeuger zur Verfügung, mit denen sich der Nutzer auch eigene Typenbezeichner zusammenstellen kann, welche von **testtype** erkannt werden:

```
>> info(Type)

Library 'Type': type expressions and properties

-- Interface:
Type::AlgebraicConstant, Type::AnyType,
Type::Arithmetical,      Type::Boolean,
Type::Complex,           Type::Constant,
Type::ConstantIdents,    Type::Equation,
Type::Even,              Type::Function,
Type::Imaginary,         Type::IndepOf,
Type::Indeterminate,     Type::Integer,
Type::Interval,          Type::ListOf,
Type::ListProduct,       Type::NegInt,
Type::NegRat,            Type::Negative,
Type::NonNegInt,         Type::NonNegRat,
Type::NonNegative,       Type::NonZero,
Type::Numeric,           Type::Odd,
Type::PolyExpr,          Type::PolyOf,
Type::PosInt,            Type::PosRat,
Type::Positive,          Type::Prime,
Type::Product,           Type::Property,
Type::RatExpr,           Type::Rational,
Type::Real,              Type::Relation,
Type::Residue,           Type::SequenceOf,
Type::Series,            Type::Set,
Type::SetOf,             Type::Singleton,
Type::TableOfEntry,      Type::TableOfIndex,
Type::Union,             Type::Unknown,
Type::Zero
```

So repräsentiert z. B. die Typenbezeichnung **Type::PosInt** (englisch: *positive integer*) die positiven ganzen Zahlen $n > 0$, **Type::NonNegInt** entspricht den nichtnegativen ganzen Zahlen $n \geq 0$, **Type::Even** ent-

spricht den geraden ganzen Zahlen, **Type::Odd** den ungeraden ganzen
Zahlen. Der Domain-Typ dieser Typenbezeichner ist **Type**:

```
>> domtype(Type::Even)
```

$$Type$$

Diese Typenbezeichner dienen dazu, mittels **testtype** MuPAD-Objekte auf ihre mathematische Struktur abzufragen. So werden beispielsweise mit **select** (Abschnitt 4.6) aus der folgenden Liste von ganzen
Zahlen die geraden Zahlen ausgewählt:

```
>> select([i $ i = 1..20], testtype, Type::Even)
```

$$[2, 4, 6, 8, 10, 12, 14, 16, 18, 20]$$

Mit Erzeugern wie **Type::ListOf** oder **Type::SetOf** können die Elemente von Listen oder Mengen abgefragt werden: Eine Liste von ganzen Zahlen hat den Typ **Type::ListOf(DOM_INT)**, eine Menge von
Gleichungen entspricht **Type::SetOf("_equal")**, eine Menge von ungeraden ganzen Zahlen wird durch den Typ **Type::SetOf(Type::Odd)**
angegeben.

```
>> Typ := Type::ListOf(DOM_INT):
>> testtype([-1, 1], Typ), testtype({-1, 1}, Typ),
   testtype([-1, 1.0], Typ)
```

$$TRUE, FALSE, FALSE$$

Mittels **Type::Union** können Typenbezeichner erstellt werden, die der
Vereinigung von einfacheren Typen entsprechen. Beispielsweise stellt

```
>> Typ := Type::Union(DOM_FLOAT, Type::NegInt,
                      Type::Even):
```

die Menge der Gleitpunktzahlen vereinigt mit der Menge der negativen
ganzen Zahlen und der geraden ganzen Zahlen dar:

```
>> testtype(-0.123, Typ), testtype(-3, Typ),
   testtype(2, Typ), testtype(3, Typ)
```

$$TRUE, TRUE, TRUE, FALSE$$

Eine Anwendung des Typentests bei der Implementierung von Prozeduren finden Sie in Abschnitt 18.7.

Aufgabe 15.3: Wie schneidet man eine Menge mit der Menge der
natürlichen Zahlen?

Aufgabe 15.4: Informieren Sie sich mittels `?Type::ListOf` über die
Funktionalität dieses Typenerzeugers. Welcher hiermit erzeugte Ty-
penbezeichner entspricht einer Liste von 2 Elementen, in der jedes
Element eine Liste mit 3 beliebigen Elementen ist?

16. Schleifen

Ein wichtiges Element der von MuPAD zur Verfügung gestellten Programmiersprache sind so genannte Schleifen. Die einfachste Form einer for-Schleife wird am folgenden Beispiel verdeutlicht:

```
>> for i from 1 to 4 do
       x := i^2;
       print("Das Quadrat von", i, "ist", x)
   end_for:
```

Auf dem Bildschirm erscheint

```
          "Das Quadrat von", 1, "ist", 1

          "Das Quadrat von", 2, "ist", 4

          "Das Quadrat von", 3, "ist", 9

          "Das Quadrat von", 4, "ist", 16
```

Die Schleifenvariable i durchläuft hierbei automatisch die Werte 1, 2, 3, 4, wobei für jeden Wert von i alle zwischen do und end_for angegebenen Befehle ausgeführt werden. Dies dürfen beliebig viele Befehle sein, welche durch Semikolons oder durch Doppelpunkte voneinander getrennt werden müssen. *Die Ergebnisse, die in jedem Schleifenschritt berechnet werden, werden nicht auf dem Bildschirm ausgegeben,* auch wenn Befehle mit einem Semikolon abgeschlossen wurden. Daher wurde die Ausgabe im obigen Beispiel mittels des print-Befehls erzwungen.

Die folgende Variante zählt rückwärts, wobei die Ausgabe mit den Hilfsmitteln aus Abschnitt 4.11 gefälliger gestaltet wird:

```
>> for j from 4 downto 2 do
      print(Unquoted,
            "Das Quadrat von ".expr2text(j)." ist ".
            expr2text(j^2))
   end_for:
```

$$\text{Das Quadrat von 4 ist 16}$$

$$\text{Das Quadrat von 3 ist 9}$$

$$\text{Das Quadrat von 2 ist 4}$$

Mittels **step** kann die Schleifenvariable in anderen Schritten herauf-bzw. herabgesetzt werden:

```
>> for x from 3 to 8 step 2 do print(x, x^2) end_for:
```

$$3, 9$$

$$5, 25$$

$$7, 49$$

Beachten Sie, dass hierbei am Ende des Schritts $x = 7$ der Wert von x um 2 auf 9 erhöht und dadurch die obere Laufgrenze 8 überschritten und die Schleife beendet wird.

Eine weitere Variante der **for**-Schleife ist

```
>> for i in [5, 27, y] do print(i, i^2) end_for:
```

$$5, 25$$

$$27, 729$$

$$2$$
$$y, y$$

Hierbei durchläuft die Schleifenvariable nur die in der Liste $[5, 27, y]$ angegebenen Werte, in der auch symbolische Elemente wie z. B. die Unbestimmte y enthalten sein können.

In der **for**-Schleife wird eine bestimmte Schleifenvariable in vorgegebener Weise verändert (typischerweise herauf- oder herabgezählt). Eine flexiblere Alternative ist die **repeat**-Schleife, wo in jedem Schritt beliebige Variablen in beliebiger Weise abgeändert werden können. Im folgenden Beispiel werden die Quadrate der Zahlen $i = 2, 2^2, 2^4, 2^8, \ldots$ berechnet, allerdings nur solange, bis zum ersten Mal $i^2 > 100$ gilt:

```
>> x := 2:
>> repeat
       i := x; x := i^2; print(i, x)
   until x > 100 end_repeat:


                        2, 4


                    4, 16


                16, 256
```

Die zwischen **repeat** und **until** angegebenen Befehle werden solange ausgeführt, bis das zwischen **until** und **end_repeat** angegebene Kriterium erfüllt ist. Im obigen Beispiel gilt am Ende des zweiten Schritts $i = 4, x = 16$, so dass ein dritter Schritt durchgeführt wird, an dessen Ende $i = 16, x = 256$ gilt. Nun ist das Abbruchkriterium $x > 100$ erfüllt und die Schleife wird verlassen.

Eine weitere Variante einer MuPAD-Schleife ist durch das **while**-Konstrukt realisierbar:

```
>> x := 2:
>> while x <= 100 do
       i := x; x := i^2; print(i, x)
   end_while:


                        2, 4


                    4, 16


                16, 256
```

Beim **repeat**-Konstrukt wird eine *Abbruch*bedingung immer *nach* dem Durchlaufen eines Schleifenschritts abgefragt. Bei **while** wird *vor* dem

Schleifenschritt überprüft, ob die Schleifenanweisungen durchzuführen sind. Sobald die angegebene Bedingung zu FALSE ausgewertet wird, wird die while-Schleife beendet.

Mit break kann eine Schleife „gewaltsam" beendet werden. Typischerweise geschieht dies, wenn der Schleifenparameter gewisse Bedingungen erfüllt, welche im Rahmen einer if-Abfrage (Kapitel 17) überprüft werden:

```
>> for i from 3 to 100 do
      print(i);
      if i^2 > 20 then break end_if
   end_for:
```

$$3$$

$$4$$

$$5$$

Nach einem Aufruf von next werden die Befehle bis zum end_for übersprungen, und man kehrt direkt an den Beginn der Schleife zurück, welche dann mit dem nächsten Wert des Schleifenparameters durchlaufen wird:

```
>> for i from 2 to 5 do
      x := i;
      if i > 3 then next end_if;
      y := i;
      print(x, y)
   end_for:
```

$$2, 2$$

$$3, 3$$

Ab $i = 4$ wurde nur noch die Zuweisung x:=i durchgeführt:

```
>> x, y
```

$$5, 3$$

Man beachte, dass jeder MuPAD-Befehl ein Objekt zurückliefert. Bei Schleifen ist dies der Wert des letzten innerhalb der Schleife ausgeführten Befehls. Schließt man den Schleifenbefehl mit einem Semikolon oder dem Zeilenende ab (und nicht mit einem Doppelpunkt wie in allen obigen Beispielen), so wird dieser Wert angezeigt:

```
>> delete x: for i from 1 to 3 do x.i := i^2 end_for

                          9
```

Dieser Wert kann weiter verarbeitet werden, speziell kann er einem Bezeichner als Wert zugewiesen werden oder als Rückgabewert einer MuPAD-Prozedur (Kapitel 18) dienen:

```
>> Fakultaet := proc(n)
     local Ergebnis;
     begin
       Ergebnis := 1;
       for i from 2 to n do
         Ergebnis := Ergebnis * i
       end_for
     end_proc:
```

Der Rückgabewert dieser Prozedur ist der Rückgabewert der **for**-Schleife, und dies wiederum ist der Wert der letzten Zuweisung an **Ergebnis**.

Schleifen sind intern Aufrufe von Systemfunktionen. So wird beispielsweise der Durchlauf einer **for**-Schleife von MuPAD als Auswertung der Funktion **_for** bearbeitet:

```
>> _for(i, Startwert, Endwert, Schrittweite, Befehl):
```

ist äquivalent zu

```
>> for i from Startwert to Endwert step Schrittweite do
       Befehl
   end_for:
```

17. Verzweigungen: if-then-else und case

Ein wichtiges Element einer Programmiersprache sind so genannte *Verzweigungen*, wo je nach Wert oder Bedeutung von Variablen unterschiedliche Befehle auszuführen sind. MuPAD stellt dazu als einfachste Variante ein **if**-Konstrukt zur Verfügung:

```
>> for i from 2 to 4 do
     if isprime(i)
         then print(expr2text(i)." ist eine Primzahl")
         else print(expr2text(i)." ist keine Primzahl")
     end_if
   end_for:

                "2 ist eine Primzahl"

                "3 ist eine Primzahl"

                "4 ist keine Primzahl"
```

Hierbei liefert der Primzahltest **isprime(i)** jeweils **TRUE** oder **FALSE**. Bei **TRUE** werden die zwischen **then** und **else** angegebenen Befehle durchgeführt (in diesem Fall nur eine **print**-Anweisung), bei **FALSE** sind es die Befehle zwischen **else** und **end_if**.

Der `else`-Zweig ist optional und kann gegebenenfalls weggelassen werden:

```
>> for i from 2 to 4 do
      if isprime(i)
         then text := expr2text(i)." ist eine Primzahl";
              print(text)
      end_if
   end_for:


                    "2 ist eine Primzahl"


                    "3 ist eine Primzahl"
```

Hier wurden im **then**-Zweig 2 Befehle aufgerufen, welche durch ein Semikolon (alternativ durch einen Doppelpunkt) zu trennen sind. Es können beliebige Schachtelungen von Befehlen, Schleifen und Verzweigungen benutzt werden:

```
>> Primzahlen := [ ]: Geradezahlen := [ ]:
>> for i from 30 to 50 do
      if isprime(i)
         then Primzahlen := Primzahlen.[i]
         else if testtype(i,Type::Even)
                 then Geradezahlen := Geradezahlen.[i]
              end_if
      end_if
   end_for:
```

Hier werden die ganzen Zahlen von 30 bis 50 untersucht. Wenn man auf eine Primzahl stößt, so wird die Zahl i an die Liste **Primzahlen** angehängt, anderenfalls wird mit **testtype** gefragt, ob i eine gerade Zahl ist (man vergleiche mit den Abschnitten 15.1 und 15.2). Ist dies der Fall, so wird die Liste **Geradezahlen** um i erweitert. Zuletzt enthält damit die Liste **Primzahlen** alle Primzahlen zwischen 30 und 50, während **Geradezahlen** alle geraden Zahlen in diesem Bereich enthält:

```
>> Primzahlen, Geradezahlen

 [31, 37, 41, 43, 47], [30, 32, 34, 36, 38, 40, 42,

    44, 46, 48, 50]
```

Die an eine if-Abfrage übergebenen Bedingungen können mit Hilfe der logischen Operatoren and, or und not (Abschnitt 4.10) aus elementaren Bedingungen zusammengesetzt werden. Die folgende for-Schleife gibt Primzahlzwillinge $[i, i+2]$ aus. Die alternative Bedingung not (i > 3) liefert zusätzlich das Paar $[2, 4]$:

```
>> for i from 2 to 100 do
    if (isprime(i) and isprime(i+2)) or not (i>3)
        then print([i,i+2])
    end_if
end_for:
```

$$[2, 4]$$

$$[3, 5]$$

$$[5, 7]$$

$$[11, 13]$$

$$\ldots$$

Intern ist eine if-Abfrage nichts anderes als ein Aufruf der Systemfunktion _if:

```
>> _if(Bedingung, Befehl1, Befehl2):
```

ist äquivalent zu

```
>> if Bedingung then Befehl1 else Befehl2 end_if:
```

Damit liefert

```
>> x := 1234567:
>> _if(isprime(x), print("Primzahl"),
      print("keine Primzahl")):
```

die Ausgabe:

```
                "keine Primzahl"
```

Der durch den Aufruf einer if-Abfrage an MuPAD zurückgelieferte Wert ist – wie allgemein in MuPAD-Prozeduren – das letzte zwischen if und end_if ausgewertete Ergebnis:[1]

```
>> x := -2: if x > 0 then x else -x end_if
```

$$2$$

Damit kann beispielsweise der Absolutbetrag einer Zahl mit Hilfe der Abbildungsoperators -> (Abschnitt 4.12) folgendermaßen implementiert werden:

```
>> Abs := y -> (if y > 0 then y else -y end_if):
>> Abs(-2), Abs(-2/3), Abs(3.5)
```

$$2, 2/3, 3.5$$

Wie oben demonstriert, stehen if-Abfragen sowohl beim interaktiven Arbeiten mit MuPAD als auch innerhalb von Funktionen oder Prozeduren zur Verfügung. Die typische Anwendung liegt in der Programmierung MuPADs mittels Prozeduren, wo Abfragen den Ablauf eines Algorithmus steuern. Ein einfaches Beispiel ist die oben angegebene Abs-Funktion, weitere Beispiele finden sich in Kapitel 18.

Man kann mehrere verschachtelte if ... else if ... Konstrukte durch Verwendung von elif abkürzen:

```
>> if Bedingung1 then
      Anweisungen1
   elif Bedingung2 then
      Anweisungen2
   elif ...
   else
      Anweisungen
   end_if:
```

---

[1] Wird kein Befehl ausgeführt, so ist das Ergebnis NIL.

Diese Befehlsfolge ist gleichwertig mit der folgenden verschachtelten
if-Anweisung:

```
>> if Bedingung1 then
      Anweisungen1
   else if Bedingung2 then
           Anweisungen2
        else if ...
              else
                 Anweisungen
              end_if
        end_if
   end_if:
```

Eine typische Anwendung hierfür ist die Typprüfung innerhalb von
Prozeduren (Kapitel 18). Die folgende Variante der Funktion **Abs** berechnet den Absolutbetrag einer ganzen, rationalen, Gleitpunkt- oder
komplexen Zahl und gibt für alle anderen Eingaben eine Zeichenkette
als Fehlermeldung zurück:

```
>> Abs := proc(y) begin
      if (domtype(y) = DOM_INT) or (domtype(y) = DOM_RAT)
          or (domtype(y) = DOM_FLOAT) then
             if y > 0 then y else -y end_if;
      elif (domtype(y) = DOM_COMPLEX) then
             sqrt(Re(y)^2 + Im(y)^2);
      else "Falscher Eingabetyp" end_if:
   end_proc:
>> delete x: Abs(-3), Abs(5.0), Abs(1+2*I), Abs(x)
```

$$1/2$$
$$3, 5.0, 5 \quad , \text{"Falscher Eingabetyp"}$$

In diesem Beispiel werden je nach Wert des Ausdrucks **domtype(y)**
mehrere Fälle unterschieden.

Man kann eine solche Fallunterscheidung auch mit Hilfe der **case**-Anweisung implementieren, die oft einfacher zu lesen ist:

```
>> case domtype(y)
   of DOM_INT do
   of DOM_RAT do
   of DOM_FLOAT do
     if y > 0 then y else -y end_if;
     break;
   of DOM_COMPLEX do
     sqrt(Re(y)^2 + Im(y)^2);
     break;
   otherwise
     "Falscher Eingabetyp";
   end_case:
```

Die Schlüsselwörter **case** und **end_case** markieren den Anfang bzw. das Ende der Anweisung. MuPAD wertet den hinter **case** stehenden Ausdruck aus. Falls das Resultat mit einem der Ausdrücke zwischen **of** und **do** übereinstimmt, so führt das System alle Kommandos von dem ersten passenden **of** an aus, bis es entweder auf einen **break**-Befehl oder das Schlüsselwort **end_case** stößt.

Achtung: Das bedeutet auch, dass die folgenden Zweige bearbeitet werden, wenn kein **break** gesetzt wurde (bekannt als *"fall-through"*).

Hierdurch ist es möglich, dass sich mehrere Zweige denselben Programmcode teilen können. Das Ganze funktioniert genau so wie die **switch**-Anweisung der Programmiersprache C. Falls keiner der **of**-Zweige anwendbar ist, so wird der Programmteil zwischen **otherwise** und **end_case** ausgeführt. Der Rückgabewert einer **case**-Anweisung ist der Wert des zuletzt ausgeführten MuPAD-Befehls. Für eine detailliertere Beschreibung wird auf die Hilfeseite **?case** verwiesen.

Genau wie Schleifen und `if`-Anweisungen haben auch `case`-Anweisungen ein funktionales Äquivalent, nämlich die Systemfunktion `_case`. Intern konvertiert MuPAD die obige `case`-Befehlsfolge in die folgende äquivalente Form:

```
>> _case(domtype(y),
        DOM_INT, NIL,
        DOM_RAT, NIL,
        DOM_FLOAT,
          (if y > 0 then y else -y end_if; break),
        DOM_COMPLEX, (sqrt(Re(y)^2 + Im(y)^2); break),
        "Falscher Eingabetyp"):
```

Aufgabe 17.1: In `if`-Abfragen oder beim Schleifenabbruch werden durch logische Operatoren verknüpfte Bedingungen nacheinander ausgewertet. Die Auswertung bricht eventuell vorzeitig ab, wenn entschieden werden kann, ob sich insgesamt **TRUE** oder **FALSE** ergibt (*"lazy evaluation"*). Ergeben sich bei der Durchführung der folgenden Abfragen Probleme? Was passiert bei Aufruf (und damit Auswertung) der Bedingungen?

```
>> A := x/(x - 1) > 0: x := 1:
>> (if x <> 1 and A then wahr else unwahr end_if),
   (if x = 1 or A then wahr else unwahr end_if)
```

18. MuPAD-Prozeduren

MuPAD stellt die wesentlichen Konstrukte einer Programmiersprache zur Verfügung, womit komplexe Algorithmen bequem vom Anwender in MuPAD programmiert werden können. In der Tat ist der größte Teil der in das System eingebauten „mathematischen Intelligenz" nicht in C bzw. C++ innerhalb des MuPAD-Kerns, sondern auf Bibliotheksebene in der MuPAD-Sprache implementiert. Die Möglichkeiten der Programmierung sind umfangreicher als in anderen Sprachen wie z. B. C, Pascal oder Fortran, da MuPAD allgemeinere und flexiblere Konstrukte zur Verfügung stellt.

Grundlegende Elemente der Programmierung wie z. B. Schleifen oder if-Verzweigungen wurden bereits vorgestellt (Kapitel 16 bzw. Kapitel 17), ebenso „einfache" Funktionen (Abschnitt 4.12).

In diesem Kapitel wird „Programmieren" als das Schreiben (komplexerer) MuPAD-Prozeduren angesehen. Im Prinzip gibt es aus Benutzersicht keinen Unterschied zwischen mittels -> erzeugten „einfachen Funktionen" (Abschnitt 4.12) und „komplexeren Prozeduren", wie sie im Folgenden vorgestellt werden. Auch Prozeduren liefern Werte zurück und sind in diesem Sinne als Funktionen anzusehen. Lediglich die Art der Erzeugung dieser Prozedurobjekte mittels proc ... end_proc ist ein wenig komplexer, da dem Benutzer (im Vergleich zur Benutzung von ->) zusätzliche Möglichkeiten geboten werden: Er kann zwischen lokalen und globalen Variablen unterscheiden, bequem und übersichtlich beliebig viele Befehle in einer Prozedur-Umgebung benutzen usw.

Ist eine Prozedur implementiert, so kann sie wie jede andere MuPAD-Funktion in der Form **Prozedurname(Argumente)** aufgerufen werden. Nach Durchlauf des einprogrammierten Algorithmus liefert sie einen Ausgabewert an das System zurück.

Prozeduren können wie jedes andere MuPAD-Objekt im Rahmen einer interaktiven Sitzung definiert und benutzt werden. Allerdings wird man sich beim Programmieren komplexerer Algorithmen selten damit begnügen, die entsprechenden Prozeduren nur für den einmaligen Gebrauch zu implementieren. Daher bietet es sich an, die Prozedurdefinitionen mittels eines beliebigen Text-Editors in eine Textdatei zu schreiben, welche dann mit **read** (Abschnitt 13.2.1) in eine MuPAD-Sitzung eingelesen werden kann. Abgesehen von der Auswertungstiefe werden die in der Datei stehenden Befehle dann genauso vom MuPAD-Kern abgearbeitet, als wären sie interaktiv eingegeben worden. Die Windows-Version von MuPAD bietet einen Editor für MuPAD-Programme, der Schlüsselwörter automatisch farblich markiert.

18.1 Prozeduren definieren

Ein einfaches Beispiel einer Prozedurdefinition mittels **proc...
end_proc** ist die folgende Funktion, die zwei Zahlen vergleicht und das Maximum zurückliefert:

```
>> Max := proc(a, b) /* Maximum von a und b */
       begin
          if a<b then return(b) else return(a) end_if
       end_proc:
```

Der zwischen **/*** und ***/** eingeschlossene Text ist ein Kommentar:[1] Bei interaktiver Eingabe wird dieser Text vom System vollständig ignoriert. Beim Niederschreiben der Definition in eine Datei sind Kommentare ein nützliches Hilfsmittel zur Dokumentation des Quelltextes. Beim Einlesen der Datei mittels **read** wird der Kommentar ebenfalls ignoriert. Dieses Prozedurbeispiel enthält intern als einzigen Befehl die **if**-Abfrage. Realistische Prozeduren würden eine Vielzahl von (durch Doppelpunkte bzw. Semikolons getrennten) MuPAD-Befehlen abarbeiten, welche genau wie beim interaktiven Arbeiten mit MuPAD zu benutzen sind. Mit **return** wird eine Prozedur abgebrochen, das an **return** übergebene Argument wird herausgereicht.

---

[1] Alternativ können Kommentare auch durch **//** definiert werden. Diese Kommentare erstrecken jeweils bis zum Ende der Zeile erstreckt.

Das durch `proc ... end_proc` definierte MuPAD-Objekt ist eine Prozedur vom Domain-Typ `DOM_PROC`:

```
>> domtype(Max)
```

DOM_PROC

Eine Prozedur lässt sich wie jedes andere MuPAD-Objekt zerlegen und manipulieren. Speziell kann sie, wie oben geschehen, einem Bezeichner als Wert zugewiesen werden. Der Aufruf der Prozedur geschieht wie bei jeder MuPAD-Funktion:

```
>> Max(3/7, 0.4)
```

3/7

Die zwischen `begin` und `end_proc` deklarierten Anweisungen können beliebige MuPAD-Befehle sein, wie sie auch interaktiv aufgerufen werden können. Speziell können Systemfunktionen oder eigene Prozeduren innerhalb einer Prozedur aufgerufen werden. Insbesondere kann eine Prozedur sich selbst aufrufen, was sich bei rekursiv arbeitenden Algorithmen anbietet. Ein einfaches Beispiel dazu ist die Fakultät $n! = 1 \cdot 2 \cdot \ldots \cdot n$ einer natürlichen Zahl, die durch die Regel $n! = n \cdot (n-1)!$ mit dem Rekursionsstart $0! = 1$ definiert ist. Die Umsetzung in eine rekursiv arbeitende Prozedur könnte folgendermaßen aussehen:

```
>> Fakultaet := proc(n)  begin
      if n = 0
         then return(1)
         else return(n*Fakultaet(n - 1))
      end_if
   end_proc:
>> Fakultaet(10)
```

3628800

Die Umgebungsvariable `MAXDEPTH` bestimmt die Rekursionstiefe, mit der sich Funktionen gegenseitig aufrufen können. Mit der voreingestellten Tiefe von 500 arbeitet die obige Fakultätsfunktion nur für $n \leq 500$. Für größere Werte nimmt die Funktion nach `MAXDEPTH` Schritten an, in einer Endlosrekursion zu sein, und bricht mit einer Fehlermeldung ab. Nach Erhöhung von MAXDEPTH können auch höhere Fakultäten mit dieser Funktion berechnet werden.

18.2 Der Rückgabewert einer Prozedur

Beim Aufruf einer Prozedur wird der Prozedurkörper, also die Abfolge der Befehle zwischen begin und end_proc, ausgeführt. Jede Prozedur liefert einen Wert an das System zurück. Dieser ist entweder der durch die Funktion return zurückgegebene Wert, oder es ist *der Wert des letzten Befehls, der innerhalb der Prozedur ausgewertet wurde.*[2] Die obige Fakultätsfunktion kann dementsprechend auch ohne return-Aufrufe implementiert werden:

```
>> Fakultaet := proc(n) begin
      if n = 0 then 1 else n*Fakultaet(n - 1) end_if
   end_proc:
```

Die if-Anweisung liefert entweder 1 oder $n\,(n-1)!$ als Wert, welcher dann durch den Aufruf Fakultaet(n) zurückgeliefert wird.

Im Falle einer return-Anweisung wird die Prozedur beendet:

```
>> Fakultaet := proc(n) begin
      if n = 0 then return(1) end_if;
      n*Fakultaet(n - 1)
   end_proc:
```

Für $n = 0$ wird nach der Rückgabe von 1 die letzte Anweisung (der rekursive Aufruf von n*Fakultaet(n-1)) nicht mehr ausgeführt. Für $n \neq 0$ ist n*Fakultaet(n-1) der zuletzt berechnete Wert, welcher damit durch den Aufruf Fakultaet(n) zurückgeliefert wird.

Das Resultat einer Prozedur kann ein beliebiges MuPAD-Objekt sein, also ein Ausdruck, eine Folge, eine Menge, eine Liste, sogar eine Prozedur. Falls die zurückgegebene Prozedur allerdings lokale Variablen der äußeren Prozedur verwendet, so muss letztere aus technischen Gründen mit der Option escape[3] deklariert werden (andernfalls führt das

---

[2] Wird innerhalb der Prozedur kein Befehl ausgeführt, so wird NIL zurückgeliefert.
[3] Englisch *escape* = fliehen: Die lokale Variable „entflieht" ihrem Kontext innerhalb der äußeren Prozedur.

zu einer MuPAD-Warnung oder zu unerwünschten Effekten). Die folgende Prozedur gibt eine Funktion zurück, die den Parameter **Potenz** der übergeordneten Prozedur verwendet:

```
>> ErzeugePotenzFunktion := proc(Potenz)
     option escape;
     begin
       x -> x^Potenz
     end_proc:

>> f := ErzeugePotenzFunktion(2):
>> g := ErzeugePotenzFunktion(5):
>> f(a), g(b)


                    2   5
                   a , b
```

18.3 Rückgabe symbolischer Prozeduraufrufe

Viele der Systemfunktionen liefern sich selbst als symbolische Prozeduraufrufe zurück, wenn sie beim Durchlaufen des ihnen einprogrammierten Algorithmus keine einfache Darstellung des gefragten Ergebnisses finden:

```
>> sin(x), max(a, b), int(exp(x^3), x)


                                   3
        sin(x), max(a, b), int(exp(x ), x)
```

Dasselbe Verhalten lässt sich in selbstgeschriebenen Prozeduren erreichen, wenn man den mit **hold** verzögerten Prozedurnamen zurückliefert. Durch **hold** (Abschnitt 5.2) wird verhindert, dass die Funktion sich selbst aufruft und dadurch in eine Endlosrekursion gerät. Die folgende Betragsfunktion soll nur für numerische Eingaben (also ganze Zahlen, rationale Zahlen, Gleitpunktzahlen und komplexe Zahlen) den Absolutbetrag liefern, in allen anderen Fällen soll sie sich selbst symbolisch zurückgeben:

```
>> Abs := proc(x) begin
     if testtype(x, Type::Numeric) then
         if domtype(x) = DOM_COMPLEX
             then return(sqrt(Re(x)^2 + Im(x)^2))
             else if x >= 0
                     then return(x)
                     else return(-x)
                 end_if
         end_if
     end_if;
     hold(Abs)(x)
   end_proc:
>> Abs(-1), Abs(-2/3), Abs(1.234), Abs(2 + I/3),
   Abs(x + 1)
```

$$1, \ 2/3, \ 1.234, \ \frac{37^{1/2}}{3}, \ Abs(x + 1)$$

Ein eleganterer Weg benutzt das MuPAD-Objekt **procname**, das den Namen der Funktion darstellt:

```
>> Abs := proc(x) begin
     if testtype(x, Type::Numeric) then
         if domtype(x) = DOM_COMPLEX
             then return(sqrt(Re(x)^2 + Im(x)^2))
             else if x >= 0
                     then return(x)
                     else return(-x)
                 end_if
         end_if
     end_if;
     procname(args())
   end_proc:
```

```
>> Abs(-1), Abs(-2/3), Abs(1.234), Abs(2 + I/3),
   Abs(x + 1)
```

$$1, \quad 2/3, \quad 1.234, \quad \frac{\sqrt{37}}{3}, \quad Abs(x + 1)$$

Hierbei wurde der Ausdruck **args()** verwendet, der bei der Prozedurdeklaration die Folge der Argumente darstellt, mit denen die Prozedur später aufgerufen wird (Abschnitt 18.8).

18.4 Lokale und globale Variablen

In Prozeduren können beliebige Bezeichner benutzt werden, welche als *globale Variablen* bezeichnet werden:

```
>> a := b: f := proc() begin a := 1 + a^2 end_proc:
>> f(); f(); f()
```

$$b^2 + 1$$

$$(b^2 + 1)^2 + 1$$

$$((b^2 + 1)^2 + 1)^2 + 1$$

Hierbei wird der außerhalb der Prozedur gesetzte Wert b von a benutzt, um innerhalb der Prozedur den Wert von a zu verändern. Nach Verlassen der Prozedur hat a den neuen Wert, der durch die weiteren Aufrufe von f dann erneut verändert wird. Diese „Seiteneffekte" sind meistens unerwünscht.

Mit dem Schlüsselwort `local` können Bezeichner als nur innerhalb der Prozedur gültige *lokale Variablen* deklariert werden:

```
>> a := b: f := proc() local a; begin a := 2 end_proc:

>> f(), a


                            2, b
```

Trotz Namensgleichheit beeinflusst die Zuweisung `a:=2` der lokalen Variablen innerhalb des Prozeduraufrufs nicht den Wert des außerhalb der Prozedur gesetzten Bezeichners a. Es kann eine beliebige Anzahl lokaler Variablen deklariert werden, diese sind als Folge von Bezeichnern hinter `local` einzutragen:

```
>> f := proc(x, y, z) local A, B, C;
       begin
           A := 1; B := 2; C := 3; A*B*C*(x + y + z)
       end_proc:
>> f(A, B, C)


              6 A + 6 B + 6 C
```

Solche mit `local` deklarierten lokalen Variablen sind technisch gesehen keine Bezeichner vom Typ `DOM_IDENT` mehr, sondern Elemente des Domains `DOM_VAR`. Sie beeinflussen Bezeichner desselben Namens nicht, und auch verschiedene lokale Variablen desselben Namens sind verschieden und voneinander unabhängig. Letzteres betrifft zunächst natürlich lokale Variablen in verschiedenen Prozeduren, aber auch innerhalb der selben Prozedur sind lokale Variablen bei mehreren Aufrufen voneinander unabhängig:

```
>> f := proc(x) local a, b;
       begin
         a := x;
         if x > 0 then b := f(x - 1);
         else b := 1;
         end_if;
         print(a, x);
         b + a;
     end:
```

```
>> f(2)

                        0, 0

                        1, 1

                        2, 2

                          4
```

Es gilt die Faustregel:

> *Die Benutzung von globalen Variablen gilt als schlechter Pro-*
> *grammierstil. Es sollten stets lokale Variablen benutzt werden,*
> *wenn dies möglich ist.*

Der Grund dieses Prinzips ist, dass Prozeduren als mathematische Funktionen zu einem Satz von Eingangsparametern einen eindeutigen Ergebniswert liefern sollten. Bei Verwendung von globalen Variablen kann der selbe Prozeduraufruf je nach Wert dieser Variablen zu unterschiedlichen Resultaten führen:

```
>> a := 1: f := proc(b) begin a := a + 1; a + b end_proc:
>> f(1), f(1), f(1)

                        3, 4, 5
```

Weiterhin kann ein Prozeduraufruf durch Umdefinition globaler Variablen die aufrufende Umgebung in subtiler Weise verändern („Seiteneffekt"), was bei komplexeren Programmen zu schwer überschaubaren Effekten führen kann.

Ein wichtiger Unterschied zwischen globalen und lokalen Variablen besteht darin, dass uninitialisierte globale Variablen als *Symbole* betrachtet werden, so dass der Wert einer nicht initialisierten globalen Variablen ihr eigener Name ist, während uninitialisierte lokale Variablen den Wert NIL haben. Die Verwendung einer lokalen Variablen, der kein Wert zugewiesen wurde, führt in MuPAD zu einer Warnung und sollte möglichst vermieden werden:

```
>> IchBinGlobal + 1

                    IchBinGlobal + 1
```

```
>> f := proc()
     local IchBinLokal;
     begin
        IchBinLokal + 1
     end_proc:
```

```
>> f()

   Warning: Uninitialized variable 'IchBinLokal' used;
   during evaluation of 'f'
   Error: Illegal operand [_plus];
   during evaluation of 'f'
```

Die Fehlermeldung kommt daher, dass der Wert NIL der lokalen Variablen nicht zu der Zahl 1 addiert werden kann.

Es folgt ein realistisches Beispiel einer sinnvollen Prozedur. Benutzt man beispielsweise Felder vom Domain-Typ DOM_ARRAY, um Matrizen darzustellen, so steht man zunächst vor dem Problem, dass MuPAD kein direktes Hilfsmittel zur Verfügung stellt, solche Felder als Matrizen zu multiplizieren.[4] Die folgende selbstgeschriebene Prozedur löst dieses Problem, da die Berechnung eines Matrixproduktes $C = A \cdot B$ dann in der einfachen Form C:=MatrixProdukt(A,B) erfolgen kann. Sie soll für beliebige sinnvolle Dimensionen der Matrizen A, B funktionieren. Ist A eine $m \times n$-Matrix, so kann B eine $n \times r$-Matrix sein, wobei m, n, r beliebige natürliche Zahlen sind. Das Ergebnis, die $m \times r$-Matrix C, ist gegeben durch die Komponenten

$$C_{ij} = \sum_{k=1}^{n} A_{ik} B_{kj}, \quad i = 1, \ldots, m, \quad j = 1, \ldots, r.$$

Die unten angegebene Implementierung der Multiplikationsprozedur zieht automatisch die Dimensionsgrößen m, n, r aus den Argumenten, welche im 0-ten Operanden der Felder gespeichert sind (Abschnitt 4.9).

---

[4] Bei Benutzung des Datentyps Dom::Matrix() können unmittelbar die Standardoperatoren +, -, *, ^, / für die Matrixarithmetik verwendet werden (Abschnitt 4.15.2).

Falls B eine $q \times r$-Matrix mit $q \neq n$ ist, so ist die Multiplikation mathematisch nicht sinnvoll. In diesem Fall terminiert die Prozedur mit einer Fehlermeldung. Hierzu dient die MuPAD-Funktion **error**, welche den Abbruch der aufrufenden Prozedur veranlasst und die übergebene Zeichenkette als Fehlermeldung auf den Bildschirm schreibt. Das Ergebnis wird komponentenweise in eine lokale Variable C geschrieben. Diese wird als Feld der Größe $m \times r$ initialisiert, damit das von der Prozedur zurückgelieferte Ergebnis wieder vom gewünschten Datentyp **DOM_ARRAY** ist. Die k-Summe in der Berechnung von C_{ij} könnte als Schleife der Form **for k from 1 to n do...** realisiert werden. Hier wird statt dessen die Systemfunktion **_plus** verwendet, welche die Summe ihrer Argumente zurückliefert. Allgemein ist die Verwendung solcher Systemfunktionen ratsam, da sie recht effizient arbeiten. Zuletzt wird die Matrix C aufgerufen, womit sie zum Rückgabewert von **MatrixProdukt** wird:

```
>> MatrixProdukt :=    /* Multiplikation C=AB      */
   proc(A, B)          /* einer m x n Matrix A     */
                       /* mit einer n x r Matrix B */
     /* mit Feldern A, B vom Domain-Typ DOM_ARRAY */
   local m, n, r, i, j, k, C;
   begin
     m := op(A, [0, 2, 2]);
     n := op(A, [0, 3, 2]);
     if n <> op(B, [0, 2, 2]) then
       error("Matrizendimensionen nicht verträglich")
     end_if;
     r := op(B, [0, 3, 2]);
     C := array(1..m, 1..r);  /* Initialisierung */
     for i from 1 to m do
       for j from 1 to r do
         C[i, j] := _plus(A[i, k]*B[k, j] $ k = 1..n)
       end_for
     end_for;
     C
   end_proc:
```

Noch eine allgemeine Anmerkung zum Programmierstil in MuPAD: In Prozeduren, welche interaktiv benutzt werden können, sollte unbedingt ein Abtesten der übergebenen Parameter eingebaut werden.

Man hat bei der Implementierung Vorstellungen, welche Datentypen als Eingabe zulässig sein sollen (DOM_ARRAY im obigen Beispiel). Sollten versehentlich falsche Parameter übergeben werden, so kommt es in der Regel im Ablauf des Algorithmus zu nicht sinnvollen Aufrufen von Systemfunktionen, wodurch die Prozedur mit einer von diesen Systemfunktionen stammenden Fehlermeldung abbricht. Im obigen Beispiel würde die Funktion op beim Zugriff auf den 0-ten Operanden typischerweise den Wert FAIL liefern, wenn A oder B nicht vom Typ DOM_ARRAY sind. Damit bekämen m, n, r diesen Wert zugewiesen und der folgende Aufruf der for-Schleife würde mit einer Fehlermeldung abbrechen, da FAIL als obere Schleifengrenze nicht zulässig ist.

In solchen Situationen ist es meist schwer nachzuvollziehen, woher der angezeigte Fehler stammt. Daher ist eine Überprüfung der Argumente durch die Prozedur sicherlich sinnvoll. Aber schlimmer noch: Es könnte passieren, dass die Prozedur nicht abbricht, sondern in der Tat einen Wert berechnet, der dann jedoch in der Regel falsch sein wird!

Im obigen Beispiel wäre es damit sinnvoll, einen Parametertest der Form

```
if domtype(A) <> DOM_ARRAY or domtype(B) <> DOM_ARRAY
    then error("Argumente sind nicht vom Typ DOM_ARRAY")
end_if
```

in den Beginn des Prozedurkörpers einzubauen. Eine einfachere Form der Realisierung solch eines Typentests wird im Abschnitt 18.7 vorgestellt.

18.5 Unterprozeduren

Häufig möchte man Aufgaben, die in einer Prozedur wiederholt anfallen, wiederum in Form einer Prozedur, einer so genannten Unterprozedur, implementieren. Das strukturiert und vereinfacht den Programmiercode. Solche Unterprozeduren verlieren aber außerhalb der sie umgebenden Prozedur ihre Existenzberechtigung, sie werden dort nicht gebraucht. Daher sollten solche Unterprozeduren lokal, also nur im Sichtbarkeitsbereich der sie umgebenden Prozedur, definiert werden. Das wird in MuPAD mit Hilfe lokaler Variablen realisiert. Möchte man daher

```
g := proc() begin ... end_proc:
```

als eine lokale Prozedur von

```
f := proc() begin ... end_proc:
```

implementieren, so kann die Prozedur f wie folgt definiert werden:

```
>> f := proc()
   local g;
   begin
     /* Unterprozedur: */
     g := proc() begin ... end_proc;

     /* Hauptteil von f, */
     /* in dem g(..) aufgerufen wird: */
     ...
   end_proc:
```

Damit ist g eine *lokale* Prozedur von f und kann ausschließlich innerhalb von f verwendet werden.

Wir geben ein einfaches Beispiel an. Eine Matrixmultiplikation kann wie folgt über geeignete Zeilen-Spalten-Multiplikationen realisiert werden:

$$\begin{pmatrix} 2 & 1 \\ 5 & 3 \end{pmatrix} \cdot \begin{pmatrix} 4 & 6 \\ 2 & 3 \end{pmatrix} = \begin{pmatrix} (2,1) \cdot \begin{pmatrix} 4 \\ 2 \end{pmatrix} & (2,1) \cdot \begin{pmatrix} 6 \\ 3 \end{pmatrix} \\ (5,3) \cdot \begin{pmatrix} 4 \\ 2 \end{pmatrix} & (5,3) \cdot \begin{pmatrix} 6 \\ 3 \end{pmatrix} \end{pmatrix} = \begin{pmatrix} 10 & 15 \\ 26 & 39 \end{pmatrix}.$$

Allgemein gilt bei einer Zerlegung nach Zeilen und Spalten

$$\begin{pmatrix} a_1 \\ \vdots \\ a_m \end{pmatrix} \cdot (b_1, \dots, b_n) = \begin{pmatrix} a_1 \cdot b_1 & \dots & a_1 \cdot b_n \\ \vdots & \ddots & \vdots \\ a_m \cdot b_1 & \dots & a_m \cdot b_n \end{pmatrix}$$

mit dem Skalarprodukt

$$a_i \cdot b_j = \sum_r (a_i)_r (b_j)_r.$$

Wir schreiben eine Prozedur MatrixMult, die als Argumente Felder A und B der Gestalt array(1..m, 1..k) bzw. array(1..k, 1..n) erwartet und als Ergebnis das $m \times n$-Matrixprodukt $A \cdot B$ liefert. Die Unterprozedur ZeileMalSpalte zieht beim Aufruf ZeileMalSpalte(i,j) aus den Eingangsmatrizen A und B der Hauptprozedur MatrixMult die i-te Zeile bzw. die j-te Spalte und führt die Multiplikation der Zeile mit der Spalte durch. Die Felder A, B sowie die in MatrixMult als lokal deklarierten Dimensionsgrößen m, n und k können von der Unterprozedur als „globale" Variablen benutzt werden:

```
>> MatrixMult := proc(A, B)
   local m, n, k, K,      /* lokale Variablen */
         ZeileMalSpalte; /* lokale Unterprozedur */
   begin
     /* Unterprozedur */
     ZeileMalSpalte := proc(i, j)
     local Zeile, Spalte, r;
     begin
       /* i-te Zeile von A: */
       Zeile := array(1..k, [A[i,r] $ r=1..k]);
       /* j-te Spalte von B: */
       Spalte := array(1..k, [B[r,j] $ r=1..k]);
       /* Zeile mal Spalte */
       _plus(Zeile[r]*Spalte[r] $ r=1..k)
     end_proc;

     /* Hauptteil der Prozedur MatrixMult: */
     m := op(A, [0, 2, 2]); /* Anzahl Zeilen von A */
     k := op(A, [0, 3, 2]); /* Anzahl Spalten von A */
     K := op(B, [0, 2, 2]); /* Anzahl Zeilen von B */
     n := op(B, [0, 3, 2]); /* Anzahl Spalten von B */

     if k <> K then
         error("Spaltenzahl(A) <> Zeilenzahl(B)")
     end_if;

     /* Matrix A*B: */
     array(1..m, 1..n,
           [[ZeileMalSpalte(i, j) $ j=1..n] $ i=1..m])
   end_proc:
```

Wie man an folgendem Beispiel sieht, leistet die Funktion das Ge-wünschte:

```
>> A := array(1..2, 1..2, [[2, 1], [5, 3]]):
>> B := array(1..2, 1..2, [[4, 6], [2, 3]]):
>> MatrixMult(A, B)

                      +-          -+
                      |  10, 15  |
                      |            |
                      |  26, 39  |
                      +-          -+
```

18.6 Gültigkeitsbereiche von Variablen

Seit der MuPAD-Version 2.0 ist das so genannte *lexikalische Scoping* (englisch: *scope* = Bereich) realisiert. Das bedeutet im Wesentlichen, dass der Gültigkeitsbereich von lokalen Variablen und Übergabepara-metern bereits zur Zeit der Definition einer Prozedur feststeht. Zur Erklärung dieses Konzepts starten wir mit einem einfachen Beispiel:

```
>> p := proc() begin x end_proc:
>> x := 3: p(); x := 4: p()

                            3

                            4

>> q := proc() local x; begin x := 5; p(); end_proc:
>> q()

                            4
```

In der ersten Zeile wird eine Prozedur p ohne Argumente definiert, in der die Variable x vorkommt. Da diese nicht als lokale Variable dekla-riert ist, gibt der Aufruf p() immer den Wert der globalen Variablen x zurück, wie in den beiden folgenden Aufrufen deutlich wird. In der Prozedur q wird wiederum eine lokale Variable x deklariert, die den Wert 5 zugewiesen bekommt. Innerhalb der Prozedur q ist das globale

x nicht sichtbar, sondern nur die lokale Variable. Dennoch liefert ein
Aufruf von q() den Wert der *globalen* Variablen x zurück, und *nicht*
den aktuellen Wert der lokalen Variablen x innerhalb der Prozedur p.
Um letzteres Verhalten zu erreichen, müsste man etwa eine Unterprozedur innerhalb von q definieren:

```
>> x := 4:
>> q := proc()
      local x, p;
      begin
        x := 5;
        p := proc() begin x; end_proc;
        x := 6;
        p()
      end_proc:
>> q(), p()

                        6, 4
```

Auf die globale Prozedur p kann innerhalb von q nicht zugegriffen
werden. Der Aufruf der lokalen Prozedur p innerhalb von q liefert
nun den aktuellen Wert der lokalen Variablen x, wie der Aufruf q()
zeigt. Der letzte Befehl p() wiederum ruft die oben definierte globale
Prozedur p auf, und die liefert nach wie vor den Wert des globalen x.

Hier ist ein weiteres Beispiel:

```
>> p := proc(x) begin 2 * cos(x) + 1; end_proc:
>> q := proc(y)
      local cos;
      begin
        cos := proc(z) begin z + 1; end_proc;
        p(y) * cos(y)
      end_proc:
>> p(PI), q(PI)

                   -1, - PI - 1
```

Innerhalb der Prozedur q ist eine lokale Unterprozedur cos definiert,
die zu ihrem Argument 1 dazuaddiert. Die Prozedur p hingegen ver-

wendet immer die global definierte Cosinus-Funktion, so auch in dem Aufruf innerhalb der Prozedur q.

Bei Verwendung der bereits erwähnten Option `escape` bleibt eine lokale Variable auch nach dem Verlassen eines Prozeduraufrufs erreichbar, wenn sie in einer zurückgelieferten Prozedur angesprochen wird. Im folgenden Beispiel liefert `f` eine Prozedur (einen Zähler) zurück. Die so erzeugten Prozeduren `zaehler1` und `zaehler2` sind zwar keine Unterprozeduren von `f` mehr, können dank der Option `escape` aber auf die lokale Variable `x` von `f` verweisen, um mehrere aufeinanderfolgende Aufrufe jedes einzelnen Zählers zu synchronisieren. Man beachte, daß die beiden Zähler auf *unterschiedliche* unabhängige Instanzen von `x` verweisen, so dass sie unabhängig von einander zählen:

```
>> f := proc() local x;
        option escape;
        begin
          x := 1;
          // Diese Funktion ist Rückgabewert:
          proc() begin x := x+1 end;
        end:
>> zaehler1 := f(): zaehler2 := f():
>> zaehler1(), zaehler1(), zaehler1();
   zaehler2(), zaehler2();
   zaehler1(), zaehler2(), zaehler1();
```

$$2, 3, 4$$

$$2, 3$$

$$5, 4, 6$$

18.7 Typdeklaration

In MuPAD existiert ein einfach bedienbarer Typentestmechanismus für die Argumente einer Prozedur. Die sinnvolle Einschränkung der Prozedur `MatrixProdukt` des Abschnitts 18.4 auf Argumente vom Domain-Typ `DOM_ARRAY` läßt sich wie folgt realisieren:

```
>> MatrixProdukt := proc(A:DOM_ARRAY, B:DOM_ARRAY)
                    local m, n, r, i, j, k, C;
                    begin ...
```

Bei einer Parameterdeklaration der Form **Argument:Typenbezeichner**
wird der Aufruf der Prozedur immer dann zu einer Fehlermeldung
führen, wenn die übergebenen Parameter nicht der Typenbezeichnung
entsprechen. Im obigen Fall wurde der Domain-Typ **DOM_ARRAY** als
Typenbezeichner benutzt.

Das MuPAD-Konzept von Typenbezeichnern wurde in Kapitel 15 angesprochen. Mit dem nichtnegativen ganzen Zahlen entsprechenden Typ
Type::NonNegInt aus der **Type**-Bibliothek sind nach der Deklaration

```
>> Fakultaet := proc(n:Type::NonNegInt) begin
      if n = 0
         then return(1)
         else n*Fakultaet(n - 1)
      end_if
   end_proc:
```

als Argument **n** dieser Variante der Fakultätsfunktion nur noch nicht-
negative ganze Zahlen zugelassen:

```
>> Fakultaet(4)


                            24


>> Fakultaet(4.0)


 Error: Wrong type of 1. argument (type 'Type::NonNeg\
 Int' expected,
       got argument '4.0');
 during evaluation of 'Fakultaet'


>> Fakultaet(-4)


 Error: Wrong type of 1. argument (type 'Type::NonNeg\
 Int' expected,
       got argument '-4');
 during evaluation of 'Fakultaet'
```

18.8 Prozeduren mit beliebig vielen Argumenten

Die Systemfunktion **max** berechnet das Maximum ihrer Argumente, wobei sie mit beliebig vielen Argumenten aufgerufen werden kann:

```
>> max(1), max(3/7, 9/20), max(-1, 3, 0, 7, 3/2, 7.5)
```

$$1, 9/20, 7.5$$

Dieses Verhalten kann auch in selbstdefinierte Prozeduren eingebaut werden. Bei der Prozedurdefinition kann mit **args** auf die Argumente zugegriffen werden, mit denen die Prozedur später aufgerufen wird:

args(0)	: ist die Anzahl der Argumente,
args(i)	: ist das i-te Argument, $1 \leq i \leq$ **args(0)**,
args(i..j)	: ist die Folge der Argumente i bis j mit
	$1 \leq i \leq j \leq$ **args(0)**,
args()	: ist die Folge **args(1)**, **args(2)**, ... aller
	Argumente.

Die folgende Funktion simuliert das Verhalten der Systemfunktion **max**:

```
>> Max := proc() local m, i; begin
     m := args(1);
     for i from 2 to args(0) do
         if m < args(i) then m := args(i) end_if
     end_for:
     m
   end_proc:
>> Max(1), Max(3/7, 9/20), Max(-1, 3, 0, 7, 3/2, 7.5)
```

$$1, 9/20, 7.5$$

Hierbei wird zunächst das erste Argument als Maximum m angenommen, dann werden nacheinander die restlichen Argumente daraufhin untersucht, ob sie größer sind als m. Ist dies der Fall, so erhält m jeweils den entsprechenden Wert, womit nach Durchlauf der i-Schleife das Maximum gefunden wurde. Man beachte, dass beim Aufruf von **Max** mit nur einem Argument (also **args(0)** $= 1$) die Schleife **for i from 2 to 1 do** ... nicht durchlaufen wird.

Bei der Deklaration können formale Parameter und Zugriffe mittels
args durchaus gemischt werden:

```
>> f := proc(x, y) begin
        if args(0) = 3
            then x^2 + y^3 + args(3)^4
            else x^2 + y^3
        end_if
     end_proc:
>> f(a, b), f(a, b, c)

                    2    3    2    3    4
                   a  + b , a  + b  + c
```

Das folgende Beispiel ist eine triviale Funktion, die sich lediglich selbst
symbolisch zurückgibt:

```
>> f := proc() begin procname(args()) end_proc:
>> f(a + b + sin(x))

                   f(a + b + sin(x))
```

18.9 Optionen: Die Remember-Tabelle

Man kann MuPAD-Prozeduren bei der Deklaration so genannte *Optionen* übergeben, welche die interne Ausführung eines Prozeduraufrufs
beeinflussen. Neben der bereits beschriebenen Option **escape** und der
Option **hold**[5] ist für den Nutzer die Option **remember** interessant. In
diesem Abschnitt wird der durch **option remember** erzeugte Mechanismus etwas genauer betrachtet, dessen Effekt an einem einfachen
Beispiel demonstriert wird. Wir betrachten dazu die Folge der so genannten Fibonacci-Zahlen, die durch die Rekursion

$$F_n = F_{n-1} + F_{n-2}, \quad F_0 = 0, \quad F_1 = 1$$

definiert sind. Diese Rekursion kann leicht in eine MuPAD-Prozedur
umgesetzt werden:

---

[5] Hiermit wird die Parameterübergabe von „call by value" auf „call by name" umgeschaltet: Die Argumente werden nicht evaluiert. Speziell wird bei Prozedu-
raufrufen, in denen als Argument ein Bezeichner übergeben wird, nicht der *Wert*,
sondern der *Name* des Bezeichners an die Prozedur übergeben (Abschnitt 18.10).

```
>> F := proc(n) begin
        if n < 2 then n else F(n - 1) + F(n - 2) end_if
        end_proc:
>> F(i) $ i = 0..10


        0, 1, 1, 2, 3, 5, 8, 13, 21, 34, 55
```

Für größere Werte von n ist die rekursive Berechnung von F_n sehr rechenintensiv. Verfolgen wir dazu die rekursiven Aufrufe von F in der Berechnung von F_4, die man sich als eine Baumstruktur vorstellen kann: F(4) ruft F(3) und F(2) auf, F(3) ruft seinerseits F(2) und F(1) auf usw.:

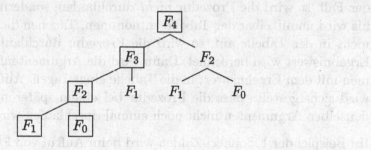

Man kann sich überlegen, dass für sehr großes n der Aufruf F(n) zu insgesamt ungefähr $1.45 \cdot 1.618^n$ Aufrufen von F führt. Diese „Kosten" steigen mit wachsendem n sehr schnell an:

```
>> time(F(10)), time(F(15)), time(F(20)), time(F(25))


        80, 910, 10290, 113600
```

Die time-Funktion liefert dabei die zur Auswertung des Arguments benötigte Zeit in Millisekunden.

In der obigen Skizze fällt auf, dass viele Aufrufe (z. B. F(1)) mehrfach durchgeführt werden. Es würde für F(4) im Prinzip reichen, nur die umrahmten Aufrufe von F(0), ..., F(4) auszuführen und sich diese Ergebnisse zu merken. Alle weiteren Berechnungen von F(0), F(1), F(2) kann man sich sparen, da deren Ergebnisse bereits bekannt sind. Genau dieser Mechanismus wird in MuPAD benutzt, wenn F mit option remember deklariert wird:

```
>> F := proc(n)
     /* local x, y; (hier waeren lokale */
     /* Variablen zu vereinbaren) */
     option remember;
     begin
       if n < 2 then n else F(n - 1) + F(n - 2) end_if
     end_proc:
```

Hierdurch wird intern für die Prozedur eine so genannte Remember-Tabelle (englisch: *to remember* = sich erinnern) angelegt, die nach der Definition der Prozedur zunächst leer ist. Bei jedem Aufruf wird zunächst nachgeschaut, ob die Argumentenfolge, für welche die Prozedur auszuwerten ist, bereits in dieser Tabelle eingetragen ist. Ist dies der Fall, so wird die Prozedur *nicht* durchlaufen, sondern das Ergebnis wird unmittelbar der Tabelle entnommen. Tauchen die Argumente nicht in der Tabelle auf, so wird die Prozedur durchlaufen, und der Ergebniswert wird berechnet. Dann wird die Argumentenfolge zusammen mit dem Ergebniswert in die Tabelle eingetragen. Auf diese Weise wird sichergestellt, dass die Prozedur bei einem späteren Aufruf mit denselben Argumenten nicht noch einmal durchlaufen wird.

Im Beispiel der Fibonacci-Zahlen wird beim Aufruf von F(n) die Prozedur nun nur $n+1$ mal durchlaufen, um $F(0), \ldots, F(n)$ zu berechnen. Hinzu muss beim rekursiven Abarbeiten der Prozedur die Remember-Tabelle $n - 2$ mal durchsucht werden, was aber sehr schnell geschieht. Der Laufzeitgewinn durch **option remember** ist in diesem Beispiel dramatisch:

```
>> time(F(10)), time(F(15)), time(F(20)), time(F(25)),
   time(F(500))
```

$$0, \ 10, \ 0, \ 10, \ 390$$

Die benötigten Zeiten liegen bereits in der Größenordnung der kleinsten Zeitdifferenz, die das System ermitteln kann, wodurch sich z. B. die (gerundeten) Laufzeiten von jeweils 0 Millisekunden bei F(10) und F(20) erklären.

Der Einbau von **option remember** *in eine Prozedur lohnt immer dann, wenn die Prozedur häufig mit immer wiederkehrenden Argumenten aufgerufen wird.*

Im Beispiel der Fibonacci-Zahlen lässt sich der Remember-Mechanismus natürlich direkt simulieren, indem man die Berechnung von F_n nicht rekursiv implementiert, sondern iterativ vorgeht und dabei bereits berechnete Werte in einer internen Tabelle ablegt:[6]

```
>> F := proc(n) local i, F; begin
    F[0] := 0: F[1] := 1:
    for i from 2 to n do
        F[i] := F[i - 1] + F[i - 2]
    end_for
   end_proc:
>> time(F(10)), time(F(15)), time(F(20)), time(F(25)),
   time(F(500))
```

$$10, 0, 10, 0, 400$$

Die in der Bibliothek numlib für Zahlentheorie installierte Funktion numlib::fibonacci ist für große Argumente nochmals wesentlich schneller.

Achtung: Der Remember-Mechanismus erkennt nur schon früher verarbeitete Eingangsparameter, aber nicht die Werte von eventuell verwendeten globalen Variablen! Nach Änderung globaler Werte werden erinnerte Prozedurwerte in der Regel falsch sein! Besondere Vorsicht ist bei den globalen Umgebungsvariablen wie z. B. DIGITS angezeigt:

```
>> floatexp := proc(x) option remember;
              begin float(exp(x)) end_proc:
>> DIGITS := 20: floatexp(1);
```

$$2.7182818284590452354$$

```
>> DIGITS := 40: floatexp(1); float(exp(1))
```

$$2.718281828459045235360287471344923927842$$

$$2.718281828459045235360287471352662497757$$

---

[6] Diese Prozedur ist nicht ganz sauber implementiert: Was geschieht beim Aufruf F(0)?

Zwar wird hier der erinnerte Wert von `floatexp(1)` nach Umschalten von 20 auf 40 `DIGITS` etwas genauer ausgegeben, es handelt sich aber trotzdem um den mit `DIGITS = 20` berechneten Wert, der nun in der Ausgabe mit mehr Stellen angezeigt wird, welche *intern*[7] bei der 20-stelligen Rechnung benutzt wurden. Der wirkliche auf 40 Dezimalstellen genau berechnete Wert von `exp(1)` ist oben angegeben, er unterscheidet sich vom fälschlich erinnerten Wert in der 30-ten Dezimalstelle.

Der Nutzer hat die Möglichkeit, explizit die Remember-Tabelle einer Prozedur aufzufüllen. Im folgenden Beispiel ist f die Funktion $x \mapsto \sin(x)/x$, welche für $x = 0$ eine stetig hebbare Definitionslücke mit $f(0) := \lim_{x \to 0} \sin(x)/x = 1$ hat:

```
>> f := proc(x) begin sin(x)/x end_proc: f(0)

Error: Division by zero;
during evaluation of 'f'
```

Die Definitionslücke kann leicht geschlossen werden:

```
>> f(0) := 1: f(0)

                    1
```

Durch die Zuweisung `f(0):=1` wird hierbei eine Remember-Tabelle für `f` angelegt, so dass im späteren Aufruf von `f(0)` gar nicht versucht wird, den Wert von $\sin(x)/x$ für $x = 0$ auszuwerten. Nun kann mit der Funktion `f` problemlos gearbeitet werden (man kann sie z. B. zeichnen lassen), ohne dass die Gefahr besteht, durch Auswertung bei $x = 0$ auf Probleme zu stoßen.

---

[7] MuPAD benutzt intern bei numerischen Rechnungen eine Anzahl von zusätzlichen „Schutzziffern", die über die per `DIGITS` angeforderten Dezimalstellen hinausgehen. In der Ausgabe wird der intern berechnete Wert dann auf die durch `DIGITS` gesetzte Stellenzahl abgeschnitten.

Achtung: Der Aufruf

```
>> delete f: f(x) := x^2:
```

erzeugt *nicht* die Abbildung $f : x \mapsto x^2$. Es wird eine Remember-Tabelle für den Bezeichner f erzeugt, über die *nur für den symbolischen Bezeichner* x der Aufruf f(x) zu x^2 ausgewertet wird. Jedes andere Argument liefert den symbolischen Funktionsaufruf zurück:

```
>> f(x), f(y), f(1)

                    2
              x , f(y), f(1)
```

18.10 Die Eingabeparameter

Die in der Deklaration einer Prozedur benutzten formalen Argumente stehen quasi als zusätzliche lokale Variablen zur Verfügung:

```
>> f := proc(a, b) begin a := 1; a + b end_proc:
>> a := 2: f(a, 1): a

                    2
```

Die Abänderung von a innerhalb der Prozedur hat keinerlei Effekt auf den außerhalb der Prozedur benutzten Bezeichner a. Nach Abänderung eines Eingangsparameters ist Vorsicht walten zu lassen, wenn in der Prozedur mit **args** (Abschnitt 18.8) auf die Argumente zugegriffen wird. Zuweisungen an formale Parameter verändern auch den Rückgabewert von **args**:

```
>> f := proc(a) begin a := 1; a, args(1) end_proc: f(2)

                    1, 1
```

Prinzipiell können beliebige MuPAD-Objekte als Eingabeparameter einer Prozedur verwendet werden. Dies können demnach Mengen, Listen, Ausdrücke, aber auch wieder Prozeduren/Funktionen sein:

```
>> p := proc(f) local i; begin
        [f(1), f(2), f(3)]
     end_proc:
>> p(g)
```

$$[g(1), g(2), g(3)]$$

```
>> p(proc(x) begin x^2 end_proc)
```

$$[1, 4, 9]$$

```
>> p(x -> x^3)
```

$$[1, 8, 27]$$

Selbstdefinierte Prozeduren werten ihre Argumente i. a. aus (englisch: *call by value*): Beim Aufruf von f(x) kennt der in f implementierte Algorithmus nur den Wert des Bezeichners x. Deklariert man jedoch eine Prozedur mit **option hold**, so wird die Parameterübergabe von „call by value" auf „call by name" umgeschaltet: Innerhalb der Prozedur steht dann der Ausdruck oder der Name des Bezeichners zur Verfügung, der beim Aufruf als Argument benutzt wird. Den Wert des Arguments erhält man mit **context**:

```
>> f := proc(x) option hold;
        begin x = context(x) end_proc:
>> x := 2:
>> f(x), f(sin(x)), f(sin(PI))
```

$$x = 2, \ sin(x) = sin(2), \ sin(PI) = 0$$

18.11 Die Auswertung innerhalb von Prozeduren

In Kapitel 5 ist die Auswertungsstrategie von MuPAD angesprochen worden: Auf interaktiver Ebene wird stets vollständig ausgewertet, d. h., *rekursiv* werden alle Bezeichner durch ihre Werte ersetzt, bis nur noch symbolische Bezeichner ohne Wert verbleiben (oder die durch die Umgebungsvariable LEVEL gegebene Auswertungstiefe erreicht ist):

```
>> delete a, b, c: x := a + b: a := b + 1: b := c: x
```

$$2 c + 1$$

Im Gegensatz dazu wird innerhalb von Prozeduren nicht vollständig, sondern nur mit einer Auswertungstiefe von 1 evaluiert. Das bedeutet, dass Bezeichner bei der Auswertung innerhalb einer Prozedur sozusagen intern durch level(Bezeichner,1) ersetzt werden: Jeder Bezeichner wird durch seinen Wert ersetzt, dies geschieht jedoch *nicht rekursiv*. Zur Erinnerung: In Abschnitt 5.1 ist der Unterschied gemacht worden zwischen dem *Wert* eines Bezeichners (die Auswertung zum Zeitpunkt der Zuweisung) und dessen *Auswertung* (dem „momentanen Wert", wo symbolische Bezeichner, die später einen Wert zugewiesen bekommen haben, ebenfalls durch ihre Werte ersetzt werden). Interaktiv ergibt sich bei Aufruf eines Objektes die vollständige Auswertung, in Prozeduren wird nur der Wert des Objektes geliefert. Dies erklärt den Unterschied zwischen dem obigen interaktiven Ergebnis und dem folgenden Resultat:

```
>> f := proc() begin
       delete a, b, c:
       x := a + b: a := b + 1: b := c:
       x
   end_proc:
>> f()
```

$$a + b$$

Der Grund für die Implementierung dieses unterschiedlichen Verhaltens liegt darin, dass die unvollständige Auswertungsstrategie die Auswertung von Prozeduren schneller macht, was die Effizienz von Mu-PAD-Prozeduren wesentlich steigert. Für den Einsteiger in die Mu-

PAD-Programmierung hält dieses Auswertungskonzept aber durchaus gewisse Tücken parat. Nach einiger Übung wird man sich jedoch einen entsprechenden Programmierstil aneignen, durch den man problemlos mit der eingeschränkten Auswertungstiefe umgehen kann.

Achtung: Wenn man nicht interaktiv mit MuPAD arbeitet, sondern die Abfolge von MuPAD-Befehlen mittels eines Editors in eine Textdatei schreibt und diese dann mit **read** in eine MuPAD-Sitzung einliest (Abschnitt 13.2.1), so werden diese Befehle innerhalb einer Prozedur (nämlich **read**) ausgeführt, also mit der Auswertungstiefe 1. Man kann mit der Systemfunktion **level** (Abschnitt 5.2) die Auswertungstiefe steuern und dadurch bei Bedarf vollständige Auswertung erzwingen:

```
>> f := proc() begin
        delete a, b, c:
        x := a + b: a := b + 1: b := c:
        level(x)
     end_proc:
>> f()
```

$$2 c + 1$$

Achtung: Die Funktion **level** wirkt *nicht* auf lokale Variablen!

Weiterhin können lokale Variablen nicht als symbolische Bezeichner benutzt werden, sie müssen stets Werte zugewiesen bekommen haben, bevor man sie benutzt. Die folgende Prozedur, in der intern ein symbolischer Bezeichner **x** an den Integrierer übergeben werden soll, ist nicht zulässig:

```
>> f := proc(n) local x; begin int(exp(x^n), x) end_proc:
```

Man kann den Namen der Integrationsvariablen als zusätzliches Argument an die Prozedur übergeben, womit beispielsweise folgende Varianten zulässig sind:

```
>> f := proc(n, x) begin int(exp(x^n), x) end_proc:
>> f := proc(n, x) local y; begin
        y := x; int(exp(y^n), y) end_proc:
```

Sollten für Zwischenergebnisse symbolische Bezeichner benötigt werden, so kann man mittels **genident()** (englisch: *generate identifier*) einen Bezeichner ohne Wert erzeugen und ihn einer lokalen Variablen zuweisen.

18.12 Funktionsumgebungen

MuPAD stellt für die mathematischen Standardfunktionen wie sin, cos, exp etc. eine Reihe mächtiger Werkzeuge bereit, die das Wissen über die mathematische Bedeutung dieser Bezeichner eingebaut haben. Typische Beispiele sind der float-Konvertierer, der Differenzierer diff oder die Funktion expand, mit denen Ausdrücke manipuliert werden können:

```
>> float(sin(1)), diff(sin(x), x, x, x),
   expand(sin(x + 1))
```

$$0.8414709848, \ -\cos(x), \ \cos(x) \sin(1) + \sin(x) \cos(1)$$

In diesem Sinne ist das mathematische Wissen über die Standardfunktionen im System verteilt: Die Funktion float muss wissen, wie numerische Approximationen der Sinus-Funktion zu berechnen sind, diff muss die Ableitung kennen, expand muss die Additionstheoreme der trigonometrischen Funktionen beherrschen.

Man kann beliebige neue Funktionen als symbolische Namen einführen oder in Form von Prozeduren implementieren. Wie kann man aber, wenn man die mathematische Bedeutung der neuen Funktion und die für sie gültigen Rechenregeln kennt, den Systemfunktionen dieses Wissen mitteilen? Wie kann man beispielsweise den Systemdifferenzierer diff benutzen, um die Ableitung einer neu eingeführten Funktion zu berechnen? Ist die neue Funktion nur aus den MuPAD bekannten Standardfunktionen zusammengesetzt, wie z. B. $f : x \mapsto x \sin(x)$, so stellt dies keine Problem dar: Der Aufruf

```
>> f := x -> x*sin(x): diff(f(x), x)
```

$$\sin(x) + x \cos(x)$$

liefert sofort die gewünschte Antwort. Es gibt aber oft Situationen, in denen die neu zu implementierende Funktion nicht aus Standardobjekten zusammengesetzt werden kann. Ein Beispiel aus der mathematischen Physik ist die „Airy"-Funktion Ai, welche als Lösung der Differentialgleichung

$$\frac{d^2}{dx^2} Ai(x) = x\, Ai(x)$$

mit gewissen Vorgaben für die Werte der Funktion und ihrer Ableitung an der Stelle $x = 0$ eindeutig definiert ist. Dies ist eine „spezielle Funktion", wie auch sin, cos, ln etc., welche sich aber nicht mit Hilfe dieser Standardfunktionen darstellen lässt. Trotzdem gelten Rechenregeln: Aufgrund der Differentialgleichung lässt sich die zweite Ableitung durch die Funktion ausdrücken, die dritte Ableitung lässt sich als Kombination aus der Funktion und ihrer ersten Ableitung ausdrücken usw. In diesem Sinne kann man symbolisch rechnen: Wenn die MuPAD-Bezeichner `Ai` bzw. `Ai1` die Airy-Funktion bzw. ihre erste Ableitung darstellen, so sollte MuPAD in der Lage sein, automatisch die höheren Ableitungen von `Ai` als Kombinationen von `Ai` und `Ai1` zu berechnen und damit zu vereinfachen.

Es geht also darum, die Rechenregeln (Gleitpunktapproximation, Differentiation etc.) für *symbolische* Funktionsnamen an die MuPAD-Funktionen `float`, `diff` etc. weiterzugeben. Dies ist die eigentliche Herausforderung, wenn es darum geht, „eine neue mathematische Funktion in MuPAD zu implementieren": Das Wissen um die mathematische Bedeutung der Symbole muss auf die entsprechenden Standardwerkzeuge MuPADs verteilt werden. In der Tat ist dies eine notwendige Maßnahme: Will man etwa einen komplexen Ausdruck differenzieren, der sowohl aus der neuen Funktion als auch aus Standardfunktionen zusammengesetzt ist, so kann dies nur über den Systemdifferenzierer geschehen. Dieser muss daher lernen, mit den neuen Symbolen umzugehen.

Als Hilfsmittel dazu stellt MuPAD den Domain-Typ `DOM_FUNC_ENV` (englisch: *function environment* = Funktionsumgebung) bereit. In der Tat sind die bereits eingebauten mathematischen Standardfunktionen von diesem Typ, um von `float`, `diff`, `expand` etc. verarbeitet werden zu können:

```
>> domtype(sin)

            DOM_FUNC_ENV
```

Funktionsumgebungen können vom Benutzer wie jede „normale" Funktion oder Prozedur aufgerufen werden:

```
>> sin(1.7)
```

$$0.9916648105$$

Eine Funktionsumgebung besteht aus 3 Operanden: Der erste Operand ist eine Prozedur, welche den Rückgabewert eines Funktionsaufrufs ermittelt. Der zweite Operand ist eine Prozedur, welche die Ausgabe eines nach Auswertung verbleibenden symbolischen Funktionsaufrufs auf dem Bildschirm bestimmt. Der dritte Operand ist eine Tabelle, welche die Informationen enthält, wie die Systemfunktionen float, diff, expand etc. mit symbolischen Funktionsaufrufen verfahren sollen.

Die für die Auswertung des Aufrufs zuständige Prozedur kann mit expose sichtbar gemacht werden:

```
>> expose(sin)

proc(x)
  name sin;
  local f, y;
  option noDebug;
begin
  if args(0) = 0 then
    error("no arguments given")
  else
  ...
end_proc
```

Die Implementierung der speziellen Airy-Funktion Ai, deren Eigenschaften durch die Differentialgleichung $Ai''(x) = x\,Ai(x)$ und die Bedingungen $Ai(0) = 0$, $Ai'(0) = 1$ festgelegt sind,[8] soll im folgenden demonstriert werden. Die Bezeichner Ai und Ai1 sollen die Funktion und ihre erste Ableitung darstellen, für einen symbolischen Aufruf Ai1(x) soll als Ausgabe Ai'(x) auf dem Bildschirm erscheinen.

---

[8] Dies ist nicht die in der Theorie spezieller Funktionen übliche Notation, wo Ai die Lösung der Differentialgleichung mit anderen als den hier betrachteten Anfangswerten ist. Die obigen Anfangswerte wurden der Einfachheit halber gewählt.

Zunächst definieren wir die Funktionen `Ai` und `Ai1`, welche für die Auswertung zuständig sind:

```
>> Ai := proc(x) begin
        if x = 0 then 0 else procname(x) end_if
     end_proc:
>> Ai1 := proc(x) begin
        if x = 0 then 1 else procname(x) end_if
     end_proc:
```

Da die Funktionswerte nur am Nullpunkt bekannt sind, wird für jedes Argument $x \neq 0$ der symbolische Ausdruck `Ai(x)` bzw. `Ai1(x)` mittels **procname** zurückgeliefert (Abschnitt 18.3). Bislang ergibt sich:

```
>> Ai(0), Ai(1), Ai(x + y), Ai1(0), Ai1(1), Ai1(x + y)

     0, Ai(1), Ai(x + y), 1, Ai1(1), Ai1(x + y)
```

Eine neue Funktionsumgebung wird mittels **funcenv** erzeugt:

```
>> Ai := funcenv(Ai):
>> Ai1Ausgabe := proc(f) begin
             "Ai'(".expr2text(op(f)).")"
          end_proc:
>> Ai1 := funcenv(Ai1, Ai1Ausgabe):
```

Hierdurch wurden die Prozeduren `Ai` und `Ai1` in Funktionsumgebungen umgewandelt. Die für die Auswertung zuständigen Prozeduren `Ai` und `Ai1` wurden als erstes Argument übergeben. Das zweite Argument ist die für die Bildschirmausgabe zuständige Prozedur. Diese ist für `Ai` nicht spezifiziert, womit ein verbleibender symbolischer Aufruf `Ai(x)` in der Standardweise auf dem Bildschirm dargestellt wird. Ein symbolischer Ausdruck `Ai1(x)` soll als `Ai'(x)` ausgegeben werden. Dazu dient die als zweites Argument in **funcenv** übergebene Prozedur, die als Konvertierungsroutine zu interpretieren ist. Bei Eingabe des Argumentes `Ai1(x)` liefert sie das MuPAD-Objekt, welches statt des symbolischen Aufrufs `Ai1(x)` auf dem Bildschirm erscheinen soll. Das Argument `f`, welches `Ai1(x)` repräsentiert, wird in die Zeichenkette `Ai'(x)` verwandelt (es gilt `x=op(f)` für `f=Ai1(x)`). Diese Zeichenkette wird dann statt `Ai1(x)` auf dem Bildschirm ausgegeben:

```
>> Ai(0), Ai(1), Ai(x + y), Ai1(0), Ai1(1), Ai1(x + y)


   0, Ai(1), Ai(x + y), 1, Ai'(1), Ai'(x + y)
```

Das dritte Argument in **funcenv** ist die Tabelle von *Funktionsattributen*, welche den Systemfunktionen **float**, **diff**, **expand** etc. mitzuteilen hat, wie sie symbolische Aufrufe der Form **Ai(x)** und **Ai1(x)** behandeln sollen. Da im obigen Beispiel bei der Erzeugung der Funktionsumgebung keinerlei Funktionsattribute übergeben wurden, wissen diese Systemfunktionen zu diesem Zeitpunkt noch nicht, wie sie zu verfahren haben. Damit liefern sie standardmäßig den Ausdruck bzw. sich selbst symbolisch zurück:

```
>> float(Ai(1)), expand(Ai1(x + y)),
   diff(Ai(x), x), diff(Ai1(x), x)


   Ai(1), Ai'(x + y), diff(Ai(x), x), diff(Ai'(x), x)
```

Der wesentliche Punkt, das Mitteilen der mathematischen Eigenschaften von **Ai1** und **Ai1** an die Systemfunktionen, geschieht nun mit dem Setzen der Funktionsattribute. Dazu stellt MuPAD die Funktion **slot** zur Verfügung, welche einen neuen Eintrag in die Attributtabelle durchführt. Anstatt dies Funktion direkt aufzurufen, verwenden wir den äquivalenten Operator **::**, um das **"diff"**-Attribut zu setzen, mit dem der Systemdifferenzierer **diff** angesteuert wird:

```
>> Ai::diff := proc(f, x) begin
                  Ai1(op(f))*diff(op(f), x)
              end_proc:
```

Hiermit wird **diff** mitgeteilt, dass **diff(f,x)** mit einem symbolischen Funktionsaufruf **f = Ai(y)** durch die als letztes Argument übergebene Prozedur auszuwerten ist. Mit der Kettenregel gilt

$$\frac{d}{dx}Ai(y) = Ai'(y)\ \frac{dy}{dx}.$$

Diese Regel wird in der angegebenen Prozedur implementiert, wobei für den Ausdruck **f = Ai(y)** die innere Funktion durch **y = op(f)** gegeben ist. Die Tatsache, dass das Symbol **Ai1** die Ableitung von *Ai* repräsentieren soll, wird an dieser Stelle durch das Einsetzen von **Ai1** für *Ai'* geleistet. *Nun ist für MuPAD die Ableitung der durch den Be-*

zeichner **Ai** *dargestellten Funktion die durch den Bezeichner* **Ai1** *dargestellte Funktion.* Die Bildschirmausgabe von `Ai1` ist bereits als `Ai'` implementiert worden:

```
>> diff(Ai(z), z), diff(Ai(y(x)), x),
   diff(Ai(x*sin(x)), x)


 Ai'(z), Ai'(y(x)) diff(y(x), x),


   Ai'(x*sin(x)) (sin(x) + x cos(x))
```

Als letzter Schritt soll dem Differenzierer `diff` mitgeteilt werden, wie ein Aufruf `diff(f,x)` mit einem symbolischen Funktionsaufruf `f = Ai1(y)` auszuwerten ist. Wegen der die Airy-Funktion definierenden Differentialgleichung gilt

$$\frac{d}{dx}Ai'(y) = Ai''(y)\,\frac{dy}{dx} = y\,Ai(y)\,\frac{dy}{dx}\,.$$

Das `"diff"`-Attribut von `Ai1` wird dementsprechend folgendermaßen gesetzt:

```
>> proc(f, x) local y; begin
      y := op(f); y*Ai(y)*diff(y, x)
   end_proc:
>> Ai1::diff := %:
```

Nun ist die Implementierung der Airy-Funktion `Ai` soweit vollständig, dass der Differenzierer `diff` diese Funktion sinnvoll verarbeiten kann:

```
>> diff(Ai(x), x, x)


                 x Ai(x)

>> diff(Ai1(2*x + 3), x, x, x)


                           2
   16 Ai'(2*x + 3) + 8 (2 x + 3)  Ai(2 x + 3)
```

Als Anwendung soll MuPAD nun den Beginn der Taylor-Entwicklung der Airy-Funktion um $x = 0$ bestimmen. Die Funktion `taylor` ruft intern `diff` auf, so dass MuPADs Reihenentwickler benutzt werden kann:

```
>> taylor(Ai(x), x = 0, 12)
```

$$x + \frac{x^4}{12} + \frac{x^7}{504} + \frac{x^{10}}{45360} + O(x^{13})$$

Aufgabe 18.1: Erweitern Sie die Definition der Airy-Funktion: Das MuPAD-Objekt `Ai(x, a, b)` soll die Lösung der Differentialgleichung

$$\frac{d^2}{dx^2} Ai(x) = x \, Ai(x)$$

mit den Anfangsbedingungen $Ai(0) = a$, $Ai'(0) = b$ darstellen. Ferner sei `Ai1(x, a, b)` die Ableitung an der Stelle x, welche als `Ai'(x, a, b)` auf dem Bildschirm dargestellt werden soll. Berechnen Sie für $a = 1$, $b = 0$ die 10-te Ableitung von `Ai`! Berechnen Sie den Beginn der Taylor-Entwicklung von Ai um $x = 0$ mit beliebigen symbolischen Werten von a und b!

Aufgabe 18.2: Eine Betragsfunktion `Abs` soll als Funktionsumgebung implementiert werden. Der Aufruf `Abs(x)` soll für reelle Zahlen `x` vom Domain-Typ `DOM_INT`, `DOM_RAT` oder `DOM_FLOAT` den Absolutbetrag liefern. Für alle anderen Argumente soll die symbolische Ausgabe `|x|` auf dem Bildschirm erscheinen. Die Betragsfunktion kann auf $\mathbb{R}\backslash\{0\}$ differenziert werden, es gilt

$$\frac{d\,|y|}{d\,x} = \frac{|y|}{y}\,\frac{dy}{dx}.$$

Setzen Sie das Funktionsattribut `"diff"` entsprechend, und berechnen Sie die Ableitung von `Abs(x^3)`! Vergleichen Sie Ihr Ergebnis mit der Ableitung der Systemfunktion `abs`!

18.13 Ein Programmierbeispiel: Differentiation

In diesem Abschnitt wird ein einfaches Beispiel diskutiert, welches die typische Arbeitsweise einer symbolischen MuPAD-Prozedur demonstrieren soll. Es wird ein symbolischer Differenzierer implementiert, der die Ableitung algebraischer Ausdrücke bestimmt, die in beliebiger Weise durch Addition, Multiplikation, Potenzieren und Anwendungen einiger mathematischer Funktion (exp, ln, sin, cos, ..) aus symbolischen Bezeichnern erzeugt wurden.

Dieses Beispiel dient nur zu Demonstrationszwecken, denn mit dem Systemdifferenzierer diff existiert bereits eine MuPAD-Funktion, die genau dieses leistet. Die Funktion diff ist eine sehr schnelle im MuPAD-Kern implementierte Routine, so dass eine eigene in der MuPAD-Sprache geschriebene Funktion sicherlich nicht die Effizienz von diff erreichen kann.

Folgende Eigenschaften legen die Differentiation algebraisch auf der Menge der zu bearbeitenden Ausdrücke fest:

1) $\dfrac{\mathrm{d}f}{\mathrm{d}x} = 0$, wenn f nicht von x abhängt,

2) $\dfrac{\mathrm{d}x}{\mathrm{d}x} = 1$,

3) $\dfrac{\mathrm{d}}{\mathrm{d}x}(f + g) = \dfrac{\mathrm{d}f}{\mathrm{d}x} + \dfrac{\mathrm{d}g}{\mathrm{d}x}$ (Linearität),

4) $\dfrac{\mathrm{d}}{\mathrm{d}x}(a \cdot b) = \dfrac{\mathrm{d}a}{\mathrm{d}x}\,b + a\,\dfrac{\mathrm{d}b}{\mathrm{d}x}$ (Produktregel),

5) $\dfrac{\mathrm{d}a^b}{\mathrm{d}x} = \dfrac{\mathrm{d}}{\mathrm{d}x}e^{b\,\ln(a)} = e^{b\,\ln(a)}\,\dfrac{\mathrm{d}}{\mathrm{d}x}\,(b\,\ln(a))$

$\qquad = a^b\,\ln(a)\,\dfrac{\mathrm{d}b}{\mathrm{d}x} + a^{b-1}\,b\,\dfrac{\mathrm{d}a}{\mathrm{d}x}$,

6) $\dfrac{\mathrm{d}}{\mathrm{d}x}\,F(y(x)) = F'(y)\,\dfrac{\mathrm{d}y}{\mathrm{d}x}$ (Kettenregel).

Hierbei sind für einige Funktionen F die Ableitungen bekannt, was in der Implementierung berücksichtigt werden soll. Bei unbekannten Funktionen F soll ein symbolischer Aufruf des Differenzierers zurückgegeben werden.

Die in Tabelle 18.1 angegebene Prozedur Diff implementiert obige Eigenschaften in der angegebenen Reihenfolge. Sie wird in der Form Diff(Ausdruck,Bezeichner) aufgerufen.

```
>> Diff := proc(f, x : DOM_IDENT)                      // 0)
    local a, b, F, y; begin
      if not has(f, x) then return(0) end_if;          // 1)
      if f = x then return(1) end_if;                  // 2)
      if type(f) = "_plus" then
          return(map(f, Diff, x)) end_if;              // 3)
      if type(f) = "_mult" then
          a := op(f, 1); b := subsop(f, 1 = 1);
          return(Diff(a, x)*b + a*Diff(b, x))          // 4)
      end_if;
      if type(f) = "_power" then
          a := op(f, 1); b := op(f, 2);
          return(f*ln(a)*Diff(b, x)
                 + a^(b - 1)*b*Diff(a, x))             // 5)
      end_if;
      if op(f, 0) <> FAIL then
          F := op(f, 0); y := op(f, 1);                // 6)
          if F = hold(exp) then
              return( exp(y)*Diff(y, x)) end_if;       // 6)
          if F = hold(ln)  then
              return(  1/y *Diff(y, x)) end_if;        // 6)
          if F = hold(sin) then
              return( cos(y)*Diff(y, x)) end_if;       // 6)
          if F = hold(cos) then
              return(-sin(y)*Diff(y, x)) end_if;       // 6)
          /* .. weitere bekannte Funktionen sind */
          /*    hier einzutragen .. */
      end_if;
      procname(args())                                 // 7)
    end_proc:
```

Tabelle 18.1. Ein symbolischer Differenzierer

Hierbei ist in 0) ein automatischer Typentest des zweiten Argumentes eingebaut, für das nur symbolische Bezeichner vom Domain-Typ DOM_IDENT zulässig sein sollen. In 1) überprüft die MuPAD-Funktion has, ob der zu differenzierende Ausdruck f von x abhängt. Die Linearität der Differentiation ist in 3) mittels der MuPAD-Funktion map implementiert:

```
>> map(f1(x) + f2(x) + f3(x), Diff, x)


   Diff(f1(x), x) + Diff(f2(x), x) + Diff(f3(x), x)
```

In 4) wird ein multiplikativer Ausdruck $f = f_1 \cdot f_2 \cdots$ zerlegt: Mit a:=op(f,1) wird der erste Faktor $a = f_1$ bestimmt, dann wird dieser Faktor mittels subsop(f,1=1) durch 1 ersetzt, wodurch b den Wert

$f_2 \cdot f_3 \cdot \ldots$ annimmt. In der Produktregel 4) wird `Diff(b,x)` aufgerufen, wobei in diesem Aufruf von `Diff` eventuell erneut der Fall 4) abgearbeitet wird, falls $b = f_2 \cdot f_3 \cdot \ldots$ selbst wieder ein Produkt ist. Auf diese Art und Weise werden durch 4) beliebige Produkte abgearbeitet.

In 5) wird ein durch eine Potenz gegebener Ausdruck differenziert: Für $f = a^b$ liefert `op(f,1)` die Basis a und `op(f,2)` den Exponenten b. Damit sind beispielsweise speziell alle monomialen Ausdrücke der Form $f = x^n$ mit konstantem n implementiert: Im rekursiven Aufruf von `Diff` wird für $a = x$ und $b = n$ dann `Diff(a,x)=1` und `Diff(b,x)=0` gefunden, womit sich der in 5) zurückgegebene Ausdruck zum korrekten Resultat $x^{n-1} n$ vereinfacht.

Falls der Ausdruck f ein symbolischer Funktionsaufruf der Form $f = F(y)$ ist, so wird in 6) die „äußere" Funktion F durch `F:=op(f,0)` gefunden (sonst erhält `F` i. A. den Wert `FAIL`). Es wird nur der Fall behandelt, dass F eine Funktion mit einem Argument y ist, wobei die „innere" Funktion durch `y:=op(f,1)` gefunden wird. Ist F ein Funktionsname, für den die Ableitungsfunktion bekannt ist (z. B. $F = \exp, \ln, \sin, \cos$), so wird die Kettenregel angewendet. Offensichtlich kann in der angegebenen Implementierung die Menge der Funktionen F, die differenziert werden können, leicht erweitert werden. Speziell kann das Differenzieren von symbolischen Ausdrücken der Form `int(·)` eingebaut werden. Auch kann die Erweiterung auf Funktionen F mit mehreren Argumenten leicht realisiert werden.

In 7) wird letztlich symbolisch `Diff(f,x)` zurückgeliefert, falls in den Schritten 1) bis 6) keine Vereinfachungen des Ausdrucks f durchgeführt werden konnten.

Die Arbeitsweise von `Diff` ist der des Systemdifferenzierers `diff` nachempfunden. Man vergleiche die folgenden Ergebnisse mit denen, die durch Aufruf von `diff` erzeugt werden:

```
>> Diff(x*ln(x + 1/x), x)


                              /       1 \
                          x | 1 - -- |
                              |      2 |
           /     1 \      \    x /
        ln| x + - | + -------------
           \   x /          1
                         x + -
                              x

>> Diff(f(x)*sin(x^2), x)


               2                         2
      2 x f(x) cos(x ) + Diff(f(x), x) sin(x )
```

18.14 Programmieraufgaben

Aufgabe 18.3: Schreiben Sie eine kurze Prozedur `datum`, die zu drei gegebenen Zahlen `tag`, `monat`, `jahr` das Datum in der üblichen Weise ausgibt (nicht: zurückgibt)! Der Aufruf `datum(3, 5, 1990)` soll beispielsweise die Ausgabe `3. 5. 1990` liefern.

Aufgabe 18.4: Sei $f : \mathbb{N} \to \mathbb{N}$ definiert durch

$$f(x) = \begin{cases} 3\,x + 1 \text{ für ungerades } x, \\ x/2 \text{ für gerades } x. \end{cases}$$

Beim so genannten „$(3\,x + 1)$-Problem" geht es um die Frage, ob für jeden Startwert $x_0 \in \mathbb{N}$ die durch $x_{i+1} := f(x_i)$ rekursiv definierte Folge an irgendeiner Stelle den Wert 1 annimmt. Schreiben Sie ein Programm, das zu gegebenem x_0 das erste i mit $x_i = 1$ zurückliefert!

Aufgabe 18.5: Implementieren Sie eine Funktion ggT, die den größten gemeinsamen Teiler zweier natürlicher Zahlen berechnet. Selbstverständlich sollen die Systemfunktionen gcd bzw. igcd nicht verwendet werden. Anleitung: Der Euklidische Algorithmus zur Berechnung des ggT beruht auf der Beobachtung

$$\mathrm{ggT}(a,b) = \mathrm{ggT}(a \bmod b, b) = \mathrm{ggT}(b, a \bmod b)$$

mit $\mathrm{ggT}(0,b) = \mathrm{ggT}(b,0) = b$.

Aufgabe 18.6: Implementieren Sie eine Funktion Quadratur, die beim Aufruf Quadratur(f,X) die numerische Approximation des Integrals

$$\int_{x_0}^{x_n} f(x)\,dx \approx \sum_{i=0}^{n-1} (x_{i+1} - x_i)\,f(x_i)$$

liefert! Der Integrand f soll als Funktion oder Prozedur übergeben werden, X sei eine MuPAD-Liste numerischer Werte

$$x_0 < x_1 < \ldots < x_n\,.$$

Aufgabe 18.7: Das Newton-Verfahren zur Bestimmung einer numerischen Nullstelle einer Funktion $f : \mathbb{R} \mapsto \mathbb{R}$ besteht aus der Iteration $x_{i+1} = F(x_i)$ mit $F(x) = x - f(x)/f'(x)$. Schreiben Sie eine Prozedur Newton, welche beim Aufruf Newton(f,x0,n) zu einem Ausdruck f die ersten Elemente $x_0, \ldots, x_n$ der Newton-Folge liefert!

Aufgabe 18.8: Ein bekanntes Fraktal ist das so genannte *Sierpinski-Dreieck*. Eine Variante hiervon kann man wie folgt definieren: Das Sierpinski-Dreieck ist die Menge aller Punkte $(x,y) \in \mathbb{N} \times \mathbb{N}$, so dass die Binärdarstellungen von x und y an wenigstens einer Stelle beide eine „1" enthalten. Schreiben Sie ein Programm Sierpinski, das zu gegebenen xmax, ymax die Menge aller dieser Punkte mit ganzzahligen Koordinaten im Bereich $1 \le x \le$ xmax, $1 \le y \le$ ymax, zeichnet! Anleitung: Die Binärdarstellung einer ganzen Zahl wird von numlib::g_adic berechnet. Für die Erzeugung graphischer Punkte stehen die Routinen plot::Point und plot::Pointlist zur Verfügung.

Aufgabe 18.9: Eine *logische Formel* besteht aus Bezeichnern, die mit den Operatoren **and**, **or** und **not** verknüpft wurden, beispielsweise:

```
>> Formel := (x and y) or
              ( (y or z) and (not x) and y and z )
```

Ein solcher Ausdruck heißt *erfüllbar*, wenn man den symbolischen Bezeichnern den Wert TRUE oder FALSE geben kann, so dass sich die Formel zu TRUE auswerten lässt. Schreiben Sie ein Programm, welches eine beliebige logische Formel daraufhin überprüft, ob sie erfüllbar ist!

Lösungen zu den Übungsaufgaben

Aufgabe 2.1: Durch `?diff` findet man heraus, wie höhere Ableitungen berechnet werden:

```
>> diff(sin(x^2), x, x, x, x, x)

      5       2           2          3       2
  32 x  cos(x ) - 120 x cos(x ) + 160 x  sin(x )
```

Man kann auch die umständlichere Eingabe `diff(diff(·,x),x)` verwenden.

Aufgabe 2.2: Exakte Darstellungen sind:

```
>> sqrt(27) - 2*sqrt(3), cos(PI/8)

                         1/2     1/2
                 1/2  (2    + 2)
              3     , ---------------
                             2
```

Die numerischen Näherungen

```
>> DIGITS := 5:
>> float(sqrt(27) - 2*sqrt(3)), float(cos(PI/8))

              1.7321, 0.92388
```

sind auf 5 Stellen genau.

Aufgabe 2.3:

```
>> expand((x^2 + y)^5)
```

$$y^5 + x^{10} + 5 x^8 y + 5 x^2 y^4 + 10 x^4 y^3 + 10 x^6 y^2$$

Aufgabe 2.4:

```
>> normal((x^2 - 1)/(x + 1))
```

$$x - 1$$

Aufgabe 2.5: Die singuläre Funktion $f(x) = 1/\sin(x)$ kann problemlos über dem Intervall $[1, 10]$ dargestellt werden, da in diesem Intervall die (gleichverteilten) graphischen Stützpunkte nicht mit den Singularitäten zusammenfallen:

```
>> plotfunc2d(1/sin(x), x = 1..10)
```

Über dem Intervall $[0, 10]$ würden sich jedoch Probleme ergeben: Die Endpunkte werden als Stützpunkte verwendet, so dass die Funktionsauswertung $1/\sin(0) = 1/0$ am linken Rand eine Fehlermeldung ergibt.

Aufgabe 2.6: MuPAD liefert unmittelbar die behaupteten Grenzwerte:

```
>> limit(sin(x)/x, x = 0),
   limit((1 - cos(x))/x, x = 0),
   limit(ln(x), x = 0, Right)
```

$$1, 0, -infinity$$

```
>> limit(x^sin(x), x = 0),
   limit((1 + 1/x)^x, x = infinity),
   limit(ln(x)/exp(x), x = infinity)
```

$$1, exp(1), 0$$

```
>> limit(x^ln(x), x = 0, Right),
   limit((1 + PI/x)^x, x = infinity),
   limit(2/(1 + exp(-1/x)), x = 0, Left)
```

$$\text{infinity, exp(PI), 0}$$

Das Ergebnis **undefined** bezeichnet einen nicht-existierenden Grenz-wert:

```
>> limit(sin(x)^(1/x), x = 0)
```

$$\text{undefined}$$

Aufgabe 2.7: Durch Faktorisierung wird das erste Ergebnis in die gewünschte Form gebracht:

```
>> sum(k^2 + k + 1 , k = 1..n): % = factor(%)
```

$$
\frac{5\,n}{3} + n^2 + \frac{n^3}{3} = 1/3\,n\,(3\,n + n^2 + 5)
$$

```
>> sum((2*k - 3)/((k + 1)*(k + 2)*(k + 3)),
      k = 0..infinity)
```

$$-1/4$$

```
>> sum(k/(k - 1)^2/(k + 1)^2, k = 2..infinity)
```

$$5/16$$

Aufgabe 2.8:

```
>> A := matrix([[1,2,3], [4,5,6], [7,8,0]]):
>> B := matrix([[1,1,0], [0,0,1], [0,1,0]]):
>> 2*(A + B), A*B
```

```
            +-                -+ +-             -+
            |  4,  6,  6 | |  1,  4,  2 |
            |                   | |             |
            |  8, 10, 14 |, |  4, 10,  5 |
            |                   | |             |
            | 14, 18,  0 | |  7,  7,  8 |
            +-                -+ +-             -+
```

```
>> (A - B)^(-1)
```

```
            +-                       -+
            |  -5/2,  3/2, -5/7 |
            |                        |
            |   5/2, -3/2,  6/7 |
            |                        |
            |  -1/2,  1/2, -2/7 |
            +-                       -+
```

Aufgabe 2.9: a) Die Funktion `numlib::mersenne` liefert eine Liste von p-Werten aller 39 bislang bekannten Mersenne-Primzahlen, die auf Supercomputern berechnet wurden. Die eigentliche Rechnung für den Bereich $1 < p \leq 1000$ kann aber auch mit MuPAD leicht durchgeführt werden:

```
>> select([$ 1..1000], isprime):
>> select(%, p -> isprime(2^p - 1))
```

Nach einiger Zeit ergibt sich die gesuchte Liste von p-Werten:

```
[2, 3, 5, 7, 13, 17, 19, 31, 61, 89, 107, 127, 521,

   607]
```

Die entsprechenden Mersenne-Primzahlen sind:

```
>> map(%, p -> 2^p-1)

 [3, 7, 31, 127, 8191, 131071, 524287, 2147483647,

     2305843009213693951, 618970019642690137449562111,

     162259276829213363391578010288127, ... ]
```

b) Von den Fermat-Zahlen können je nach Geschwindigkeit des verwendeten Rechners nur die ersten 11 oder 12 mit vertretbarem Zeitaufwand durch MuPAD untersucht werden (die 12-te Fermat-Zahl hat bereits 1234 Dezimalstellen).

```
>> Fermat := n -> (2^(2^n) + 1): isprime(Fermat(10))

                        FALSE
```

Soweit bekannt ist, sind nur die ersten 4 Fermat-Zahlen prim. Ein Test der ersten 12 liefert in der Tat nach einiger Zeit nur die folgenden 4 Werte:

```
>> select([Fermat(i) $ i= 1..12], isprime)

                   [5, 17, 257, 65537]
```

Aufgabe 4.1: Für Potenzen ist der erste Operand die Basis, der zweite der Exponent. Für Gleichungen ist der erste Operand die linke Seite, der zweite die rechte Seite. Bei Funktionsaufrufen sind die Operanden die Argumente:

```
>> op(a^b, 1), op(a^b, 2)

                        a, b
```

```
>> op(a = b, 1), op(a = b, 2)

                        a, b
```

```
>> op(f(a, b), 1), op(f(a, b), 2)
```

$$a, b$$

Aufgabe 4.2: Die Menge der beiden Gleichungen ist op(Menge, 1), der zweite Operand hiervon ist die Gleichung y = ..., die rechte Seite der Gleichung ist wiederum der zweite Operand:

```
>> Menge := solve({x+sin(3)*y = exp(a),
                   y-sin(3)*y = exp(-a)}, {x,y})

{ --      exp(a) sin(3) - exp(a) + sin(3) exp(-a)
{ |   x = -------------------------------------------,
{ --                      sin(3) - 1


           exp(-a)    -- }
      y = - ---------   | }
           sin(3) - 1 -- }

>> y := op(Menge, [1, 2, 2])


                     exp(-a)
                  - -----------
                    sin(3) - 1
```

Eine simultane Zuweisung der beiden Unbekannten x und y kann einfacher durch den Aufruf assign(op(Menge)) realisiert werden.

Aufgabe 4.3: Wenn nur eine Zahl in einem arithmetischen Ausdruck eine Gleitpunktzahl ist, so werden alle Zahlen in Gleitpunktarithmetik verarbeitet:

```
>> 1/3 + 1/3 + 1/3, 1.0/3 + 1/3 + 1/3
```

$$1, 1.0$$

Aufgabe 4.4: Die gefragten Gleitpunktzahlen ergeben sich unmittelbar:

```
>> float(PI^(PI^PI)), float(exp(PI*sqrt(163)/3))
```

$$1.340164183e18, \ 640320.0$$

Man beachte, dass mit der Voreinstellung von 10 Dezimalstellen nur die ersten 10 Ziffern dieser Werte vertrauenswürdig sind. In der Tat ergibt sich bei größeren Werten für DIGITS:

```
>> DIGITS := 100:
>> float(PI^(PI^PI)), float(exp(PI*sqrt(163)/3))
```

```
1340164183006357435.29744912964013141509937497457349992\
3777879275165860340926190940681482694726113011142
```

```
,
```

```
640320.000000000060486373504901603947174181881853947577\
14857603665918194652218258286942536340815822646
```

Um die 234-te Nachkommastelle von PI korrekt zu erhalten, berechnet man insgesamt 235 Dezimalstellen. Nach DIGITS:=235 liefert die letzte angezeigte Ziffer in float(PI) die Antwort. Es ist eleganter, diese Ziffer durch Multiplikation mit 10^234 zur ersten Ziffer vor dem Komma zu machen und denRest nach dem Komma mit trunc abzuschneiden:

```
>> DIGITS := 235: trunc(10^234*PI) - 10*trunc(10^233*PI)
```

$$6$$

Aufgabe 4.5: a) Intern werden von MuPAD einige zusätzliche Ziffern exakt berechnet, die in der Ausgabe jedoch abgeschnitten werden.

```
>> DIGITS := 10: x := 10^50/3.0; floor(x)
```

$$3.333333333e49$$

```
3333333333333333333328377425726486687616038891527680
```

b) Nach Erhöhen von DIGITS werden zwar zusätzliche Stellen angezeigt, diese sind jedoch nicht alle korrekt:

```
>> DIGITS := 40: x

        3.33333333333333333328377425726486687616e49
```

Man muss die Rechnung mit dem erhöhten Wert von DIGITS erneut starten, um die gewünschte Genauigkeit zu erhalten:

```
>> DIGITS := 40: x := 10^50/3.0

        3.333333333333333333333333333333333333333e49
```

Aufgabe 4.6: Nicht zulässige Namen sind Vorsicht!-!, x-y und Haensel&Gretel, da sie die Sonderzeichen !, - bzw. & enthalten. Da ein Name mit einem Buchstaben oder dem Zeichen _ beginnen muss, ist auch 2x nicht zulässig. Zwar sind diff und exp gültige Namen für MuPAD-Bezeichner, ihnen darf jedoch kein Wert zugewiesen werden, da es sich hierbei um geschützte Namen von MuPAD-Funktionen handelt.

Aufgabe 4.7: Die Menge der Gleichungen bzw. der Unbekannten werden mit Hilfe des Folgengenerators $ (Abschnitt 4.5) erzeugt. Ein Aufruf von solve liefert eine Menge vereinfachter Gleichungen:

```
>> Gleichungen := {(x.i + x.(i+1) = 1) $ i = 1..19,
                    x20 = PI}:
>> Unbekannte := {x.i $ i = 1..20}:
>> Loesungen := solve(Gleichungen, Unbekannte)

 {[x1 = 1 - PI, x2 = PI, x3 = 1 - PI, x4 = PI,

    x5 = 1 - PI, x6 = PI, x7 = 1 - PI, x8 = PI,

    x9 = 1 - PI, x10 = PI, x11 = 1 - PI, x20 = PI,

    x12 = PI, x13 = 1 - PI, x14 = PI, x15 = 1 - PI,

    x16 = PI, x17 = 1 - PI, x18 = PI, x19 = 1 - PI]}
```

Die Zuweisung der gefundenen Werte geschieht durch **assign**:

```
>> assign(op(Loesungen, 1)): x1, x2, x3, x4, x5, x6

            1 - PI, PI, 1 - PI, PI, 1 - PI, PI
```

Aufgabe 4.8: Der Ausdruck `a^b - sin(a/b)` wird von MuPAD in der Form `a^b+(-1)*sin(a*b^(-1))` gespeichert und hat den folgenden Darstellungsbaum:

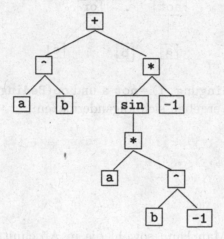

Aufgabe 4.9: Man beobachtet:

```
>> op(2/3); op(x/3)

                    2, 3

                    x, 1/3
```

Dies liegt daran, dass 2/3 vom Domain-Typ **DOM_RAT** ist, für den die Operanden als Zähler und Nenner definiert sind. Der Domain-Typ des symbolischen Ausdrucks `x/3` ist **DOM_EXPR**, die interne Darstellung ist `x*(1/3)`. Ähnliches gilt für `1 + 2*I` und `x + 2*I`:

```
>> op(1 + 2*I); op(x + 2*I)

                    1, 2

                    x, 2 I
```

Das erste Objekt ist vom Typ DOM_COMPLEX, für den die Operanden als Real- bzw. Imaginärteil definiert sind. Im symbolischen Ausdruck x + 2*I sind die Operanden der erste und der zweite Summand.

Aufgabe 4.10: Der Darstellungsbaum von Bedingung = (not a) and (b or c) ist:

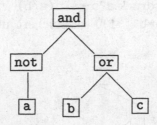

Damit gilt op(Bedingung, 1) = not a und op(Bedingung, 2) = b or c. Die Atome a, b, c ergeben sich folgendermaßen:

```
>> op(Bedingung, [1, 1]), op(Bedingung, [2, 1]),
   op(Bedingung, [2, 2])


                  a, b, c
```

Aufgabe 4.11: Man kann sowohl die in Abschnitt 4.3 vorgestellte Zuweisungsfunktionen _assign als auch den Zuweisungsoperator := verwenden:

```
>> _assign(x.i, i) $ i = 1..100:
>> (x.i := i) $ i = 1..100:
```

Man kann auch der **assign**-Funktion eine Menge von Zuweisungsgleichungen übergeben:

```
>> assign({x.i = i $ i = 1..100}):
```

Aufgabe 4.12: Da auch Folgen als Argument des Folgengenerators zulässig sind, kann das gewünschte Resultat folgendermaßen erzeugt werden:

```
>> (x.i $ i) $ i = 1..10

   x1, x2, x2, x3, x3, x3, x4, x4, x4, x4, ...
```

Aufgabe 4.13: Es wird der Addierer `_plus` benutzt, dessen Argumentenfolge durch den Folgengenerator `$` erzeugt wird:

```
>> _plus(((i+j)^(-1) $ j = 1..i) $ i = 1..10)
```

$$1464232069/232792560$$

Aufgabe 4.14:

```
>> L1 := [a, b, c, d]: L2 := [1, 2, 3, 4]:
>> L1.L2, zip(L1, L2, _mult)
```

$$[a, b, c, d, 1, 2, 3, 4], [a, 2\,b, 3\,c, 4\,d]$$

Aufgabe 4.15: Die Funktion `_mult` multipliziert ihre Argumente:

```
>> map([1, x, 2], _mult, Faktor)
```

$$[Faktor, x\,Faktor, 2\,Faktor]$$

Diese Abbildung `Liste -> map(Liste, _mult, Faktor)` wird nun mittels `map` auf eine verschachtelte Liste angewendet:

```
>> L := [[1, x, 2], [PI], [2/3, 1]]:
   map(L, map, _mult, 2)
```

$$[[2, 2\,x, 4], [2\,PI], [4/3, 2]]$$

Aufgabe 4.16: Für

```
>> X := [x1, x2, x3]: Y := [y1, y2, y3]:
```

ergeben sich die Produkte unmittelbar durch:

```
>> _plus(op(zip(X, Y, _mult)))
```

$$x1\,y1 + x2\,y2 + x3\,y3$$

Die folgende Funktion `f` multipliziert jedes Element der Liste `Y` mit dem Eingabeparameter `x` und liefert die Ergebnisliste zurück:

```
>> f := x -> map(Y, _mult, x):
```

Der nächste Befehl ersetzt jedes Element von X durch die von f berechnete Liste:

```
>> map(X, f)

   [[x1 y1, x1 y2, x1 y3], [x2 y1, x2 y2, x2 y3],

    [y1 x3, x3 y2, x3 y3]]
```

Aufgabe 4.17: Für fixiertes m wird mit dem Folgengenerator $ eine Liste aller zu untersuchenden Zahlen erzeugt. Aus dieser werden mit select($\cdot$, isprime) die Primzahlen herausgefiltert. Die Anzahl der Primzahlen ergibt sich durch **nops** der verbleibenden Liste. Dieser Wert wird für jedes m von 0 bis 41 erzeugt:

```
>> nops(select([(n^2 + n + m) $ n = 1..100], isprime))
     $ m = 0..41

  1, 32, 0, 14, 0, 29, 0, 31, 0, 13, 0, 48, 0, 18, 0,

    11, 0, 59, 0, 25, 0, 14, 0, 28, 0, 28, 0, 16, 0,

    34, 0, 35, 0, 11, 0, 24, 0, 36, 0, 17, 0, 86
```

Die Nullen für gerades $m > 0$ sind leicht zu erklären: Da $n^2 + n = n(n+1)$ stets eine gerade Zahl ist, kann $n^2 + n + m$ als gerade Zahl, die größer als drei ist, keine Primzahl sein.

Aufgabe 4.18: Die Kinder werden in der Liste K gespeichert, in der am Ende eines Durchgangs das ausgezählte Element gelöscht wird. Die (momentane) Reihenfolge der Kinder im Abzählkreis wird dabei durch die Positionen in der Liste repräsentiert, das dort befindliche Kind ist durch den Listeneintrag an dieser Stelle gegeben. Sei Raus $\in \{1, 2, \ldots\}$ die Position des zuletzt ausgezählten Kindes. Nachdem dieses Element der Liste gelöscht wurde, beginnt der nächste Abzählvorgang beim Kind, dass sich an der Position Raus der neuen verkürzten Liste befindet. Durch den nächsten Abzählvorgang erreicht man nach m Silben die Position Raus + m - 1 der aktuellen Liste, die wiederum zu löschen ist. Da im Kreis gezählt wird, ist die Position Raus + m - 1 jeweils modulo der aktuellen Anzahl der Kinder zu rechnen.

Man beachte jedoch, dass a mod b Zahlen im Bereich $0, 1, \ldots, b-1$ statt des gewünschten Bereichs $1, 2, \ldots, b$ liefert, wo b die aktuelle Anzahl der Kinder ist. Daher wird die Position a (= Raus + m - 1) nicht per a mod b, sondern per ((a - 1) mod b) + 1 bestimmt:

```
>> m := 9: n := 12: K := [$ 1..n]: Raus := 1:
>> Raus := ((Raus + m - 2) mod nops(K)) + 1:
>> K[Raus];
```

$$9$$

```
>> delete K[Raus]:
   Raus := ((Raus + m - 2) mod nops(K)) + 1:
>> K[Raus];
```

$$6$$

usw. Es bietet sich an, den vollständigen Abzählvorgang durch eine Schleife (Kapitel 16) zu realisieren:

```
>> m := 9: n := 12: K := [$ 1..n]: Raus := 1:
>> repeat
     Raus := ((Raus + m - 2) mod nops(K)) + 1:
     print(K[Raus]):
     delete K[Raus]
   until nops(K) = 0 end_repeat:
```

$$9$$

$$6$$

$$\ldots$$

$$1$$

$$2$$

Aufgabe 4.19: Beim folgenden Übergang *Liste* ↦ *Menge* ↦ *Liste* wird sich in der Regel die Reihenfolge der Listenelemente ändern:

```
>> Menge := {op(Liste)}: Liste := [op(Menge)]:
```

Aufgabe 4.20:

```
>> A := {a, b, c}: B := {b, c, d}: C := {b, c, e}:
>> A union B union C, A intersect B intersect C,
   A minus (B union C)
```

$$\{a, b, c, d, e\}, \{b, c\}, \{a\}$$

Aufgabe 4.21: Mit **_union** und **_intersect** ergibt sich die Vereinigung:

```
>> M := {{2, 3}, {3, 4}, {3, 7}, {5, 3}, {1, 2, 3, 4}}:
>> _union(op(M))
```

$$\{1, 2, 3, 4, 5, 7\}$$

bzw. der Schnitt:

```
>> _intersect(op(M))
```

$$\{3\}$$

Aufgabe 4.22: Die Funktion **combinat::subsets::list(M,k)** liefert eine Folge aller k-elementigen Teilmengen von M:[1]

```
>> M := {i $ i = 5..20}:
>> Teilmengen := combinat::subsets::list(M, 3):
```

Die Anzahl der Teilmengen ergibt sich durch

```
>> nops(Teilmengen)
```

$$560$$

---

[1] In MuPAD-Versionen vor 2.5 verwenden Sie bitte **combinat::choose**.

Die Funktion `combinat::subsets::count` liefert direkt die Anzahl der Teilmengen, ohne sie erst aufwendig zu erzeugen:

```
>> combinat::subsets::count(M, 3)

                        560
```

Aufgabe 4.23:

```
>> Telefonbuch := table(Meier = 1815, Schulz = 4711,
                        Schmidt = 1234, Mueller = 5678):
```

Die Nummer von Meier ergibt sich direkt durch indizierten Aufruf:

```
>> Telefonbuch[Meier]

                        1815
```

Mittels **select** werden die Tabelleneinträge herausgefiltert, die die Nummer 5678 enthalten:

```
>> select(Telefonbuch, has, 5678)

                        table(
                            Mueller = 5678
                        )
```

Aufgabe 4.24: Mit `[op(Tabelle)]` erhält man eine Liste aller Zuordnungsgleichungen. Mit `lhs` und `rhs` (englisch: *left hand side* bzw. *right hand side*) wird jeweils die linke bzw. rechte Seite der Gleichungen herausgegriffen:

```
>> T := table(a = 1, b = 2,
            1 - sin(x) = "Ableitung von x + cos(x)" ):
>> Indizes := map([op(T)], lhs)

            [1 - sin(x), b, a]

>> Werte := map([op(T)], rhs)

        ["Ableitung von x + cos(x)", 2, 1]
```

Aufgabe 4.25: Die folgenden Werte (in Millisekunden) zeigen an, dass das Erzeugen der Tabelle zeitaufwendiger ist:

```
>> n := 100000:
>> time((T := table((i=i) $ i=1..n))),
   time((L := [i $ i=1..n]))
```

$$3750, 820$$

Das Arbeiten mit der Tabelle ist aber deutlich schneller. Durch die folgenden Zuweisungen wird ein zusätzlicher Tabelleneintrag erzeugt, bzw. wird die Liste mit Hilfe des Konkatenationspunkts um ein Element erweitert:

```
>> time((T[n + 1] := neu)), time((L := L.[neu]))
```

$$10, 140$$

Aufgabe 4.26: Mit dem Folgengenerator **$** wird eine verschachtelte Liste erzeugt, die an **array** übergeben wird:

```
>> n := 20: array(1..n, 1..n,
            [[1/(i + j -1) $ j = 1..n] $ i = 1..n]):
```

Aufgabe 4.27:

```
>> TRUE and (FALSE or not (FALSE or not FALSE))
```

$$FALSE$$

Aufgabe 4.28: Mit **zip** wird eine Liste von Vergleichen erzeugt, wobei die Systemfunktion beim Aufruf **_less(a,b)** die Ungleichung a < b liefert. Die mit **op** gebildete Folge von Ungleichungen wird an **_and** übergeben:

```
>> L1 := [10*i^2 - i^3 $ i = 1..10]:
>> L2 := [i^3 + 13*i $ i = 1..10]:
>> _and(op(zip(L1, L2, _less)))
```

```
 9 < 14 and 32 < 34 and 63 < 66 and 96 < 116 and

    125 < 190 and 144 < 294 and 147 < 434 and

    128 < 616 and 81 < 846 and 0 < 1130
```

Die logische Auswertung mit **bool** beantwortet die Frage:

```
>> bool(%)
```

```
                          TRUE
```

Aufgabe 4.29: Die Menge, die beim Aufruf **anames(All)** zurückgeliefert wird, wird für die Bildschirmdarstellung nach der internen Ordnung sortiert. Um eine alphabetisch sortierte Ausgabe zu erhalten,
werden die Namen der Bezeichner mit **expr2text** in Zeichenketten
umgewandelt. Damit ist die Bildschirmausgabe (aber nicht die interne
Darstellung!) der Menge alphabetisch aufsteigend geordnet:

```
>> map(anames(All), expr2text)

 {"Ax", "Axiom", "AxiomConstructor", "C_", "Cat",

    ... , "write", "zeta", "zip"}
```

Aufgabe 4.30: Das bekannte Palindrom

```
>> text := "Ein Neger mit Gazelle zagt im Regen nie":
```

wird gespiegelt, indem die umsortierte Folge der einzelnen Zeichen an
die Funktion **_concat** übergeben wird, welche hieraus wieder eine einzelne Zeichenkette macht:

```
>> n := length(text): _concat(text[n - i] $ i = 1..n)

        "ein negeR mi tgaz ellezaG tim regeN niE"
```

Der Aufruf `revert(text)` liefert das Ergebnis ebenfalls.

Aufgabe 4.31:

```
>> f := x -> x^2: g := x -> sqrt(x):
>> (f@f@g)(2), (f@@100)(x)
```

$$1267650600228229401496703205376$$
$$4, x$$

Aufgabe 4.32: Die folgende Funktion leistet das Verlangte:

```
>> f := L -> [L[nops(L) + 1 - i] $ i = 1..nops(L)]
```

$$L \rightarrow [L[(nops(L) + 1) - i] \ \$ \ i = 1..nops(L)]$$

```
>> f([a, b, c])
```

$$[c, b, a]$$

Die einfachste Lösung ist jedoch `f:=revert`, da diese allgemeine Invertierungsfunktion auf Listen in der gewünschten Weise wirkt.

Aufgabe 4.33: Mit Hilfe von `last`-Aufrufen (Kapitel 12) können die Chebyshev-Polynome als Ausdrücke erzeugt werden:

```
>> T0 := 1: T1 := x:
>> T2 := 2*x*% - %2; T3 := 2*x*% - %2; T4 := 2*x*% - %2
```

$$2 x^2 - 1$$

$$2 x (2 x^2 - 1) - x$$

$$2 x (2 x (2 x^2 - 1) - x) - 2 x^2 + 1$$

Es ist jedoch wesentlich eleganter, die rekursive Definition in eine rekursiv arbeitende Funktion umzusetzen:

```
>> T := (k, x) ->
        if k < 2
          then x^k
          else 2*x*T(k - 1, x) - T(k - 2, x)
        end_if:
```

Damit erhält man:

```
>> T(i, 1/3) $ i = 2..5

              -7/9, -23/27, 17/81, 241/243
```

```
>> T(i, 0.33) $ i = 2..5

    -0.7822, -0.846252, 0.22367368, 0.9938766288
```

```
>> T(i, x) $ i = 2..5

   2                2
 2 x  - 1, 2 x (2 x  - 1) - x,

              2                2
 2 x (2 x (2 x  - 1) - x) - 2 x  + 1, x -

        2                          2
 2 x (2 x  - 1) + 2 x (2 x (2 x (2 x  - 1) - x) -

   2
 2 x  + 1)
```

Bei Einbau eines **expand**-Befehls (Abschnitt 9.1) in die Funktionsdefinition werden ausmultiplizierte Darstellungen der Polynome geliefert. Die Chebyshev-Polynome sind in der Bibliothek **orthpoly** für orthogonale Polynome bereits installiert: Das i-te Polynom wird durch den Aufruf **orthpoly::chebyshev1(i,x)** geliefert.

Aufgabe 4.34: Im Prinzip kann man die Ableitungen von f mit MuPAD berechnen und $x = 0$ einsetzen. Es ist jedoch einfacher, die Funktion durch eine Taylor-Reihe zu approximieren, deren führender Term das Verhalten in einer kleinen Umgebung von $x = 0$ beschreibt:

```
>> taylor(tan(sin(x)) - sin(tan(x)), x = 0, 8)
```

```
      7         9            11          13
     x      29 x       1913 x       95 x                  15
     -- + ----- + --------- + ------ + O(x  )
     30    756        75600       7392
```

Aus $f(x) = x^7/30 \cdot (1 + O(x^2))$ folgt, dass f bei $x = 0$ eine Nullstelle der Ordnung 7 hat.

Aufgabe 4.35: Der Unterschied zwischen

```
>> taylor(diff(1/(1 - x), x), x),
   diff(taylor(1/(1 - x), x), x)
```

```
               2     3      4      5       6
 1 + 2 x + 3 x + 4 x + 5 x + 6 x + O(x ),
```

```
               2     3      4
   1 + 2 x + 3 x + 4 x + 5 x + O(x )
```

erklärt sich durch die Umgebungsvariable ORDER mit dem voreingestellten Wert 6. Beide taylor–Aufrufe berechnen die angeforderten Reihen jeweils bis O(x^6):

```
>> taylor(1/(1 - x), x)
```

```
            2     3     4     5       6
 1 + x + x + x + x + x + O(x )
```

Der Ordnungsterm O(x^5) entsteht durch Ableiten von O(x^6):

```
>> diff(%, x)
```

```
              2     3      4
 1 + 2 x + 3 x + 4 x + 5 x + O(x )
```

Aufgabe 4.36: Eine asymptotische Entwicklung liefert:

```
>> f := sqrt(x + 1) - sqrt(x - 1):
>> g := series(f, x = infinity)
```

```
        1          1           7            /  1   \
      ---- + ------ + --------- + 0| ----- |
       1/2     5/2        9/2      | 11/2 |
      x      8 x     128 x        \  x   /
```

Damit folgt

$$f \approx \frac{1}{\sqrt{x}} \left(1 + \frac{1}{8\,x^2} + \frac{7}{128\,x^4} + \cdots \right),$$

also $f(x) \approx 1/\sqrt{x}$ für reelles $x \gg 1$. Die nächstbessere Näherung ist
$f(x) \approx \frac{1}{\sqrt{x}} \left(1 + \frac{1}{8\,x^2} \right)$.

Aufgabe 4.37: Informationen erhält man durch ?revert.

```
>> f := taylor(sin(x + x^3), x); g := revert(%)
```

```
            3       5
          5 x    59 x          7
    x + ---- - ----- + 0(x )
          6     120

            3       5
          5 x    103 x         7
    x - ---- + ----- + 0(x )
          6      40
```

Zur Kontrolle wird die Hintereinanderschaltung von f und g betrachtet, was eine Reihenentwicklung der identischen Abbildung $x \mapsto x$ liefert:

```
>> g@f
```

```
            7
    x + 0(x )
```

Aufgabe 4.38: Die Rechnung wird über dem Standardkomponenten-ring (Abschnitt 4.15.1) durchgeführt, in dem sowohl mit rationalen Zahlen als auch mit Gleitpunktzahlen gerechnet werden kann:

```
>> n := 15:
>> H := matrix(n, n, (i, j) -> (i + j -1)^(-1)):
>> e := matrix(n, 1, 1): b := H*e:
```

Einerseits wird das Gleichungssystem $H\mathbf{x} = \mathbf{b}$ mit exakter Arithmetik über den rationalen Zahlen gelöst. Andererseits werden H und b für die numerische Lösung in Gleitpunktapproximationen verwandelt:

```
>> exakt = H^(-1)*b, numerisch = float(H)^(-1)*float(b)
```

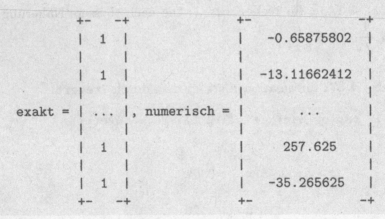

```
        +-   -+                 +-            -+
        | 1 |                   |  -0.65875802 |
        |   |                   |              |
        | 1 |                   | -13.11662412 |
        |   |                   |              |
exakt = | ... |, numerisch =    |     ...      |
        |   |                   |              |
        | 1 |                   |   257.625    |
        |   |                   |              |
        | 1 |                   |  -35.265625  |
        +-   -+                 +-            -+
```

Die Fehler der numerischen Lösung entstammen in der Tat Rundungsfehlern. Um dies zu demonstrieren, führen wir die numerische Rechnung erneut mit höherer Genauigkeit durch. Zunächst muss dazu allerdings die MuPAD-Sitzung mit **reset()** neu initialisiert werden (Abschnitt 14.3). Teile des Invertierungsalgorithmus sind nämlich mit **option remember** (Abschnitt 18.9) implementiert, so dass die neue Rechnung sich ohne Neustart an mit geringerer Genauigkeit berechnete Werte erinnern und diese benutzen würde:

```
>> reset(): DIGITS := 20: n := 15:
>> H := matrix(n, n, (i, j) -> (i + j -1)^(-1)):
>> e := matrix(n, 1, 1): b := H*e:
>> numerisch = float(H)^(-1)*float(b)
```

$$
\text{numerisch} = \begin{pmatrix}
0.99999999898551682914 \\
\\
1.0000000165404771546 \\
\\
\dots \\
\\
0.99999995843973010779 \\
\\
1.000000005864421837
\end{pmatrix}
$$

Aufgabe 4.39: Das Verschwinden der Determinante der Matrix wird untersucht:

```
>> matrix([[1, a, b], [1, 1, c ], [1, 1, 1]]):
>> factor(linalg::det(%))
```

$$(a - 1)\ (c - 1)$$

Die Matrix ist damit außer für $a = 1$ oder $c = 1$ invertierbar.

Aufgabe 4.40: Zunächst werden Felder definiert, aus denen später Matrizen über unterschiedlichen Komponentenringen erzeugt werden sollen:

```
>> a := array(1..3, 1..3, [[ 1, 3, 0],
                           [-1, 2, 7],
                           [ 0, 8, 1]]):
>> b := array(1..3, 1..2, [[7, -1], [2, 3], [0, 1]]):
```

Wir exportieren die Library Dom, um die folgenden Aufrufe zu vereinfachen:

```
>> export(Dom):
```

Nun definieren wir den Erzeuger MQ von Matrizen über den rationalen
Zahlen und wandeln die Felder in entsprechende Matrizen um:

```
>> MQ := Matrix(Rational): A := MQ(a): B := MQ(b):
```

Die Transposition einer Matrix kann mit der Methode **transpose** des
Erzeugers ermittelt werden, d. h., der Aufruf MQ::**transpose**(B) liefert
die Transponierte von B. Es ergibt sich:

```
>> (2*A + B*MQ::transpose(B))^(-1)

    +-                                        -+
    |    34/1885,   7/1508,    -153/7540   |
    |                                         |
    |    11/3770,  -31/3016,   893/15080   |
    |                                         |
    |   -47/3770, 201/3016,  -731/15080   |
    +-                                        -+
```

Die Rechnung über dem Restklassenring modulo 7 liefert:

```
>> Mmod7 := Matrix(IntegerMod(7)):
>> A := Mmod7(a): B := Mmod7(b):
>> C := (2*A + B*Mmod7::transpose(B)): C^(-1)

    +-                             -+
    |  3 mod 7, 0 mod 7, 1 mod 7  |
    |                             |
    |  1 mod 7, 3 mod 7, 2 mod 7  |
    |                             |
    |  4 mod 7, 2 mod 7, 2 mod 7  |
    +-                             -+
```

Zur Kontrolle wird diese Inverse mit der Ausgangsmatrix multipliziert,
wobei sich die Einheitsmatrix über dem Komponentenring ergibt:

```
>> %*C
```

```
        +-                              -+
        |  1 mod 7, 0 mod 7, 0 mod 7  |
        |                             |
        |  0 mod 7, 1 mod 7, 0 mod 7  |
        |                             |
        |  0 mod 7, 0 mod 7, 1 mod 7  |
        +-                              -+
```

Aufgabe 4.41: Es wird über dem Komponentenring der rationalen Zahlen gerechnet:

```
>> MQ := Dom::Matrix(Dom::Rational):
```

Wir betrachten die Matrixdimension 3×3. Zur Definition der Matrix wird ausgenutzt, dass eine Funktion an den Erzeuger übergeben werden kann, welche den Indizes die entsprechenden Matrixeinträge zuordnet:

```
>> A := MQ(3, 3,
           (i, j) -> (if i=j then 0 else 1 end_if))
```

```
        +-        -+
        |  0, 1, 1  |
        |           |
        |  1, 0, 1  |
        |           |
        |  1, 1, 0  |
        +-        -+
```

Die Determinante von A ist:

```
>> linalg::det(A)
```

2

Die Eigenwerte sind die Nullstellen des charakteristischen Polynoms:

```
>> p := linalg::charpoly(A, x)

                    3
                   x  - 3 x - 2

>> solve(p, x)

                   {-1, 2}
```

Alternativ stellt die **linalg**-Bibliothek zur Berechnung von Eigenwerten die Funktion **linalg::eigenvalues** zur Verfügung:

```
>> linalg::eigenvalues(A)

                   {-1, 2}
```

Der Eigenraum zum Eigenwert $\lambda \in \{-1, 2\}$ ist der Lösungsraums des linearen Gleichungssystems $(A - \lambda \cdot Id)\,\mathbf{x} = \mathbf{0}$, wo Id die Einheitsmatrix darstellt. Die Lösungsvektoren, also die gesuchten Eigenvektoren, spannen der Kern der Matrix $A - \lambda \cdot Id$ auf. Die Funktion **linalg::nullspace** berechnet eine Basis eines Matrixkerns:

```
>> Id := MQ::identity(3):
>> lambda := -1: linalg::nullspace(A - lambda*Id)

        -- +-      -+ +-      -+ --
        |  | -1 |  |  | -1 |  |  |
        |  |    |  |  |    |  |  |
        |  |  1 |, |  |  0 |  |  |
        |  |    |  |  |    |  |  |
        |  |  0 |  |  |  1 |  |  |
        -- +-      -+ +-      -+ --
```

Es wurden zwei linear unabhängige Basisvektoren gefunden: der Eigenraum zum Eigenwert $\lambda = -1$ ist 2-dimensional. Der andere Eigenwert ist einfach:

```
>> lambda := 2: linalg::nullspace(A - lambda*Id)
```

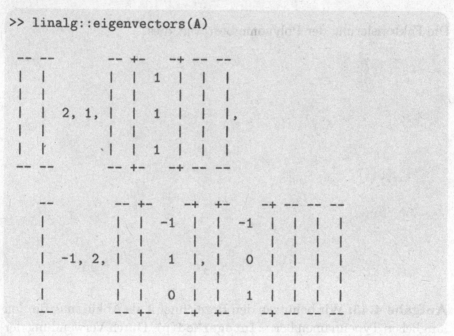

Alternativ (und einfacher) können mit `linalg::eigenvectors` alle Eigenwerte samt der dazugehörigen Eigenräume simultan berechnet werden:

```
>> linalg::eigenvectors(A)
```

Die Rückgabe ist eine Liste, die für jeden Eigenwert λ eine Liste der Form

$$[\lambda,\ \text{Vielfachheit von } \lambda,\ \text{Basis des Eigenraumes}]$$

enthält.

Aufgabe 4.42:

```
>> p := poly(x^7 - x^4 + x^3 - 1): q := poly(x^3 - 1):
>> p - q^2
```

$$\text{poly(x}^7 - \text{x}^6 - \text{x}^4 + 3\,\text{x}^3 - 2, \text{[x]})$$

Das Polynom p ist Vielfaches von q:

```
>> p/q
```

$$\text{poly(x}^4 + 1, \text{[x]})$$

Die Faktorisierung der Polynome bestätigt dies:

```
>> factor(p)
```

$$\text{poly(x} - 1, \text{[x]}) \ \text{poly(x}^2 + \text{x} + 1, \text{[x]})$$

$$\text{poly(x}^4 + 1, \text{[x]})$$

```
>> factor(q)
```

$$\text{poly(x} - 1, \text{[x]}) \ \text{poly(x}^2 + \text{x} + 1, \text{[x]})$$

Aufgabe 4.43: Wir benutzen den Bezeichner R als Abkürzung für den länglichen Typennamen Dom::IntegerMod(p). Durch Verwendung der Funktion alias wird diese Abkürzung von MuPAD auch in der Ausgabe benutzt.

```
>> p := 3: alias(R = Dom::IntegerMod(p)):
```

Für die Koeffizienten a, b, c in $a\,x^2 + b\,x + c$ brauchen nur die möglichen Reste $0, 1, 2$ modulo 3 ausgetestet zu werden. Eine Liste aller 18 quadratischen Polynome mit $a \neq 0$ wird daher folgendermaßen erzeugt:

```
>> [((poly(a*x^2 + b*x + c, [x], R) $ a = 1..p-1)
      $ b = 0..p-1) $ c = 0..p-1]:
```

Davon sind 6 irreduzibel, die mit `select( · , irreducible)` herausgefiltert werden:

```
>> select(%, irreducible)

        2                        2
 [poly(x  + 1, [x], R), poly(2 x  + x + 1, [x], R),

          2
   poly(2 x  + 2 x + 1, [x], R),

          2                        2
   poly(2 x  + 2, [x], R), poly(x  + x + 2, [x], R),

          2
   poly(x  + 2 x + 2, [x], R)]
```

Aufgabe 5.1: Der Wert von x ist der Bezeichner a1. Die Auswertung
von x liefert den Bezeichner c1. Der Wert von y ist der Bezeichner b2.
Die Auswertung von y liefert den Bezeichner c2. Der Wert von z ist
der Bezeichner a3. Die Auswertung von z liefert 10.

Die Auswertung von u1 führt zu einer Endlosrekursion, die durch Mu-
PAD mit einer Fehlermeldung abgebrochen wird. Die Auswertung von
u2 liefert den Ausdruck v2^2 - 1.

Aufgabe 6.1: Das Resultat von `subsop(b + a, 1 = c)` ist b + c und
nicht c + a, wie zu erwarten war. Der Grund hierfür ist, dass subsop
seine Argumente auswertet. Während der Auswertung wird die Summe intern umsortiert, und statt b + a wird a + b von subsop verarbeitet.
Das Resultat c + b wird dann bei der Rückgabe erneut umsortiert.

Aufgabe 6.2: Die 6-te Ableitung `diff(f(x),x$6)` ist die höchste in g vorkommende Ableitung. Dem Substituierer **subs** wird die Folge von Ersetzungsgleichungen

$$\texttt{diff(f(x),x\$6)=f6, diff(f(x),x\$5)=f5,}$$
$$\texttt{..., diff(f(x),x)=f1, f(x)=f0}$$

übergeben. Man beachte dabei, dass **diff** der üblichen mathematischen Notation folgend die 0-te Ableitung als die Funktion selbst zurückgibt: `diff(f(x),x$0)=diff(f(x))=f(x)`.

```
>> delete f: g := diff(f(x)/diff(f(x), x), x $ 5):
>> subs(g, (diff(f(x), x $ 6-i) = f.(6-i)) $ i = 0..6)
```

```
 25 f2 f4    f0 f6    4 f5    10 f0 f2 f5    20 f0 f3 f4
 --------- - ----- - ---- + ----------- + ----------- +
     2         2      f1         3             3
    f1        f1                f1            f1


         2        4         2             5
   20 f3     60 f2    100 f2  f3     120 f0 f2
   ------- + ------ - ----------- - ----------- -
      2        4          3             6
     f1       f1         f1           f1


          2            2              3
   90 f0 f2 f3    60 f0 f2 f4    240 f0 f2 f3
   ------------ - ------------ + ---------------
        4             4              5
       f1            f1            f1
```

Aufgabe 7.1: Die gewünschte Auswertung der Funktion erhält man durch:

```
>> f := sin(x)/x: x := 1.23: f
```

```
                    0.7662510585
```

Allerdings hat nun x einen Wert. Der folgende Aufruf `diff(f,x)` würde intern zum sinnlosen Aufruf `diff(0.7662510584,1.23)`, da **diff** seine Argumente auswertet. Man kann dieses Problem umgehen, indem man die vollständige Auswertung der Argumente mittels `level` oder `hold` (Abschnitt 5.2) verhindert:

```
>> g := diff(level(f,1), hold(x)); g


          cos(x)   sin(x)
          ------ - ------
             x        2
                     x


              -0.3512303507
```

Hierbei wird durch `hold(x)` der Bezeichner `x` benutzt, nicht sein Wert. Die Verzögerung von `f` durch `hold(f)` würde zu einem falschen Ergebnis `diff(hold(f),hold(x))=0` führen, da `hold(f)` nicht von `hold(x)` abhängt. Man muss `f` durch seinen Wert `sin(x)/x` ersetzen, was durch `level(f,1)` geschieht (Abschnitt 5.2). Der nächste Aufruf von `g` liefert die Auswertung von `g`, also den Ableitungswert an der Stelle `x = 1.23`. Alternativ kann man natürlich den Wert von `x` löschen:

```
>> delete x: diff(f, x): subs(%, x = 1.23); eval(%)

  0.8130081301 cos(1.23) - 0.6609822196 sin(1.23)

                -0.3512303507
```

Aufgabe 7.2: Die ersten drei Ableitungen von Zähler und Nenner verschwinden an der Stelle $x = 0$:

```
>> Z := x -> x^3*sin(x): N := x -> (1 - cos(x))^2:
>> Z(0), N(0), Z'(0), N'(0), Z''(0), N''(0),
   Z'''(0), N'''(0)


          0, 0, 0, 0, 0, 0, 0, 0
```

Für die vierte Ableitung gilt

```
>> Z''''(0), N''''(0)


              24, 6
```

Nach l'Hospital ergibt sich hiermit der Grenzwert $Z''''(0)/N''''(0) = 4$, der auch von `limit` gefunden wird:

```
>> limit(Z(x)/N(x), x = 0)


                            4
```

Aufgabe 7.3: Die ersten partiellen Ableitungen von f_1 sind:

```
>> f1 := sin(x1*x2): diff(f1, x1), diff(f1, x2)


            x2 cos(x1 x2), x1 cos(x1 x2)
```

Die zweiten Ableitungen ergeben sich durch:

```
>> diff(f1, x1, x1), diff(f1, x1, x2),
   diff(f1, x2, x1), diff(f1, x2, x2)


    2
 - x2  sin(x1 x2), cos(x1 x2) - x1 x2 sin(x1 x2),


                                          2
    cos(x1 x2) - x1 x2 sin(x1 x2), - x1  sin(x1 x2)
```

Die totale Ableitung von f_2 nach t ist:

```
>> f2 := x^2*y^2: x := sin(t): y := cos(t): diff(f2, t)


        3                    3
  2 cos(t)  sin(t) - 2 cos(t)  sin(t)
```

Aufgabe 7.4:

```
>> int(sin(x)*cos(x), x = 0..PI/2),
   int(1/(sqrt(1 - x^2)), x = 0..1),
   int(x*arctan(x), x = 0..1),
   int(1/x, x = -2..-1)


                PI  PI
        1/2, --, -- - 1/2, -ln(2)
              2   4
```

Aufgabe 7.5:

```
>> int(x/(2*a*x - x^2)^(3/2), x)


                  2
          x (x  - 2 a x)
       -  ------------------
                      2 3/2
          a (2 a x - x )
```

```
>> int(sqrt(x^2 - a^2), x)


        2     2 1/2   2             2     2 1/2
     x (x  - a )      a  ln(x + (x  - a )    )
     ---------------  - --------------------------
           2                       2
```

```
>> int(1/(x*sqrt(1 + x^2)), x)


                  /      1        \
       - arctanh|  -----------  |
                |      2    1/2 |
                \  (x  + 1)     /
```

Aufgabe 7.6: Mit der Funktion **changevar** wird nur die Variablensubstitution durchgeführt:

```
>> intlib::changevar(hold(int)(sin(x)*sqrt(1 + sin(x)),
                 x = -PI/2..PI/2), t = sin(x))


           /            1/2          \
           |  t (t + 1)              |
        int|  ------------, t = -1..1 |
           |       2 1/2             |
           \  (1 - t )              /
```

Der Integrierer wird erst durch eine erneute Auswertung aktiviert:

```
>> eval(%): % = float(%)

                    1/2
              2 2
              ------ = 0.9428090416
                 3
```

Die numerische Quadratur liefert das selbe Ergebnis:

```
>> numeric::int(sin(x)*sqrt(1 + sin(x)),
              x = -PI/2..PI/2)

                    0.9428090416
```

Aufgabe 8.1: Der Gleichungslöser liefert die allgemeine Lösung:

```
>> Gleichungen := {a +   b +   c +   d +   e = 1,
                   a + 2*b + 3*c + 4*d + 5*e = 2,
                   a - 2*b - 3*c - 4*d - 5*e = 2,
                   a -   b -   c -   d -   e = 3}:
>> solve(Gleichungen, {a, b, c, d, e})

    {[a = 2, b = d + 2 e - 3, c = 2 - 3 e - 2 d]}
```

Die freien Parameter stehen auf den rechten Seiten der aufgelösten Gleichungen. Man kann sie von MuPAD ermitteln lassen, indem man diese rechten Seiten herausfiltert und die darin enthaltenen Bezeichner mit **indets** bestimmt:

```
>> map(%, map, op, 2); indets(%)

        {[2, d + 2 e - 3, 2 - 3 e - 2 d]}

                    {d, e}
```

Aufgabe 8.2: Man findet die symbolische Lösung

```
>> Loesung := solve(ode(
     {y'(x)=y(x) + 2*z(x), z'(x) = y(x)}, {y(x), z(x)}))

 {[z(x) = C1 exp(-x) + C2 exp(2 x),

     y(x) = 2 C2 exp(2 x) - C1 exp(-x)]}
```

mit den freien Konstanten C1, C2. Die äußeren Mengenklammern werden mittels **op** entfernt:

```
>> Loesung := op(Loesung)

 [z(x) = C1 exp(-x) + C2 exp(2 x),

     y(x) = 2 C2 exp(2 x) - C1 exp(-x)]
```

Es wird $x = 0$ eingesetzt, für y(0) und z(0) werden die Anfangsbedingungen substituiert. Das sich ergebende lineare Gleichungssystem wird nach C1 und C2 aufgelöst:

```
>> solve(subs(Loesung, x = 0, y(0) = 1, z(0) = 1),
         {C1, C2})

                {[C1 = 1/3, C2 = 2/3]}
```

Die äußeren Mengenklammern werden wieder durch **op** entfernt, durch **assign** werden entsprechende Zuweisungen an C1 und C2 ausgeführt:

```
>> assign(op(%)):
```

Die symbolische Lösung mit den speziellen Anfangswerten ist damit für $x = 1$:

```
>> x := 1: Loesung

--        exp(-1)    2 exp(2)
|  z(1) = -------- + --------,
--           3          3


         4 exp(2)   exp(-1) --
  y(1) = -------- - ------- |
            3          3    --
```

Zuletzt wird **float** auf die rechten Seiten dieser Gleichungen angewendet:

```
>> float(%)

      [z(1) = 5.04866388, y(1) = 9.729448318]
```

Aufgabe 8.3:

```
1) >> solve(ode(y'(x)/y(x)^2 = 1/x, y(x)))

                    {      1      }
                    { ------------- }
                    { - C1 - ln(x) }
```

```
2a) >> solve(ode({y'(x) - sin(x)*y(x) = 0, D(y)(1)=1},
              y(x)))

                    {     exp(-cos(x))    }
                    { -------------------- }
                    { sin(1) exp(-cos(1)) }
```

```
2b) >> solve(ode({2*y'(x) + y(x)/x = 0, D(y)(1) = PI},
              y(x)))

                        {   2 PI }
                        { - ---- }
                        {   1/2 }
                        {   x   }
```

```
3) >> solve(ode({diff(x(t),t) = -3*y(t)*z(t),
                 diff(y(t),t) =  3*x(t)*z(t),
                 diff(z(t),t) = -x(t)*y(t)},
              {x(t),y(t),z(t)}))
```

$$\{[x(t) = (C4 - C5 + 3\ z(t)^2)^{1/2},$$

$$y(t) = (-\ C4 - 3\ z(t)^2)^{1/2}\ ],$$

$$[x(t) = (C4 - C5 + 3\ z(t)^2)^{1/2},$$

$$y(t) = -\ (-\ C4 - 3\ z(t)^2)^{1/2}\ ],$$

$$[x(t) = -\ (C4 - C5 + 3\ z(t)^2)^{1/2},$$

$$y(t) = (-\ C4 - 3\ z(t)^2)^{1/2}\ ],$$

$$[x(t) = -\ (C4 - C5 + 3\ z(t)^2)^{1/2},$$

$$y(t) = -\ (-\ C4 - 3\ z(t)^2)^{1/2}\ ]\}$$

Aufgabe 8.4: Die Lösung der Rekursion wird unmittelbar von `solve` geliefert:

```
>> solve(rec(F(n) = F(n-1) + F(n-2), F(n),
           {F(0) = 0, F(1) = 1}))


    {        /  1/2       \n        /         1/2 \n }
    {  1/2  | 5           |   1/2  |        5     |  },
    { 5     | ---- + 1/2  |    5   | 1/2 - ---- |    }
    {       \  2         /         \        2   /     }
    { --------------------  -  -------------------- }
    {          5                       5            }
```

Aufgabe 9.1: Die Antwort ergibt sich sofort mittels

```
>> simplify(cos(x)^2 + sin(x)*cos(x))


        cos(2 x)    sin(2 x)
        --------- + --------- + 1/2
           2           2
```

Dasselbe Ergebnis erhält man auch durch Zusammenfassen von Produkten trigonometrischer Funktionen mittels

```
>> combine(cos(x)^2 + sin(x)*cos(x), sincos)


        cos(2 x)    sin(2 x)
        --------- + --------- + 1/2
           2           2
```

Aufgabe 9.2:

```
1) >> expand(cos(5*x)/(sin(2*x)*cos(x)^2))


              2                          3
           cos(x)                   5 sin(x)
        --------- - 5 sin(x) + ----------
        2 sin(x)                      2
                               2 cos(x)
```

```
2) >> f := (sin(x)^2 - exp(2*x)) /
           (sin(x)^2 + 2*sin(x)*exp(x) + exp(2*x)):
>> normal(expand(f))
```

$$\frac{\sin(x) - \exp(x)}{\sin(x) + \exp(x)}$$

```
3) >> f := (sin(2*x) - 5*sin(x)*cos(x)) /
           (sin(x)*(1 + tan(x)^2)):
>> combine(normal(expand(f)), sincos)
```

$$-\frac{9\cos(x)}{4} - \frac{3\cos(3\ x)}{4}$$

```
4) >> f := sqrt(14 + 3*sqrt(3 + 2*sqrt(5
                - 12*sqrt(3 - 2*sqrt(2))))):
>> simplify(f, sqrt)
```

$$2^{1/2} + 3$$

Aufgabe 9.3: Als erster Vereinfachungsschritt wird eine Normalisierung durchgeführt:

```
>> int(sqrt(sin(x) + 1), x): normal(diff(%, x))
```

$$(\cos(x)^2 \sin(x) - 2\sin(x)(\sin(x) + 1) - \cos(x)^2 +$$

$$2\cos(x)^2 (\sin(x) + 1) + 2\sin(x)^2 (\sin(x) + 1)) /$$

$$(\cos(x)^2 (\sin(x) + 1)^{1/2})$$

Nun sollen die cos-Terme eliminiert werden:

```
>> subs(%, cos(x)^2 = 1 - sin(x)^2)


        2
  (sin(x)  - 2 sin(x) (sin(x) + 1) +


            2                                    2
     2 sin(x)  (sin(x) + 1) + sin(x) (1 - sin(x) ) +


                               2
     2 (sin(x) + 1) (1 - sin(x) ) - 1) /


           2              1/2
     (cos(x)  (sin(x) + 1)    )
```

Der Ausdruck im Nenner wurde nicht substituiert, denn er ist nicht
als Faktor cos(x)^2, sondern als cos(x)^(-2) im Darstellungsbaum
enthalten:

```
>> subs(%, cos(x)^(-2) = (1 - sin(x)^2)^(-1))


        2
  (sin(x)  - 2 sin(x) (sin(x) + 1) +


            2                                    2
     2 sin(x)  (sin(x) + 1) + sin(x) (1 - sin(x) ) +


                               2
     2 (sin(x) + 1) (1 - sin(x) ) - 1) /


                 1/2            2
     ((sin(x) + 1)    (1 - sin(x) ))
```

Ein letzter Normalisierungsschritt führt zur gewünschten Vereinfachung:

```
>> normal(%)


                   1/2
          (sin(x) + 1)
```

Aufgabe 9.4: Mit der Funktion **assume** (Abschnitt 9.3) können Bezeichnern Eigenschaften zugewiesen werden, die von limit berücksichtigt werden:

```
>> assume(a > 0): limit(x^a, x = infinity)
```

$$infinity$$

```
>> assume(a = 0): limit(x^a, x = infinity)
```

$$1$$

```
>> assume(a < 0): limit(x^a, x = infinity)
```

$$0$$

Aufgabe 10.1: Analog zum vorgestellten ggT-Beispiel erhält man folgendes Experiment:

```
>> Wuerfel := random(1..6):
>> Experiment := [[Wuerfel(), Wuerfel(), Wuerfel()]
                 $ i = 1..216]:
>> Augensummen := map(Experiment,
                  x -> x[1]+x[2]+x[3]):
>> Haeufigkeiten := Dom::Multiset(op(Augensummen)):
>> Sortierkriterium := (x, y) -> x[1] < y[1]:
>> sort([op(Haeufigkeiten)], Sortierkriterium)
```

```
[[4, 4], [5, 9], [6, 8], [7, 9], [8, 16], [9, 20],

   [10, 27], [11, 31], [12, 32], [13, 20], [14, 13],

   [15, 12], [16, 6], [17, 7], [18, 2]]
```

Die Augensumme 3 wurde hierbei kein Mal gewürfelt.

Aufgabe 10.2: a) Wir benutzen **frandom**, um einen Generator für Gleitpunktzufallszahlen in $[0, 1]$ zu erzeugen:

```
>> r := frandom(23):
```

Damit liefert

```
>> n := 1000: Betraege := [sqrt(r()^2+r()^2) $ i = 1..n]:
```

eine Liste von Beträgen von n Zufallsvektoren im Rechteck $Q = [0, 1] \times [0, 1]$. Die Anzahl der Betragswerte ≤ 1 entspricht der Anzahl der Zufallspunkte im Viertelkreis:

```
>> m := nops(select(Betraege, Betrag -> (Betrag<=1)))
```

$$792$$

Da m/n die Fläche $\pi/4$ des Viertelkreises annähert, ergibt sich folgende Näherung für π:

```
>> float(4*m/n)
```

$$3.168$$

b) Zunächst wird das Maximum von f gesucht. Die folgende Grafik zeigt, dass f auf dem Intervall $[0, 1]$ monoton wächst:

```
>> f := x -> x*sin(x) + cos(x)*exp(x):
   plotfunc2d(f(x), x = 0..1):
```

Also nimmt f sein Maximum am rechten Intervallrand an, und $M = f(1)$ ist eine obere Schranke für die Funktionswerte:

```
>> M := f(1.0)
```

$$2.310164925$$

Mit dem schon eben benutzten Zufallszahlengenerator werden Punkte im Rechteck $[0, 1] \times [0, M]$ gelost:

```
>> n := 1000: Punktliste := [[r(), M*r()] $`i = 1..n]:
```

Von den Punkten $p = [x, y]$ werden diejenigen ausgewählt, für die $0 \leq y \leq f(x)$ gilt:

```
>> select(Punktliste, p -> (p[2] <= f(p[1]))):
>> m := nops(%)
```

$$751$$

Die Näherung des Integrals ist damit:

```
>> m/n*M
```

$$1.734933858$$

Der exakte Wert ist:

```
>> float(int(f(x), x = 0..1))
```

$$1.679193292$$

Aufgabe 11.1: Die Rundung einer reellen Zahl ist durch die MuPAD-Funktion **round** gegeben:

```
>> f := abs(x - round(x))/x: plotfunc2d(f, x = 1..30)
```

Aufgabe 11.2: Als Szeneoption wird **Scaling = Constrained** übergeben, damit die Kugel nicht als Ellipsoid erscheint:

```
>> Kugel := plot::Surface3d(
            [cos(u)*sin(v), sin(u)*sin(v), cos(v)],
            u = 0..2*PI, v = 0..PI,
            Style = [ColorPatches, AndMesh]):
>> plot(Kugel, Scaling = Constrained)
```

Aufgabe 11.3: Die Funktion **plot::implicit** verwendet so genann-te „Pfadverfolgungs"-Methoden, um die Nullstellenmenge zu zeichnen. Im Gegensatz dazu berechnet **plot::contour** die Funktionswerte auf einem Gitter und verbindet benachbarte Punkte mit gleichen Funkti-onswerten durch eine Kurve. Die gewünschten Graphiken erhält man durch die folgenden Aufrufe:

```
>> f := (x, y) -> exp(x^2 - y^2)*(x^2 + y^2 - 1):
>> plot(plot::implicit(f(x, y) - 1, x = -2..2,
                       y = -2..2))
>> plot(plot::contour(
          [x, y, f(x,y)], x = -2..2, y = -2..2,
          Contours = [1], Grid = [30, 30]))
```

Aufgabe 14.1: Die folgende Definition der **postOutput**-Methode von Pref bewirkt die zusätzliche Ausgabe einer Statuszeile:

```
>> Pref::postOutput(
     proc()
     begin
       "Bytes: " .
       expr2text(op(bytes(), 1)) . " (logisch) / " .
       expr2text(op(bytes(), 2)) . " (physikalisch)"
     end_proc):
>> DIGITS := 10: float(sum(1/i!, i = 0..100))
```

```
                    2.718281829
Bytes: 704224 (logisch) / 864756 (physikalisch)
```

Aufgabe 15.1: Zunächst wird die gefragte Menge erzeugt:

```
>> f := i -> (i^(5/2)+i^2-i^(1/2)-1) /
             (i^(5/2)+i^2+2*i^(3/2)+2*i+i^(1/2)+1):
>> M := {f(i) $ i=-1000..-2} union {f(i) $ i=0..1000}:
```

Nun wird **domtype** auf die Menge angewendet, um die Datentypen der Elemente zu erfragen:

```
>> map(M, domtype)
```

```
            {DOM_RAT, DOM_INT, DOM_EXPR}
```

Dieses Ergebnis erklärt sich, wenn man sich einige der Elemente anzeigen lässt:

```
>> f(-2), f(0), f(1), f(2), f(3), f(4)

      1/2                 1/2             1/2
   3 I 2     + 3       3 2     + 3     8 3     + 8
  -------------, -1, 0, -----------, -------------, 3/5
      1/2                 1/2             1/2
    I 2    + 1         9 2     + 9   16 3    + 16
```

Die Wurzelausdrücke lassen sich mit **normal** vereinfachen:

```
>> map(%, normal)
```

$$3, -1, 0, 1/3, 1/2, 3/5$$

Dementsprechend wird zur Vereinfachung **normal** auf alle Elemente der Menge angewendet, bevor der Datentyp der Ergebnisse abgefragt wird:

```
>> map(M, domtype@normal)
```

$$\{DOM\_RAT, DOM\_INT\}$$

Damit sind alle Zahlen in **Menge** in der Tat rational (speziell liegen zwei ganzzahlige Werte **f(0) = -1** und **f(1) = 0** vor). Das Ergebnis erklärt sich dadurch, dass sich **f(i)** zu **(i - 1)/(i + 1)** vereinfachen lässt:

```
>> normal(f(i) - (i - 1)/(i + 1))
```

$$0$$

Aufgabe 15.2: Die Elemente der Liste

```
>> Liste := [sin(i*PI/200) $ i = 0..100]:
```

werden mit **testtype(·, "sin")** daraufhin überprüft, ob sie in der Form **sin(·)** zurückgeliefert werden. Mit **split** wird die Liste zerlegt (Abschnitt 4.7):

```
>> Zerlegung := split(Liste, testtype, "sin"):
```

MuPAD konnte 9 der 101 Aufrufe vereinfachen:

```
>> map(Zerlegung, nops)
```

$$[92, 9, 0]$$

```
>> Zerlegung[2]

--      1/2                    1/2 1/2   1/2         1/2 1/2
|        5             (2 - 2   )      2      (5 - 5   )
|  0, ---- - 1/4, -------------, -------------------,
--       4                   2                      4


    1/2   1/2          1/2      1/2
    2      5        (2      + 2)
    ----, ---- + 1/4, -------------,
     2     4               2


    1/2   1/2     1/2    --
    2    (5    + 5)       |
    ------------------, 1 |
            4             --
```

Aufgabe 15.3: Man kann mittels `select` (Abschnitt 4.7) diejenigen
Elemente herausfiltern, die `testtype` als positive ganze Zahlen identifiziert, z. B.:

```
>> Menge := {-5, 2.3, 2, x, 1/3, 4}:
>> select(Menge, testtype, Type::PosInt)
```

$$\{2, 4\}$$

Hierbei ist zu beachten, dass nur diejenigen Objekte ausgewählt werden, die natürliche Zahlen *sind*, nicht aber solche, die (möglicherweise)
natürliche Zahlen *repräsentieren* können, wie im obigen Beispiel der
Bezeichner x. Dies ist nicht mit `testtype`, sondern nur unter Verwendung des `assume`-Mechanismus möglich. Mit `assume` wird die Eigenschaft gesetzt und mit `is` abgefragt:

```
>> assume(x, Type::PosInt):
>> select(Menge, is, Type::PosInt)
```

$$\{x, 2, 4\}$$

Aufgabe 15.4: Der gefragte Typenbezeichner kann folgendermaßen konstruiert und eingesetzt werden:

```
>> Typ := Type::ListOf(Type::ListOf(
         Type::AnyType, 3, 3), 2, 2)

 Type::ListOf(Type::ListOf(Type::AnyType, 3, 3), 2, 2)

>> testtype([[a, b, c], [1, 2, 3]], Typ),
   testtype([[a, b, c], [1, 2]], Typ)

                   TRUE, FALSE
```

Aufgabe 17.1: Wir betrachten die Bedingungen x<>1 and A und x = 1 or A. Nach der Eingabe:

```
>> x := 1:
```

ist es wegen der Singularität in $x/(x-1)$ nicht möglich, die Bedingungen auszuwerten:

```
>> x <> 1 and A

 Error: Division by zero [_power]

>> x = 1 or A

 Error: Division by zero [_power]
```

Dies ist jedoch innerhalb einer if-Anweisung kein Problem, da die Boolesche Auswertung von x<>1 und x = 1 bereits ausreicht, um festzustellen, dass x<>1 and A zu FALSE und x = 1 and A zu TRUE evaluiert wird:

```
>> (if x <> 1 and A then wahr else unwahr end_if),
   (if x = 1 or A then wahr else unwahr end_if)

                  unwahr, wahr
```

Andererseits führt die Auswertung der folgenden if-Anweisung zu einem Fehler, denn A muss evaluiert werden, um den Wahrheitswert von x = 1 and A zu bestimmen:

```
>> if x = 1 and A then wahr else unwahr end_if

Error: Division by zero [_power]
```

Aufgabe 18.1: Dem Beispiel der Implementation der Airy-Funktion folgend sind folgende Schritte durchzuführen:

```
>> Ai := proc(x, a, b) begin
           if x = 0 then a else procname(args()) end_if
         end_proc:
>> Ai := funcenv(Ai):
>> proc(f, x) local y, a, b; begin
     y := op(f, 1); a := op(f, 2); b := op(f, 3);
     Ai1(y, a, b)*diff(y, x)
   end_proc:
>> Ai::diff := %:
>> Ai1 := proc(x, a, b) begin
            if x = 0 then b else procname(args()) end_if
          end_proc:
>> proc(f) begin
     "Ai'(" . expr2text(op(f)) . ")"
   end_proc:
>> Ai1 := funcenv(Ai1, %):
>> proc(f, x) local y, a, b; begin
     y := op(f, 1); a := op(f, 2); b := op(f, 3);
     y*Ai(y, a, b)*diff(y, x)
   end_proc:
>> Ai1::diff := %:
```

Hiernach ergibt sich:

```
>> diff(Ai(x, a, b), x, x)

                    x Ai(x, a, b)

>> diff(Ai1(2*x + 3, a, b), x, x, x)

                                         2
   16 Ai'(2*x + 3, a, b) + 8 (2 x + 3)  Ai(2 x + 3, a, b)
```

Die gefragte 10-te Ableitung berechnet sich nun zu:

```
>> diff(Ai(x, 1, 0), x $ 10)

                       2
   80 Ai'(x, 1, 0) + 100 x  Ai(x, 1, 0) +

      5                  3
     x  Ai(x, 1, 0) + 20 x  Ai'(x, 1, 0)
```

Der Beginn der Taylor-Entwicklung um $x = 0$ ist:

```
>> taylor(Ai(x, a, b), x = 0, 10)

                 3      4       6      7       9
              a x    b x     a x    b x     a x          10
   a + b x + ---- + ---- + ---- + ---- + ----- + O(x  )
              6      12      180    504    12960
```

Aufgabe 18.2: Die Auswertung der **Abs**-Funktion wird durch folgende Prozedur übernommen:

```
>> Abs := proc(x)
   begin
      if domtype(x) = DOM_INT or domtype(x) = DOM_RAT
         or domtype(x) = DOM_FLOAT
         then if x >= 0 then x else -x end_if;
         else procname(x);
      end_if
   end_proc:
```

Die Bildschirmausgabe wird abgeändert, indem **Abs** als Funktionsumgebung vereinbart wird:

```
>> Abs := funcenv(Abs,
                  proc(f) begin
                     "|" . expr2text(op(f)) . "|"
                  end_proc):
```

Das Funktionsattribut zum Differenzieren wird gesetzt:

```
>> Abs::diff := proc(f,x) begin
                   f/op(f)*diff(op(f), x)
                end_proc:
```

Nun ergibt sich folgendes Verhalten:

```
>> Abs(-23.4), Abs(x), Abs(x^2 + y - z)
```

$$23.4, \ |x|, \ |y - z + x^2|$$

Das **diff**-Attribut der Systemfunktion **abs** ist etwas anders implementiert:

```
>> diff(Abs(x^3), x), diff(abs(x^3), x)
```

```
       3 |x^3|              2
       -------, 3 abs(x)  sign(x)
          x
```

Aufgabe 18.3: Die übergebenen Zahlen werden durch die Funktion **expr2text** (Abschnitt 4.11) in Zeichenketten verwandelt und mittels des Konkatenationspunkts zusammen mit Punkten und Leerzeichen zu einer einzigen Zeichenkette verbunden:

```
>> datum := proc(tag, monat, jahr) begin
               print(Unquoted, expr2text(tag) . ". " .
                               expr2text(monat) . ". " .
                               expr2text(jahr))
            end_proc:
```

Aufgabe 18.4: Wir geben hier eine Lösung an, die eine `while`-Schleife verwendet. Die Abfrage, ob `x` gerade ist, wird durch die Bedingung `x mod 2 = 0` realisiert:

```
>> f := proc(x) local i;
   begin
     i := 0;
     userinfo(2, expr2text(i) . "-tes Folgenglied: " .
                 expr2text(x));
     while x <> 1 do
       if x mod 2 = 0 then x := x/2
       else x := 3*x+1 end_if;
       i := i + 1;
       userinfo(2, expr2text(i) . "-tes Folgenglied: " .
                   expr2text(x))
     end_while;
     i
   end_proc:
>> f(4), f(1234), f(56789), f(123456789)

                    2, 132, 60, 177
```

Setzt man `setuserinfo(f, 2)` (Abschnitt 14.2), so werden durch den eingebauten `userinfo`-Befehl alle Folgenglieder bis zum Abbruch ausgegeben:

```
>> setuserinfo(f, 2): f(4)

 Info: 0-tes Folgenglied: 4
 Info: 1-tes Folgenglied: 2
 Info: 2-tes Folgenglied: 1

                    2
```

Falls Sie an die $(3x + 1)$-Vermutung nicht glauben, sollten Sie eine Abbruchbedingung für den Index `i` einbauen, um sicherzustellen, dass das Programm terminiert.

Aufgabe 18.5: Eine auf $ggT(a,b) = ggT(a \bmod b, b)$ beruhende rekursive Implementierung führt auf eine Endlosrekursion: Mit $a \bmod b \in \{0,1,\ldots,b-1\}$ gilt im nächsten Schritt wieder

$$(a \bmod b) \bmod b = a \bmod b,$$

so dass die ggT-Funktion sich immer wieder mit denselben Argumenten aufrufen würde. Ein rekursiver Aufruf der Form $ggT(a,b) = ggT(b, a \bmod b)$ ist aber sinnvoll: Mit $a \bmod b < b$ ruft sich die ggT-Funktion mit immer kleineren Werten des zweiten Argumentes auf, bis dieses letztlich 0 wird:

```
>> ggT := proc(a, b) begin      /* rekursive Variante */
          if b = 0
             then a
             else ggT(b, a mod b)
          end_if
       end_proc:
```

Für große Werte von a, b muss eventuell der Wert der Umgebungsvariablen **MAXDEPTH** erhöht werden, falls **ggT** die zulässige Rekursionstiefe überschreitet. Die folgende iterative Variante vermeidet dieses Problem:

```
>> GGT := proc(a, b) local c;  /* iterative Variante */
       begin
          while b <> 0 do
             c := a; a := b; b := c mod b
          end_while;
          a
       end_proc:
```

Damit ergibt sich:

```
>> a := 123456: b := 102880:
>> ggT(a, b), GGT(a, b), igcd(a, b), gcd(a, b)
```

$$20576, 20576, 20576, 20576$$

Aufgabe 18.6: In der folgenden Implementierung wird eine verkürzte Kopie $Y = [x_1, \ldots, x_n]$ von $X = [x_0, \ldots, x_n]$ erzeugt und mittels `zip` und `_subtract` (es gilt `_subtract(y, x) = y - x`) eine Liste der Abstände $[x_1 - x_0, \ldots, x_n - x_{n-1}]$ berechnet. Diese werden dann elementweise mit den Elementen der (numerischen) Werteliste $[f(x_0), f(x_1), \ldots]$ multipliziert. Die Elemente der resultierenden Liste

$$[(x_1 - x_0)\, f(x_0), \ldots, (x_n - x_{n-1})\, f(x_{n-1})]$$

werden zuletzt mittels `_plus` aufaddiert:

```
>> Quadratur := proc(f, X)
   local Y, Abstaende, numerischeWerte, Produkte;
   begin
      Y := X; delete Y[1];
      Abstaende := zip(Y, X, _subtract);
      numerischeWerte := map(X, float@f);
      Produkte := zip(Abstaende,
                      numerischeWerte, _mult);
      _plus(op(Produkte))
   end_proc:
```

Mit $n = 1000$ äquidistanten Stützstellen im Intervall $[0, 1]$ ergibt sich im folgenden Beispiel:

```
>> f := x -> x*exp(x): n := 1000:
>> Quadratur(f, [i/n $ i = 0..n])
```

$$0.9986412288$$

Dies ist eine (grobe) numerische Approximation von $\int_0^1 x\, e^x\, dx\ (= 1)$.

Aufgabe 18.7: Die Spezifikation von `Newton` verlangt, die Funktion f nicht als MuPAD-Funktion, sondern als *Ausdruck* zu übergeben. Daher wird zunächst mit `indets` die Unbestimmte in f ermittelt, um die Ableitung berechnen zu können. Die Auswertung der Iterationsfunktion $F(x) = x - f(x)/f'(x)$ an einem Punkt geschieht dann durch Substitution der Unbekannten:

```
>> Newton := proc(f, x0, n)
     local vars, x, F, Folge, i;
     begin
       vars := indets(float(f)):
       if nops(vars) <> 1
          then error("die Funktion muss ".
              "genau eine Unbestimmte enthalten"
                  )
          else x := op(vars)
       end_if;
       F := x - f/diff(f,x); Folge := x0;
       for i from 1 to n do
           x0 := float(subs(F, x = x0));
           Folge := Folge, x0
       end_for;
       return(Folge)
     end_proc:
```

Im folgenden Beispiel liefert **Newton** den Beginn einer schnell gegen die Lösung $\sqrt{2}$ konvergierenden Folge:

```
>> Newton(x^2 - 2, 1, 6)

1, 1.5, 1.416666667, 1.414215686, 1.414213562,

   1.414213562, 1.414213562
```

Aufgabe 18.8: Der Aufruf `numlib::g_adic(·, 2)` liefert die Binärzerlegung einer ganzen Zahl als Liste von Bits:

```
>> numlib::g_adic(7, 2), numlib::g_adic(16, 2)

            [1, 1, 1], [0, 0, 0, 0, 1]
```

Anstatt `numlib::g_adic` direkt aufzurufen, verwendet unsere Lösung ein Unterprogramm **binaer**, welches mit **option remember** versehen ist. Hierdurch wird die Berechnung wesentlich beschleunigt, da die Funktion `numlib::g_adic` sehr häufig mit denselben Argumenten aufgerufen wird. Ein Aufruf `SPunkt([x,y])` liefert **TRUE**, wenn der durch die Liste `[x,y]` übergebene Punkt ein Sierpinski-Punkt ist. Um dies zu überprüfen, werden die Listen der Binärbits der Koordinaten einfach miteinander multipliziert. An denjenigen Stellen, wo sowohl x als auch y die Binärziffer 1 haben, entsteht durch Multiplikation eine 1 (in allen anderen Fällen $0 \cdot 0$, $1 \cdot 0$, $0 \cdot 1$ entsteht eine 0). Wenn die durch Multiplikation entstehende Liste mindestens eine 1 enthält, so handelt es sich um einen Sierpinski-Punkt. Mittels `select` (Abschnitt 4.6) werden die Sierpinski-Punkte aus allen betrachteten Punkten herausgefiltert. Auf die entstehende Liste [[x1,y1], [x2, y2], ...] wird mit `map` eine Prozedur angewendet, die [x1,y1] in `point(x1,y1)` umwandelt. Die so entstehende Liste von Graphikpunkten kann dann direkt an `plot2d` übergeben werden:

```
>> Sierpinski := proc(xmax, ymax)
   local binaer, istSPunkt, allePunkte, i, j, SPunkte;
   begin
     binaer := proc(x) option remember; begin
                   numlib::g_adic(x, 2)
               end_proc;
     istSPunkt := proc(Punkt) local x, y; begin
                   x := binaer(Punkt[1]);
                   y := binaer(Punkt[2]);
                   has(zip(x, y, _mult), 1)
               end_proc;
     allePunkte := [([i, j] $ i = 1..xmax)
                   $ j = 1..ymax];
     SPunkte := select(allePunkte, istSPunkt);
     SPunkte := map(SPunkte, point@op);
     plot2d(ForeGround = RGB::Black,
            BackGround = RGB::White,
            [Mode = List, SPunkte])
   end_proc:
```

Für xmax = ymax = 100 erhält man schon ein recht interessantes Bild:

```
>> Sierpinski(100, 100)
```

Aufgabe 18.9: Wir geben hier eine rekursive Lösung an. Für einen Ausdruck Formel(x1,x2, ...) mit den Unbekannten x1,x2, ... werden diese mit `indets` in der lokalen Menge x = {x1,x2, ...} gesammelt. Dann werden die Werte TRUE bzw. FALSE für x1 (= op(x, 1))

eingesetzt, und die Prozedur ruft sich selbst mit den Argumenten
`Formel(TRUE,x2,x3, ...)` bzw. `Formel(FALSE,x2,x3, ...)` auf. So
werden rekursiv alle Kombinationen von `TRUE` und `FALSE` für die Unbekannten durchgespielt, bis sich der Ausdruck zuletzt entweder zu
`TRUE` oder `FALSE` vereinfacht hat. Dieser Wert wird dann an die aufrufende Prozedur zurückgegeben. Sollte sich beim Durchspielen aller
`TRUE/FALSE`-Kombinationen mindestens einmal `TRUE` ergeben, so gibt
die Prozedur `TRUE` zurück und zeigt damit an, dass die Formel erfüllbar ist. Andernfalls wird `FALSE` zurückgegeben. Die Rekursionstiefe
entspricht offensichtlich der Anzahl der Unbestimmten in der Einga-
beformel.

```
>> erfuellbar := proc(Formel) local x;
   begin
      x  := indets(Formel);
      if x = {} then return(Formel) end_if;
      if erfuellbar(subs(Formel, op(x, 1) = TRUE)) or
         erfuellbar(subs(Formel, op(x, 1) = FALSE))
         then return(TRUE) else return(FALSE)
      end_if
   end_proc:
```

Diese Prozedur wird auf zwei Beispiele angewendet:

```
>> F1 := ((x and y) or (y or z)) and (not x) and y and z:
>> F2 := ((x and y) or (y or z)) and (not y) and (not z):
>> erfuellbar(F1), erfuellbar(not F1),
   erfuellbar(F2), erfuellbar(not F2)

                  TRUE, TRUE, FALSE, TRUE
```

Mit `simplify(·,logic)` (Abschnitt 9.2) können die Formeln vereinfacht werden. F2 liefert dabei unabhängig von den Werten von x, y, z
stets `FALSE`:

```
>> simplify(F1, logic), simplify(F2, logic)

              not x and y and z, FALSE
```

Dokumentation und Literatur

Eine Übersicht über die aktuell existierende MuPAD-Dokumentation ist auf den WWW-Seiten

`www.mupad.de` und `www.sciface.com`

im Internet erreichbar.

Informationen und Materialien zum Themenbereich „MuPAD in Schule und Studium" finden Sie unter `www.mupad.de/schule+studium`.

Die MuPAD-Dokumentation steht auch innerhalb einer laufenden MuPAD-Sitzung direkt zur Verfügung. Auf Windows-Systemen findet man eine Liste aller verfügbaren Dokumente, indem man den „Hilfeassistenten" aus dem Hilfemenü des MuPAD-Fensters auswählt und dann auf „Inhalt" klickt. Unter anderem erreicht man dort die folgenden Dokumente:

[OG 02]   W. OEVEL UND J. GERHARD. *MuPAD 2.5 Kurzreferenz.* 2002.

[Dre 02]   K. DRESCHER. *Axioms, Categories and Domains.* Automath Technical Report No. 1, 2002.

In [OG 02] sind die in MuPAD Version 2.5 installierten Datentypen, Funktionen und Bibliotheken aufgelistet, womit man sich eine Überblick über die Funktionalität dieser MuPAD-Version verschaffen kann.

Man findet dort ebenfalls Verweise auf die einzelnen Bibliotheken wie z. B. Dom (die Bibliothek für vorgefertigte Datenstrukturen). Die entsprechende Dokumentation [Dre 95] enthält eine ausführliche Beschreibung aller in Dom installierten Domains. Der Aufruf ?Dom innerhalb einer MuPAD-Sitzung öffnet dieses Dokument direkt. Die sich innerhalb dieses Dokuments befindlichen Beschreibungen der einzelnen Datenstrukturen wie z. B. `Dom::Matrix` können direkt durch den Aufruf `?Dom::Matrix` erreicht werden. Ein weiteres Beispiel ist das Dokument [Pos 98] zum Paket `linalg` (lineare Algebra). Eine aktualisierte Version kann direkt durch den Aufruf `?linalg` geöffnet werden.

[Dre 95]   K. DRESCHER. *Domain-Constructors*. Automath Technical Report No. 2, 1995.

[Pos 98]   F. POSTEL. *The Linear Algebra Package "linalg"*. Automath Technical Report No. 9, 1998.

Die Dokumente und Hilfeseiten können nicht unmittelbar vom Hilfesystem aus gedruckt werden. Man kann jedoch die unter der obigen WWW-Adresse MuPADs erreichbaren HTML- und PDF-Versionen laden und drucken.

Eine Einführung in die Benutzung der Windows-Version MuPAD Pro steht in folgendem Werk zur Verfügung:

[GP 01]   K. GEHRS, F. POSTEL. *MuPAD – Eine Praktische Einführung*. SciFace Software, 2001. ISBN 3-933764-02-5

Zusätzlich zur MuPAD-Dokumentation wird folgende allgemeine Literatur zur Computeralgebra und zu den unterliegenden Algorithmen angegeben:

[Wes 99]   M. WESTER (ED.), *Computer Algebra Systems. A Practical Guide*. Wiley, 1999.

[GG 99]   J. VON ZUR GATHEN UND J. GERHARD, *Modern Computer Algebra*. Cambridge University Press, 1999.

[Hec 93]   A. HECK, *Introduction to Maple*. Springer, 1993.

[DTS 93]   J.H. DAVENPORT, E. TOURNIER UND Y. SIRET, *Computer Algebra: Systems and Algorithms for Algebraic Computation*. Academic Press, 1993.

[GCL 92]   K.O. GEDDES, S.R. CZAPOR UND G. LABAHN, *Algorithms for Computer Algebra*. Kluwer, 1992.

Index

Printed in the United States
By Bookmasters